影响世界历史进程的100次战争

金金 ◎ 编著

山西出版传媒集团
北岳文艺出版社

图书在版编目（CIP）数据

影响世界历史进程的 100 次战争 / 金金编著 .—太原：
北岳文艺出版社 , 2013.10
ISBN 978-7-5378-3908-2

Ⅰ . ①影… Ⅱ . ①金… Ⅲ . ①战争史—史料—世界
Ⅳ . ① E19

中国版本图书馆 CIP 数据核字（2013）第 161120 号

书　　名	影响世界历史进程的 100 次战争
编　　著	金　金
责任编辑	张　丽
封面设计	点滴空间
出版发行	山西出版传媒集团·北岳文艺出版社
地　　址	山西省太原市并州南路 57 号
邮　　编	030012
电　　话	0351-5628696（营销部）
	0351-5628688（总编办公室）
传　　真	0351-5628680
网　　址	http://www.bywy.com
E - mail	bywycbs@163.com
印刷装订	三河市华东印刷有限公司
开　　本	710×1000　1/16
字　　数	308 千字
印　　张	21
版　　次	2013 年 10 月第 1 版
印　　次	2020 年 6 月河北第 2 次印刷
书　　号	ISBN 978-7-5378-3908-2
定　　价	36.00 元

前 言

世界历史，就是人类史，指有人类以来地球上历史的总和。世界历史是一个文明与蒙昧交错、苦难与幸福并存发展的漫长过程，包括纵向发展和横向发展两个方面。

纵观世界历史，它经历了上古、中古、近代和现代（正在经历）四个时期，具体表现为原始社会、奴隶社会、封建社会、资本主义社会和共产主义社会（正在经历第一阶段：社会主义阶段）五个阶段。横观世界历史，它由各地相互闭塞到逐步开放、由彼此分散到联系密切，发展成为了整体的世界历史。总体来说，世界历史变得庞大却很精致、复杂却很浓缩，就像"人"长大一样，有血有肉有骨架了。

那么，是哪些因素推动着世界历史由低到高、由窄到宽、由简单到复杂不停向前发展的呢？笼统地说，生产力是社会变革最主要的因素，表现为科学技术对社会的推动；其次，就是人的智力和思维的发展，以及思想的进步对社会起到方向和航舵的作用；再次，就是英雄人物与广大群众的创造力，以及在社会中的实践，这是最直接的作用。更具体地说，影响世界历史进程的因素包括战争、改革、变法、思想、重大事件、民族融合、科学发明、文学著作、地理发现、气候变化、英雄人物等。

为了进一步让人们了解世界历史进程，我们放眼人类文明进程，将影响世界历史发展的各方面因素综合归类、汇编成册——"影响世界历史进程的

100"系列丛书,包括《影响世界历史进程的100位名人》《影响世界历史进程的100次战争》《影响世界历史进程的100篇文选》等。

《影响世界历史进程的100位名人》

在世界历史进程中,英杰伟人指点江山、浓书历史、描绘蓝图,对人类文明的进步起到了非常巨大的作用,我们应该记住他们,效法榜样。本书根据历史人物对历史进程影响的大小、范围、时间的长短等因素,选择了100位伟人,包括政治家、军事家、作家、哲学家、发明家、艺术家、改革家、农民起义领袖等。阅读本书,将让你领略伟人的成功与典范,汲取伟人的品格与智慧,助你学业、事业有成。

《影响世界历史进程的100次战争》

战争是残酷的,但它又与人类文明发展相伴相生。在世界历史发展的长河中,战争始终是一个影响深远的因素。本书精心遴选影响世界历史的100场战争,通过分析解读每场战争的背景、原因、影响等,描绘出人类历史发展的一个粗略轮廓。战争不仅仅带来的是创伤,更重要的是启示后人不要重蹈覆辙。希望你通过阅读本书,能够直面战争的残酷,深刻认识战争的危害,从而坚定维护世界和平与安宁的信念。

《影响世界历史进程的100篇文选》

拜伦说:"一滴墨水可以引发千万人的思考,一本好书可以改变无数人的命运。"经典之作蕴涵着伟大的思想,具有永恒的艺术魅力和深刻的思想内涵,影响和改变着世界历史的进程。本书精心节选世界经典著作中的100篇文章,涉及诗歌、政治、小说、哲学、神学、人类学、经济学、物理学等各个领域的顶级成就。希望你在阅读过程中,能够领略到作者的非凡、伟大之处,从而汲取营养,树立正确的人生观、世界观和价值观。

"影响世界历史进程的100"系列丛书图文并茂、详略得当、信息量丰富,引人入胜、发人深思,是一套全景式再现世界历史发展风貌和人类文明发展足迹的新型图书,可以帮助你系统地了解光辉灿烂的人类文明,深入感悟世界各民族文化的博大精深,近距离地触摸历史。

  由于时间仓促,我们首先编辑出版以上三部图书,以后将陆续出版其他图书,力求将"影响世界历史进程的100"系列丛书做成真正的百科式全书系。因限于编辑水平难免疏漏,恳请你的批评指正。

目 录

第一部分　上古战争

埃及、赫梯争霸战争 …………………………………………… 003
亚述战争 ………………………………………………………… 007
美塞尼亚战争 …………………………………………………… 010
希波战争 ………………………………………………………… 013
伯罗奔尼撒战争 ………………………………………………… 017
萨莫奈战争 ……………………………………………………… 020
亚历山大东征 …………………………………………………… 023
布匿战争 ………………………………………………………… 026
秦灭六国战争 …………………………………………………… 030
斯巴达克起义 …………………………………………………… 033
罗马内战 ………………………………………………………… 036
高卢战争 ………………………………………………………… 039
犹太人起义 ……………………………………………………… 042
罗马波斯战争 …………………………………………………… 045

第二部分　中古战争

哥特战争 ………………………………………………………… 051
阿拉伯半岛统一战争 …………………………………………… 053

阿拉伯扩张战争	056
诺曼征服战争	060
十字军东征	063
蒙古西征	067
英法百年战争	070
土耳其的扩张战争	074
胡斯战争	079
蔷薇战争	082
意大利战争	085
伊土战争	089
德意志农民战争	093
奥土战争	096
立窝尼亚战争	100
胡格诺战争	102
尼德兰革命	105
英西海战	108
朝鲜壬辰卫国战争	111
三十年战争	114

第三部分　近代战争

英国内战	119
英荷战争	123
郑成功收复台湾战争	126
俄土战争	128
北方战争	135
西班牙王位争夺战	138
七年战争	140
俄国农民战争	143
美国独立战争	146
法国大革命	149

拉丁美洲独立战争	153
拿破仑战争	156
第二次美国独立战争	159
希腊独立战争	162
英缅战争	165
祖鲁战争	168
英国阿富汗战争	171
鸦片战争	175
美墨战争	179
匈牙利民族解放战争	182
意大利独立战争	185
印度民族大起义	188
法越战争	191
普奥战争	195
戊辰战争	198
美国南北战争	200
古巴独立战争	205
普法战争	208
巴黎公社起义	211
中日甲午战争	214
菲律宾独立战争	219
美西战争	222
英布战争	225
八国联军侵华战争	228
日俄战争	231
意土战争	234
辛亥革命	236
巴尔干战争	239
第一次世界大战	242

第四部分　现代战争

- 俄国十月社会主义革命 …………………………… 249
- 苏俄内战 …………………………………………… 252
- 土耳其独立战争 …………………………………… 255
- 第二次世界大战 …………………………………… 258
- 大西洋战争 ………………………………………… 262
- 苏德战争 …………………………………………… 265
- 太平洋战争 ………………………………………… 268
- 缅甸抗英战争 ……………………………………… 271
- 第一次印度支那战争 ……………………………… 273
- 印巴战争 …………………………………………… 276
- 中东战争 …………………………………………… 281
- 朝鲜战争 …………………………………………… 284
- 古巴革命战争 ……………………………………… 287
- 阿曼民族解放战争 ………………………………… 290
- 越南抗美战争 ……………………………………… 292
- 阿尔及利亚民族解放战争 ………………………… 295
- 越柬战争 …………………………………………… 297
- 苏联入侵阿富汗战争 ……………………………… 299
- 两伊战争 …………………………………………… 301
- 美国空袭利比亚战争 ……………………………… 304
- 马岛战争 …………………………………………… 307
- 美国入侵巴拿马战争 ……………………………… 310
- 海湾战争 …………………………………………… 313
- 南斯拉夫内战 ……………………………………… 317
- 车臣战争 …………………………………………… 320
- 美阿战争 …………………………………………… 323
- 伊拉克战争 ………………………………………… 325

第一部分　上古战争

　　上古战争，指原始社会及奴隶社会阶段，即从人类出现开始到476年西罗马帝国灭亡期间发生的战争。

> **读一读**　埃及、赫梯争霸战争（前14世纪末～前13世纪中叶），是指古代埃及与赫梯为争夺叙利亚地区的控制权而进行的战争。

埃及、赫梯争霸战争

古代叙利亚地区位于亚、非、欧三大洲的交汇点上，扼古锡道要冲，是古代海陆商队贸易的枢纽，历来为列强必争之地。早在前3000年，埃及就多次发动过对叙利亚地区的掠夺战争，力图建立和巩固在该地区的霸权。然而，霸权不是那么容易建立的，埃及的努力遇到了强邻赫梯的挑战。

在前2000年左右，赫梯人出现于安纳托利亚，他们常常攻掠周边国家和民族。前16世纪，赫梯人打垮了强大的巴比伦帝国。前15世纪，赫梯帝国进入鼎盛时期，占领了腓尼基并侵入叙利亚、巴勒斯坦。为了实现建立西亚霸权的大志，约前14世纪，赫梯国王苏皮卢利乌马斯率领赫梯人积极向叙利亚推进，逐步控制了南至大马士革的整个叙利亚地区，沉重打击了埃及在这一地区的既得利益。

眼看赫梯步步逼近，埃及节节后退，双方争夺不可避免，迟早会有一战。有着同样雄才大略的埃及第19王朝法老拉美西斯二世（约前1290～前1224年在位），决心重整旗鼓，与赫梯一争高低，恢复埃及在叙利亚地区的统治地位。于是，拉美西斯二世大力整顿内政，积蓄财力、军力，准备讨伐赫梯。

经过5年准备，拉美西斯二世组建了普塔赫军团，连同原有的阿蒙军团、赖军团和塞特军团，加上努比亚人、沙尔丹人等组成的雇佣军，共拥有4个军团，2万余人的兵力。

前1286年，埃及首先出兵占领了南叙利亚的别里特（今贝鲁特）和比布

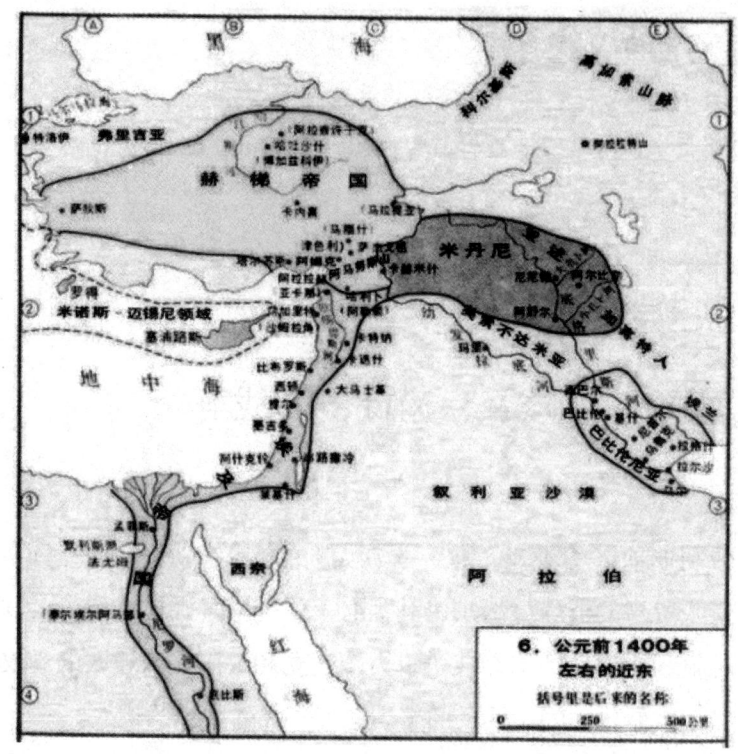

埃及、赫梯战争形势图

鲁斯。

前1287年4月末，拉美西斯二世御驾亲征，率4个军团挥师北上。经过近一个月的行军，埃军进至奥伦特河上游西岸的卡迭石地区，于卡迭石以南约15英里处的高地宿营。

卡迭石城堡四周河水湍急、峭壁耸立、地势险要，是联结南北叙利亚的咽喉要道，也是赫梯军队的军事重镇和战略要地。埃军试图首先攻克卡迭石，控制北进的咽喉，尔后向北推进，恢复对整个叙利亚的统治。

但是没想到，埃军北上的作战计划却被赫梯派往埃及的间谍获悉，他们连夜派人将秘密情报带回赫梯帝国的都城哈图莎，呈给国王穆瓦塔尔。看到情报，穆瓦塔尔连忙召集部下商议。

经过商议，穆瓦塔尔和他的部下制定了以卡迭石为中心以逸待劳、诱敌深入的作战计划。为此，赫梯集结了包括2500～3500辆双马战车（每辆战车配备驭手1人、士兵2人）在内的2万余人的兵力，隐蔽于卡迭石城堡内外，待埃军进入伏击圈后,将之一举歼灭。

次日清晨,拉美西斯二世指挥主力部队阿蒙军团向卡迭石城堡进军。当进至卡迭石以南8英里的萨布吐纳渡口时,埃军截获两个没来得及撤退的赫梯士兵。经亲自审问,他们招供说:"赫梯国王为了躲避贵国的军队,已命令卡迭石驻军撤退到远处去了。"对此,拉美西斯二世信以为真,认为机不可失,便不顾后续部队还没赶到,率领身边的阿蒙军团渡过奥伦特河,直抵卡迭石城堡下。

谁知,埃军抓到的那两个赫梯士兵是奉命来提供假情报的。看到埃及人已经上当,赫梯国王穆瓦塔尔便调拨战车,包抄到埃军主力后面,构成包围圈,将其团团围住。阿蒙军团猝不及防,很快就被赫梯人击溃。

陷入重围,拉美西斯二世在侍卫的掩护下,左突右挡,奋力抵抗,祈求阿蒙神的庇佑,还将护身的战狮放出来保驾。危急时刻,埃军北上远征时曾留在阿穆路南部的一支部队赶到。这支援军呈三线配置———线以战车为主轻步兵掩护,二线为步兵,三线步兵和战车各半,突然出现于赫梯军队侧后,对其猛攻。黄昏时分,普塔赫军团先头部队赶到,也加入战斗。见到援军,被围的拉美西斯二世和埃及士兵顿时勇气倍增,一阵内外夹击,终于杀出重围。

入夜,战斗双方都遭到惨重损失,只好各自收兵。

此战后,拉美西斯二世吸取卡迭石之战轻敌冒进的教训,改取稳进战略,一度回到奥伦特河,但赫梯采取固守城堡、力避会战的策略,双方均未能取得决

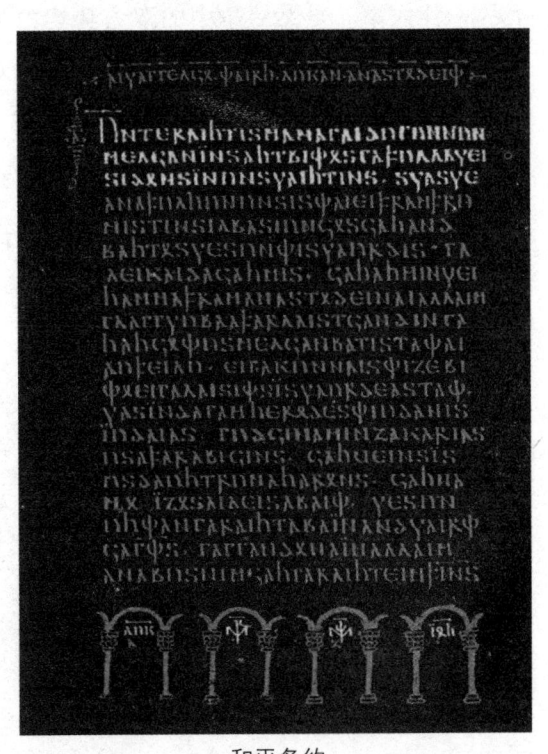

和平条约

定性胜利。于是，双方展开了漫长的拉锯战，长达 16 年。

长期的战争消耗，使赫梯大伤元气，埃及也被战争拖累得疲惫不堪。前 1259 年，拥有政治家远大谋略的赫梯国王哈图施利三世派使者带着一块银制的和议草案字板去了埃及，欲与埃及结盟。经协定，双方签订和平条约，条约全文以象形文字被铭刻在埃及卡纳克和拉美西乌姆寺庙的墙壁上。条约规定：双方实现永久和平，"永远不再发生敌对"，永远保持"美好的和平和美好的兄弟关系"，双方实行军事互助，共同防御任何入侵之敌，双方承诺不得接纳对方的逃亡者，并有引渡逃亡者的义务。条约签订后，赫梯国王还将长女嫁给拉美西斯二世为妻，通过政治联姻，进一步巩固双方的同盟关系。

·简 评·

埃及、赫梯的争霸战争是古代中近东历史上的重要事件，也是人类历史上的一件大事。虽然战争中的双方势均力敌，谁也没取得决定性的胜利，但是双方又可以说都取得了胜利。因为最后双方停战，握手言和，签订了人类历史上第一个和平条约。

从埃及和赫梯签署人类第一个和平条约起，人们不断地签署着一个又一个停战协议或和平协议，不断地进行着通往永久和平之路的努力。虽然战争暂时还无法避免，但"和平"却是人们一直向往的天堂。

主要事件

卡迭石之战

时间：前 1287 年

地点：卡迭石要塞

人物：拉美西斯二世、穆瓦塔尔

结果：埃军杀出重围，赫梯军退守要塞，双方势均力敌，未分胜负

> 读一读
>
> 亚述战争（前8世纪~前7世纪末），是指亚述帝国为对外扩张、征服诸邻国而进行的一系列战争。

亚述战争

古亚述（今伊拉克境内的美索不达米亚地区），位于底格里斯河和幼发拉底河流域北部，东北靠扎格罗斯山，东南以小扎布河为界，西临叙利亚草原。它是古代西亚交通贸易中心。

因为被周边民族包围，还经常受到外族进攻的威胁，加之国土、资源又非常有限，亚述人养成了好战的习性。他们对土地贪得无厌，并且征服越多就越感到征服之必须，相信只有对外不断地发动征服战争，才能保住自己已经获得的一切。亚述人甚至把战争看作是"神"的旨意、"神圣"的事业。亚述战争就是这"神圣"事业的突出表现。

亚述战争始于前8世纪~前7世纪末，是亚述帝国对外扩张的一系列战争。

在那西尔帕二世（前883年~前859年）统治时期，他征服了北部叙利亚。后继者沙尔马纳塞三世（前839年~前824年），与南叙利亚开战，并取得了最终的胜利，又获得了巴比伦尼亚地区的宗主权。

前8世纪后期，铁器普遍使用，成了亚述统治者对外实行军事扩张的重要

亚述骑兵

手段。提格拉特帕拉沙尔三世（前745年～前727年）在位时期把国家建成了一个庞大的军事机器，常备军的规模大大超过了近东任何其他民族。其军队包括战车兵、骑兵、重装和轻装步兵、攻城部队、辎重队，甚至还包括工兵，是一个具有较高水平的合成军队，大大加强了亚述的军事力量，为亚述对外发动扩张战争提供了有力的保证。

前744年，提格拉特帕拉沙尔三世进军东北，征服了乌拉尔图的同盟者米底各部落。次年，他又西征乌拉尔图的北叙利亚各同盟国获胜，俘敌7万余人，乌拉尔图王败逃。前742年，亚述军再次西征叙利亚，围攻阿尔帕德城，历时3年终于取胜。前739年，叙利亚、巴勒斯坦、腓尼基及阿拉伯等地区19国联合反抗亚述。亚述大军在黎巴嫩山区与之会战，又获胜利，各国降服。前732年，亚述军攻下反叛的大马士革，大肆屠杀，并在此设置亚述行省。前714年，萨尔贡二世奔袭乌拉尔图腹地，最后攻占其宗教中心穆萨西尔，掠获大批金银财宝。至此，乌拉尔图锐气尽挫，无力再与亚述抗衡。前688年，亚述军攻陷巴比伦城，俘迦勒底王，从此亚述控制巴比伦，称霸两河流域达数十年。

亚述占据叙利亚后，埃及不甘心丧失了其在这一地区的优势，因此极力鼓动和支持叙利亚境内各小国反叛亚述。为了征服埃及，前671年，亚述国王阿萨尔哈东率军越过西奈半岛侵入埃及，攻克埃及旧都孟菲斯。前663年，阿萨尔哈东又挥师南下，一度攻陷底比斯。不过，埃及人为摆脱亚述统治而进行的斗争从未间断，约前651年，埃及法老普桑麦提克终于彻底驱逐亚述占领军。

前7世纪，埃兰古国（今伊朗西南部的胡齐斯坦）成为一军事强国。为了争夺巴比伦这一战略要地，埃兰与亚述战事迭起。从前652年起，亚述国王巴尼拔率军苦战3年，终于击败了巴比伦和埃兰等军队。前648年，巴比伦城被攻陷，巴比伦王自焚而死。随后，身披甲胄的亚述骑兵进攻并打垮阿拉伯骆驼兵，降服了阿拉伯。前642年～前639年，亚述对埃兰发起强大攻势，蹂躏埃兰各地，最后攻入苏萨，洗劫了全城，埃兰王提比特胡班兵败身死。此后，埃兰沦为亚述属地。

亚述虽然取得了令人眩目的胜利，但在事实上已危机四伏了。一方面，亚述军队被持续不断的战争拖得精疲力竭，大伤元气；另一方面，由于其在战争中的行为异常残暴，所到之处城镇都被毁为废墟，财物被掠夺，居民被杀戮或被掳走，人口锐减导致生产力下降，因此这种残暴的政策导致到处都出现反抗。前614年，米底军队乘亚述军队在外作战内部空虚之机，攻陷千年古都亚述城。前612年，迦勒底和米底联军又攻陷帝国首都尼尼微，亚述王自焚于宫中，亚述帝国灭亡。

· 简 评 ·

亚述战争是亚述人黩武精神的真实具体的体现。不可否认，黩武主义赢得了辉煌，但最终却是遗恨千古的悲哀，以战争而称霸，最终也会以战争而使自身灭亡。亚述统治者指望军事强盛、对外征服带来权力和安全，到头来却是一场笑料。

主要事件

埃兰战争

时间：前652年

地点：乌拉河畔的土利兹

人物：巴尼拔、提比特胡班

结果：埃兰沦为亚述属地

> 读一读
>
> 美塞尼亚战争（前740年~前453年），是指美塞尼亚人反抗斯巴达侵略扩张和奴役进行的解放战争。

美塞尼亚战争

美塞尼亚位于斯巴达西部，土地肥沃，堪称富庶之乡。它和斯巴达同时建立了国家，但并不像斯巴达那样崇尚军事斗争，而是擅长于发展经济和农业。到前8世纪中叶，美塞尼亚已经富甲一方，百姓安居乐业，而斯巴达则是不断东征西讨，国内此时急需大量土地和奴隶以满足贵族统治的需要。于是，斯巴达把目光盯上了美塞尼亚，对其发动了大规模的侵略战争，共分三次。

第一次美塞尼亚战争（前740年~前720年）：斯巴达人突然偷袭美塞尼亚边境的一个小填，美塞尼亚人奋起应战。因为美塞尼亚人的严防死守，斯巴达人的进攻没有达到预期目的，但他们从那里掠走了很多牲畜和庄稼。

3年以后，美塞尼亚人开始反攻。他们选择崎岖的地形与敌人作战，这使得斯巴达的步兵优势无法发挥。美塞尼亚人步步为营，斯巴达人则无处下手，他们眼见不能取胜，便从已占领的边境地区退回本国。

13年后，美塞尼亚人选出一位英勇的国王，给予斯巴达以重创。但是，斯巴达军英勇顽强，善于坚韧苦战，美塞尼亚终因国力耗尽、饥荒流行、国王自杀殉职而战败，许多美塞尼亚人沦为奴隶，大片国土沦落斯巴达之手。

第二次美塞尼亚战争（前660年~前645年）：战败后，美塞尼亚人不甘屈服，60年后又举行反抗斯巴达奴役的武装起义。在青年领袖阿里斯托梅尼斯的领导下，美塞尼亚人与阿卡迪亚一些城镇结盟，领导义军多次重创斯巴达人。

见不能取胜，斯巴达人就暗中用金钱收买了阿卡迪亚人的统帅亚里斯托克拉特斯。前658年，双方在名叫大壕的地方展开一场大战。战斗尚未开始，亚里斯托克拉特斯就告诉部下注意他发的信号，一见信号大家就立即逃跑。战斗刚刚开始，亚里斯托克拉特斯就命令阿尔卡迪亚人撤退，造成美塞尼亚人阵线方面的左翼和中翼空虚，并且他命令阿尔卡迪亚人逃跑时经过美塞尼亚人所坚持的右翼，以扰乱他们的阵脚，影响他们的士气。这样，美塞尼亚人被斯巴达人毫无困难地合围了。阿里斯托梅尼斯率美塞尼亚人英勇抵抗，终因寡不敌众，伤亡惨重，不得不率众退守埃伊拉山。此后十年，阿里斯托梅尼斯多次率领美塞尼亚人攻打斯巴达，但都失败了。

第二次美塞尼亚战争后，斯巴达进一步强大起来。由于拥有当时号称"无敌"的陆军，斯巴达在伯罗奔尼撒半岛上已成霸主。美塞尼亚国土被斯巴达完全占有，所有美塞尼亚人都沦为了斯巴达的奴隶。

第三次美塞尼亚战争（前464年~前453年）：前464年，斯巴达发生了一次强烈地震，美塞尼亚人即利用震后混乱时间与拉哥尼亚的希洛人揭竿而起。这次战争声势浩大，迅速席卷斯巴达全境。面对如此规模的起义，斯巴达束手无策，急忙向伯罗奔尼撒同盟各邦求援。在希腊各邦奴隶主的联合镇压下，

墨西拿

美塞尼亚人又失败了，但是他们仍坚持斗争。于是，他们退守伊托木山，在那里构筑要塞，建立根据地。坚守10年后，美塞尼亚人终于迫使顽固的斯巴达奴隶主求和，让起义军离开伯罗奔尼撒半岛，在意大利的西西里北端落脚，建起自己的城邦赞洛克伊，此城后改称墨萨拿（今墨西拿）。第三次美塞尼亚

战争以美塞尼亚人的有限胜利而告结束。

• 简　评 •

美塞尼亚战争是奴隶反抗奴隶主的压迫、求得自身解放的一次伟大的斗争。持续了3个世纪之久的美塞尼亚战争，表现出美塞尼亚人前仆后继、勇往直前的大无畏英雄气概。

主要事件

大壕大战

时间：前658年

地点：大壕

人物：阿里斯托梅尼斯、亚里斯托克拉特斯

结果：美塞尼亚寡不敌众，退守埃伊拉山

> **读一读** 希波战争（前500年～前449年），古代波斯帝国为了扩张版图而入侵希腊的战争。

希波战争

前559年，居鲁士二世统一波斯，建立阿契美尼德奴隶制王朝。为了扩张版图，强大本国力量，他及以后的继承者不断对外发动侵略战争。当时，小亚细亚地区的各个希腊城邦经济甚为发达，政治亦为较先进的民主制，于是波斯帝国将其作为首个侵占目标。

前6世纪中叶，波斯帝国侵占小亚细亚西部沿岸希腊人建立的各城邦。

前513年，大流士一世进一步控制了黑海海峡和色雷斯一带，直接威胁到希腊半岛诸城邦的安全与利益。

前500年，希腊城邦米利都爆发反波斯起义，雅典、埃维厄等城邦援助。但是，坚持数年后，几个城邦联军仍然不敌波斯大军。前494年，联军被波斯军队镇压下去，米利都城被毁，同米利都一道举兵起义的一些希腊城邦也遭残酷洗劫，波斯完全征服了依阿尼亚地区。

不过，波斯国王野心并不止于此。前492年，大流士一世借口雅典和埃维厄曾援助米利都，决定出兵希腊。他首先运用外交攻势，离间希腊诸城邦的关系。然后，他在前490年，出动陆海军共25000人，进攻雅典和埃维厄两国。

很快，埃维厄城便被波斯军队攻陷，整个城被洗劫一空，所有市民被贬为奴隶。

面对波斯大军压境，雅典派米提阿德斯组编一万重装步兵，前赴波斯军

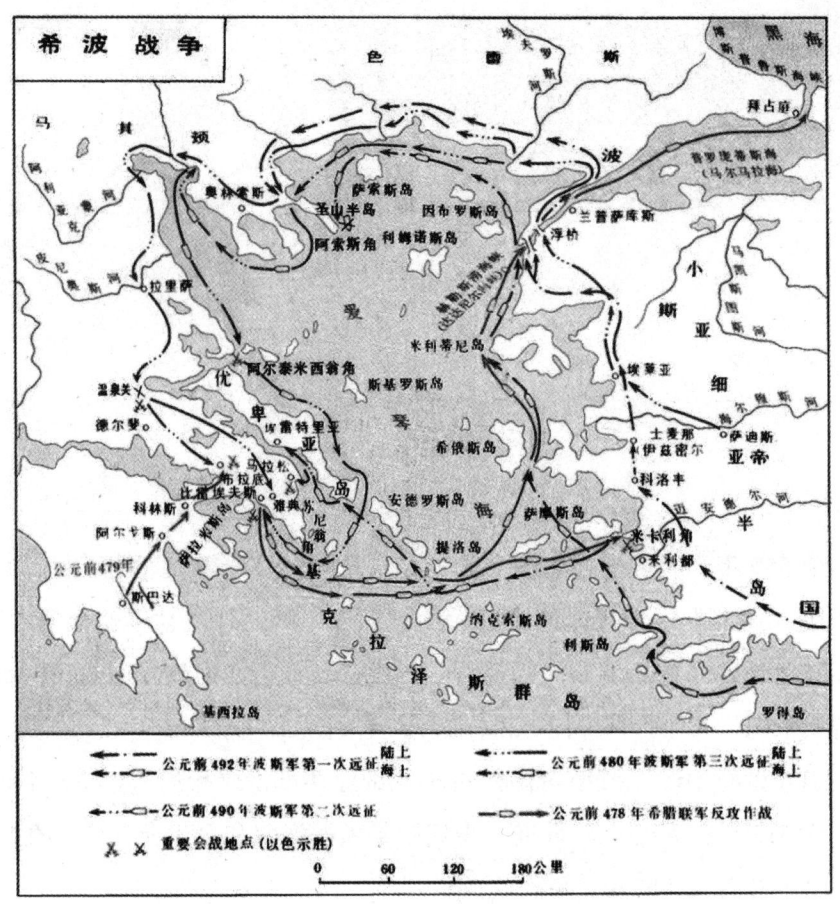

希波战争形势图

的着陆地点马拉松平原,与波斯军队展开激战。针对波斯习用的中央突破战术,统帅米提阿德斯故意将精兵置于两翼,中路弱兵接敌即后撤,两翼迂回包抄以求歼灭敌人,结果波斯军队被围,被完全击败。此役,雅典军只有192人阵亡,而波斯军则损失了6400人。马拉松大战成为古代战争史上以少胜多的范例之一。

在马拉松大战获胜后,雅典一位名叫斐力庇第斯的士兵跑回雅典报捷,但他因为极速跑了42.196公里,在报捷后便倒地身亡。后世为了纪念马拉松大战和斐力庇第斯,就举行同样距离的长跑竞赛,并定名为马拉松长跑。这便是马拉松长跑的来源。

虽然马拉松大战给波斯军队造成了一定的损失,但是对这个庞大的帝国来说并不是重大的打击，因此波斯帝国在战后积极备战，时刻寻找机会进攻希腊。希腊方面，前481年，以斯巴达和雅典为首的希腊三十多个城邦，在科林斯召开了结盟大会。会上决定建立军事同盟，推举拥有强大陆军的斯巴达为盟主，组建希腊联军，准备抗击波斯再次入侵。

前480年，大流士一世的继承者薛西斯一世亲率陆军30万、战舰1000艘，再度进军希腊。波斯军渡过赫勒斯滂海峡，分水陆两路沿色雷斯西进，迅速占领北希腊，逼近温泉关。斯巴达国王列奥尼达率领先期到达的希腊联军约7000人扼守地势险要的温泉关。斯巴达人欧利比阿德斯指挥希腊海军控制阿提密喜安海峡。

8月中旬，波斯军向温泉关发起猛攻，希腊联军顽强抗击，波斯军屡攻不克，损失惨重。但是后来，由于当地一希腊人把波斯军引到希腊守军侧后，致使列奥尼达及300名斯巴达人腹背受敌，壮烈牺牲。接着，波斯陆军长驱直入，占领中希腊，进入雅典城；海军绕过阿提卡半岛南端的苏尼翁角，进入狭窄的萨拉米斯海峡。

9月下旬，萨拉米斯海战开始，波斯舰队在数量上占绝对优势，呈围攻态势。希腊舰队隐藏在艾加莱奥斯山后，编成两线战斗队形，勇敢地发起攻击。结果，希腊战船因船体小，运动自如，能够灵活地袭击敌舰；而船体硕大的波斯战船调度失灵，陷于被动挨打的境地，甚至自相碰撞而沉没，波斯海军遭受重大损失，薛西斯一世率残部仓皇败逃回国。受此影响，波斯陆军退至北希腊。

次年8月中旬，希波双方陆军在布拉底附近举行决定性会战。斯巴达统帅包桑尼率领希腊联军约10万人，重创占有明显优势的波斯陆军。至此，波斯人的远征希腊计划又一次以失败告终。

随着波斯军的失败，以雅典为首的希腊联军日益强大起来，他们乘胜反攻。前478年，雅典舰队占领赫勒斯滂，打开通向黑海的通路。同年，雅典联合爱琴海沿岸各城邦成立提洛同盟。前476年，希腊联军在西门指挥下攻占色雷斯沿海地区、爱琴海许多岛屿和拜占庭。前468年，希腊海军在欧里墨东河口大败波斯舰队。前449年，希腊海军在塞浦路斯以东海域重创波斯军。同年，双方媾和,签订《卡利亚斯和约》。根据和约,波斯放弃对爱琴海、赫勒斯滂和博斯普鲁斯海峡的控制,承认小亚细亚西岸希腊诸城邦独立。长达50余年的希波战争至此结束,雅典成为爱琴海地区霸主。

·简 评·

希波战争是亚洲与欧洲之间的一场规模大、时间长的战争。在这场战争中,希腊人因战争的正义性——维护国家的独立,激发起了他们的巨大爱国热情,促使各邦内部和各邦之间紧密团结、同仇敌忾,从而最终取得了胜利。

主要事件

马拉松大战

时间:前492年

地点:马拉松平原

人物:大流士一世、米提阿德斯、斐力庇第斯

结果:雅典获胜

> 读一读
>
> 伯罗奔尼撒战争（前431年~前404年），以雅典为首的提洛同盟和以斯巴达为首的伯罗奔尼撒同盟为争夺希腊霸权进行的战争。

伯罗奔尼撒战争

希波战争以后，希腊世界形成了两大联盟：以雅典为首的提洛同盟和以斯巴达为首的伯罗奔尼撒同盟。为防止波斯人卷土重来，希腊继续保留同盟的存在。但随着时间的推移，雅典逐渐把同盟变成了发展自己利益的海上帝国。为了达到自己的目的，它动用同盟国金库的资金，试图把其他同盟国都降至臣属地位，哪一个造反，就以武力镇压，把它当作被征服国，接管其海军，勒索其贡赋。雅典的手段如此横暴，引起了斯巴达人的疑虑。

因担心雅典不久就会把其霸权扩张至全希腊，对自己会造成诸多不利，斯巴达人于是在经济、政治等各个方面与雅典人展开了激烈的争夺，以遏制雅典人的进一步扩张。经济上，双方为争夺奴隶、原料和商品销售市场，不断发生争端；政治上，双方的矛盾也日益尖锐，雅典支持各邦的民主派，斯巴达支持各邦的贵族派。这样，双方相互敌对、各不相让、冲突不断，终于使大部分城邦都卷入了一场大战——伯罗奔尼撒战争。

前435年，伯罗奔尼撒盟员科林斯与其殖民地克基拉发生争端，雅典出兵援助克基拉，迫使科林斯退兵。前432年，雅典借口科林斯的殖民地波提狄亚隶属于提洛同盟，要求波提狄亚与科林斯断绝关系。双方矛盾进一步加剧。同年秋，在科林斯鼓动下，伯罗奔尼撒同盟要求雅典放弃对提洛同盟的领导权，遭到拒绝，于是战争爆发。

前431年3月，伯罗奔尼撒盟国底比斯袭击雅典盟邦布拉底，引起战端。

同年 5 月,斯巴达国王阿基丹姆二世率军入侵阿提卡,战争全面展开。斯巴达拥有步、骑兵约 6 万人;雅典拥有步、骑兵约 3 万人,另有战船 300 艘。斯巴达的战略是,发挥陆军优势攻占阿提卡,离间提洛同盟各成员国,以包围和孤立雅典。雅典执政者伯里克利的对策是:陆上取守势,海上取攻势,袭击伯罗奔尼撒沿海地区,逼斯巴达求和。前 427 年前后,米蒂利尼等城邦发生反雅典起义,陆上形势对雅典不利。前 425 年,雅典海军攻占美塞尼亚两岸的皮洛斯及其附近的斯法克蒂里亚岛,并煽动斯巴达的奴隶暴动,使斯巴达也陷入困境。前 422 年,双方在爱琴海北岸重镇安姆菲波利斯激战,雅典主战派首领克里昂和斯巴达将军伯拉西达均战死。前 421 年,雅典主和派首领尼西阿斯与斯巴达缔结《尼西阿斯和约》。条约规定:交战双方退出各自占领地,交换战俘,保持 50 年和平。

《尼西阿斯和约》签订后,双方却都没有履行他们的诺言,谁也不愿意交出土地。在签约后的几年中,虽然双方没有进行大的战役,但违犯条约的事时有发生。

前 415 年 5 月,雅典由阿尔基比阿德斯与尼西阿斯等率领战舰 130 多艘,轻装步兵 1300 人,重装步兵 5100 人,出征科林斯殖民地西西里,与科林斯、斯巴达军激战。由于尼西阿斯优柔寡断、指挥不力等原因,全军于前 413 年 9 月覆没,尼西阿斯被杀。经此战,雅典海上优势完全被打垮。

西西里之战后,斯巴达又开始加强陆上进攻。前 413 年,斯巴达军大举入侵阿提卡,并长期占领德凯利亚(雅典城北部),破坏和消耗雅典力量。雅典与外界联系受阻,农业生产完全瘫痪,城内 2 万奴隶工匠逃亡,经济严重恶化。为作最后角逐,雅典倾其财力再建舰队,并于前 412 年 ~ 前 411 年先后在阿拜多斯、基齐库斯打败斯巴达舰队。斯巴达则寻求波斯援助,增建舰队,以与雅典海军作最后的较量。前 405 年,斯巴达海军在莱山德指挥下,在赫勒斯滂附近的羊河全歼科依所率雅典海军,继而从海陆两面包围雅典城。前 404 年雅典投降,被迫接受屈辱的和约:雅典宣布解散提洛同盟,加入伯罗奔尼撒同盟;拆毁从雅典城到出海口的长墙工事;撤除所有海军并只允许保留 12 艘船只。

从此，斯巴达取代雅典而成为希腊霸主。

· 简 评 ·

伯罗奔尼撒战争是一场非常残酷的战争，给作战双方及整个希腊都带来了前所未有的破坏。它促使小农经济与手工业者破产，不少城邦丧失了大批劳动力，土地荒芜，工商业停滞倒闭，兵源减少。如此，希腊奴隶制城邦制度进一步瓦解，在世界上的威望日益衰落，逐渐退出历史舞台，被新崛起的帝国取代。

主要事件

西西里之战

时间：前415年

地点：西西里岛

人物：尼西阿斯

结果：雅典投降，海上优势丧失

> 读一读
>
> 萨莫奈战争（前343年~前290年），是指古代罗马在征服意大利过程中与萨莫奈人及其同盟者之间进行的战争。

萨莫奈战争

前4世纪中期，罗马陆续控制意大利中部城市，企图征服整个中意大利并向南扩张。萨莫奈人多居住在意大利中部山区，社会发展比较落后，尚处于部落联盟阶段。但是，他们骁勇善战，经常袭击平原城镇，对罗马人以及中部、南部意大利城市构成了威胁，萨莫奈人遂成为罗马人的劲敌。因此，罗马人与萨莫奈人及其同盟者之间，经常发生战争，其中大规模的战争有三次。

第一次战争（前343年~前341年）：前343年，加普亚城因受萨莫奈人的骚扰，请求罗马共同抵抗萨莫奈人。罗马背弃与萨莫奈的结盟关

古代罗马士兵

系，派兵支援加普亚。前342年，罗马人在芒特高鲁斯获胜，但遭萨莫奈人激烈反抗，损失惨重。后来，罗马士兵不愿为了外邦长期征战，发生了军士哗变。以此为由，罗马亲萨莫奈派在平定兵变之后，宣布终止与萨莫奈人的战争。前341年，罗马人与萨莫奈人重新缔结了友好条约。

第二次战争（前327年~前304年）：前327年，那不勒斯的希腊人对罗马在坎佩尼亚的殖民地发起进攻。趁此机会，萨莫奈人进驻那不勒斯。对此，罗马强烈抗议和指责希腊人及萨莫奈人。由此，第二次萨莫奈战争爆发。

战争初期，罗马军队在平原地区作战时居于优势，但进入山区后便受挫。前321年，罗马军主力在卡迪昂峡谷遭萨莫奈人伏击，被迫投降。战后，萨莫奈人的统帅蓬提阿斯没有杀死战俘，而是让他们放下武器装备与铠甲，一个一个从两支长矛顶着的另一支长矛下钻过。这就是卡迪昂峡谷之耻。

为报仇雪耻，罗马人重组军队，积极备战，在萨莫奈人控制区东西两侧逐步建立据点和修筑道路，形成对萨莫奈人的包围态势。经10余年努力作战，罗马终于在前305年取得决定性胜利。次年，双方签订和约，罗马占领整个坎帕尼亚地区。

第三次战争（前298年~前290年）：第二次萨莫奈战争战败后，萨莫奈人为了弥补在与罗马人战争中的损失，试图迫使卢卡尼亚人与其结盟，但遭拒绝。前298年，萨莫奈人派兵威胁卢卡尼亚，卢卡尼亚自觉不敌，于是向罗马人求援。罗马人立即同意请求，与萨莫奈重新开战。

为抗击罗马人，萨莫奈人和北部意大利的翁布里亚人、高卢人等结成联盟，企图南北夹击罗马军队。前295年，4万罗马大军在亚平宁山脉东侧北温布利亚的森提乌姆集结，与萨莫奈人决战，大败联军。经此一役，与萨莫奈人结盟的各部落纷纷求和。前293年，萨莫奈人再次败北。前290年，萨莫奈人被迫求和，成为罗马的同盟者。第三次萨莫奈战争结束。

· 简 评 ·

通过三次萨莫奈战争,罗马控制了整个中部意大利,这为其日后统一全意大利打下了很好的基础。

主要事件

卡迪昂峡谷伏击战

时间:前321年

地点:卡迪昂峡谷

人物:蓬提阿斯

结果:罗马军惨败

> **读一读**
>
> ●●●● 亚历山大东征（前334～前324年），是指马其顿国王亚历山大三世对东方波斯等国进行的侵略战争。

亚历山大东征

前404年，伯罗奔尼撒战争结束，希腊遭受了前所未有的破坏，元气大伤。趁希腊各城邦混乱不堪、无力外御的时候，北方近邻国家马其顿国王腓力二世凭借其强大的军事力量，先后夺取了一个个衰落的希腊城邦。前338

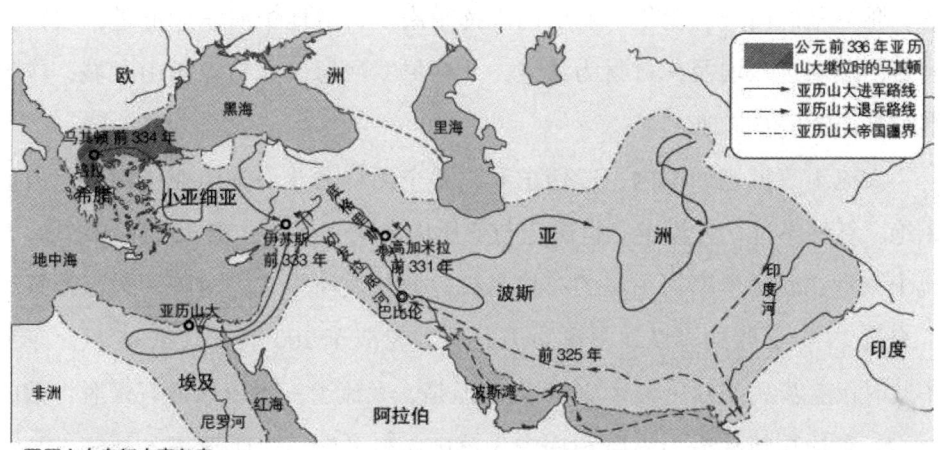

亚历山大东征大事年表

335BC 摧毁底比斯城
334BC 5月，横渡赫勒斯庞特，登陆亚洲
333BC 夏，穿过土耳其中部；11月，伊苏斯之战
332BC 1—7月，围攻提尔城；秋，围攻加沙；冬，进入埃及
331BC 1月，建立亚历山大港口；夏，经由叙利亚进入伊拉克北部；10月1日，阿贝拉之战；秋，攻下巴比伦与苏萨
330BC 1月，波斯门门战役，波斯波利斯陷落；5月，烧毁波斯波利斯；夏，大流士崩殂，到达里海；秋，进入

阿富汗
329BC 1月，进入喀布尔；春，由哈瓦克山口攀越兴都库什山；夏，抵达撒马尔罕，沿杰克沙提河攻城掠地，建立最远的亚历山大城
328BC 春，继续在索格狄亚与巴克特利亚征讨，以瑞塔卡（乌桑克附近的夏赫利塞亚布）为基地，占领高西米特雷斯石，回到贝尔赫，准备进攻印度
327BC 晚春，经巴米安越过兴都库什山；冬，经海菲斯提恩开始山口前往印度河，湖车纳河谷而上进入史瓦特，造访奈萨，攻击马萨加，讨伐

史瓦特山谷
326BC 早春，到达塔克希拉；5月，希达斯佩斯（杰赫勒姆）之战，击败波鲁斯；6月底，向贝阿河挺进，冒着大雨与酷热在旁遮普作战
325BC 2月，抵到川汇流处（乌奇），沿印度河下行；夏，行船至印度河三角洲；8月底，出发回伊朗；11月，进入格德罗西亚（莫克兰）沙漠；12月，到达塞尔木兹
324BC 1月，率军进入波斯，往访波斯波利斯及帕萨尔加德
323BC 4月，到达巴比伦；5月，染病；6月10日，辞世

亚历山大东征路线图

年，马其顿军队大败希腊联军于喀罗尼亚城下，确立了在全希腊的霸主地位。随后，腓力二世又制定下一个侵略目标，准备远征东方的波斯帝国及其他文明世界。然而，前336年，腓力二世遇刺身亡，年仅20岁的亚历山大继承了王位。

为了完成父亲称霸世界的遗愿，亚历山大于前334年初春亲率一支以马其顿军为骨干的希腊联军，包括约3万步兵、5000骑兵、160艘舰船，渡过赫勒斯滂海峡（今达达尼尔海峡），开始进行持续10年的东征。当时，波斯帝国在昏君大流士三世的统治下，内政腐败，国势日衰。波斯在小亚细亚边境地区仅部署骑兵2万、希腊雇佣兵2万、舰船400余艘。亚历山大以快速的攻势轻易地征服了小亚细亚半岛。

前333年，亚历山大的军队在伊苏斯大败波斯军队，大流士三世落荒而逃。大流士三世的母亲、妻子和两个女儿被俘，损失步兵、骑兵约10万人，辎重全部丢失。此役后，亚历山大的军队获得战争主动权，打开了通往叙利亚、腓尼基的门户。次年，亚历山大挥军南下，沿地中海东岸前进，攻占叙利亚，顺利进入埃及，自封为法老，并在尼罗河河口兴建亚历山大城，作为继续东征的后方基地。

大流士三世逃回国内，遣使求和，并企图将女儿许配给亚历山大，但遭拒绝。气恼不过，大流士三世决定与亚历山大决一死战。前331年10月，大流士三世在底格里斯河东岸的高加米拉以西与波斯军主力对阵。大流士集结了来自24个部族的军队，号称百万，有刀轮战车200辆、战象15只。东征军此时仅有步兵4万、骑兵7000人。但是，大流士三世依然没有摆脱惨败的厄运，东征军骑兵主力纵队利用中央突破，打开缺口，迅速揳入敌阵，直逼大流士大营，大流士遁逃。接着，东征军乘胜南下夺取巴比伦，占领波斯都城苏萨和波斯利斯，以及米底古都埃克巴坦那，摧毁了大流士政权，掳掠金银和其他战利品无数。据罗马历史学家普鲁塔克的记录，驮运财宝的骡子大约有2万头、骆驼约5000只。前330年春，亚历山大引兵北上追击大流士三世，其被部将谋杀，波斯帝国遂亡。这样，马其顿军队征服了波斯的全部领土，一个横跨欧、亚、非三洲的亚历山大帝国建立起来。

灭掉波斯以后，亚历山大率军由里海以南地区继续东进。前327年，亚历山大大军经安息（今帕提亚）、阿里亚、德兰古亚那，北上翻越兴都库什山脉，到达巴克特里亚（今大夏）和粟特。前325年侵入印度，亚历山大大军占领印度河流域。亚历山大还企图征服恒河流域，但是经过多年远途苦战，士兵疲惫不堪，再加上印度人民的顽强抵抗及疟疾的传染、毒蛇的伤害，兵士拒绝继续前进，要求回家。于是，亚历山大不得不放弃东进计划，于前325年7月从印度撤兵。前324年春，亚力山大率领东征军返回巴比伦，东征即告结束。

· 简 评 ·

亚历山大东征是一场掠夺性战争。这次战争给当地人民造成了深重灾难，洗劫和烧毁了亚洲一些古老的城市，将成千上万的劳动人民掠为奴隶，以野蛮、残忍、落后的手段毁灭了许多东方文明，但客观上促进了希腊与亚非诸国的经济和文化交流，在历史上具有深远影响。

主要事件

高加米拉会战

时间：前331年

地点：高加米拉

人物：亚历山大、大流士三世

结果：亚历山大大胜

> **读一读** 布匿战争（前264年~前146年）是指古罗马为争夺地中海霸权与迦太基之间进行的战争。

布匿战争

前273年，罗马统一了意大利半岛，成为地中海地区一大强国。接着，罗马开始向外扩张，于是与早已称霸西地中海的迦太基发生冲突，引发了两国之间的战争。当时，迦太基人被罗马人称为"布匿"，故它们之间的战争被称为布匿战争。

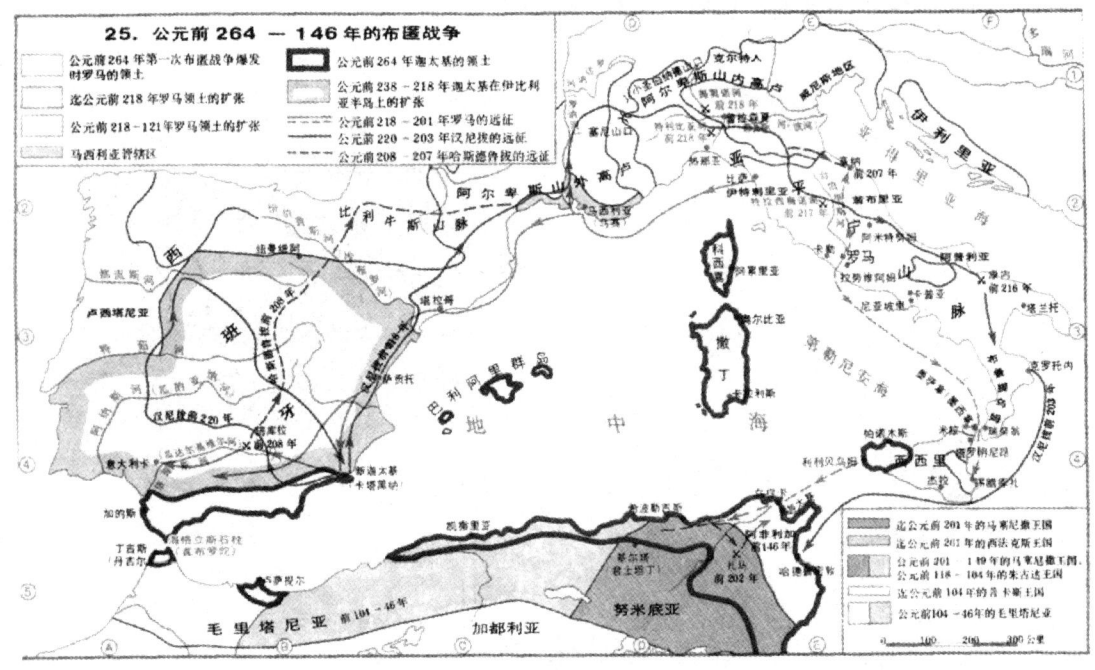

布匿战争形势图

前264年，地处意大利、西西里海峡要地的麦散那城邦由于雇佣兵起义，麦散那向迦太基和罗马两方求救。迦太基和罗马先后派兵前来干预，双方为各自利益互不相让，终于导致了第一次布匿战争的爆发。

罗马新式战船

经过交战，罗马击败迦太基军，战领梅萨纳（今墨西拿）城，继而占领西西里岛大部分地区。但迦太基具有海上优势，仍控制着西西里岛西部地区和沿海一些要塞。为夺取海上优势，罗马迅速扩建海军，并发明了新的海战技术装备——接舷吊桥（前端有铁钩，两侧装栏杆）。这样，不习水战的罗马士兵就可沿长板冲向敌船，在甲板上打一场陆地战，发挥罗马军团人数多的优势。

前241年，罗马的200艘战舰在伊干特群岛大败迦太基海军，迦太基不得不求和，赔款3200塔兰特，罗马取得了西西里及其他一些岛屿；然后又乘迦太基雇佣兵起义之机，出兵占领了科西嘉和撒丁尼亚两个岛屿。罗马取得第一次布匿战争的胜利，并掌握了地中海西部的制海权。

战败后，迦太基并不甘失败，随时想着复仇，夺回失地。前221年，迦太基任命25岁的汉尼拔为主帅，向罗马宣战。于是，第二次布匿战争开始了。

前219年，汉尼拔率迦太基军攻占与罗马结盟的西班牙城市萨贡托。

前218年4月，汉尼拔率领9万名步兵、1.2万名骑兵和37只战象，越过了比利牛斯山脉，又巧妙渡过罗尼河，开始了对意大利的远征。汉尼拔率军用了33天时间，克服了许多难以想象的困难，越过了欧洲有名的阿尔卑斯山麓，到达意大利北部的波河平原，在提楔诺河和特雷比亚河地区连挫罗马军。

前217年，汉尼拔率军穿越毒气弥漫的沼泽地带，在特拉西梅诺湖附近的山口设伏，一举歼灭罗马追兵两万余人，并继续挥师南下。

前216年8月,汉尼拔军与瓦罗率领的罗马军在奥费达斯河岸的坎尼地区展开了一场大战。汉尼拔事先了解到当地每天午后刮东南风,于是指挥部队紧急转移,处于上风方向,并把部队布成一个新月形阵势,从侧面把罗马军卷入口袋之中,重重包围起来,最后全歼罗马军队。这一战,罗马人损失极大,据说有7万人被杀,瓦罗和370名骑兵逃出重围,得以生还。这就是著名的坎尼之战,它是西方军事史上第一个合围之战,显示了汉尼拔的卓越军事才能。此后,罗马采取迁延战术,积蓄力量。

前204年,罗马将领西庇阿(大西庇阿)进攻迦太基本土,汉尼拔奉召回国救援。

前202年秋,双方在扎玛城附近进行最后的决战。汉尼拔仍按常规列队和战法,西庇阿则不循常规,他把一、二、三线各部队重叠配置,中间留出空道,以便让战象通过。交战开始以后,当汉尼拔军的战象冲到西庇阿军前沿时,西庇阿的一线部队突然鼓角齐鸣,喊声大作,汉尼拔军的战象受到惊吓,有的停滞不前,有的转身向自己的战阵冲去,还有的受罗马军的投枪击伤后逃跑。西庇阿抓住这一有利时机,命令骑兵迂回包抄,同时将三线兵力集中起来,向汉尼拔军正面猛攻,一鼓作气,终于取得了胜利。此战,汉尼拔军战死约2万人,汉尼拔落荒而逃。战后,迦太基被迫求和,接受了十分苛刻的条件,失去了一切海外属土,赔款1万塔兰特,战舰除留10艘外全被凿毁。从此,迦太基的海上霸主地位彻底破产,罗马成了西地中海的霸主。

在第二次布匿战争惨败后,迦太基在军事上虽无力再与罗马竞争,但其商业发展迅速,物质财富迅速增加,这引起了罗马的妒忌。罗马唯恐迦太基东山再起,蓄意消灭迦太基。

前149年,罗马进犯迦太基,第三次布匿战争爆发。罗马派执政官孟尼留斯率8万步兵、4000骑兵、600艘战舰围攻迦太基城,两年不克。前147年,罗马新任执政官(小)西庇阿率军加强围攻,断绝迦太基人与外界的联系,使城内发生饥荒。前146年春,(小)西庇阿率军强攻迦太基城,终于将其攻克。迦太基5万残存居民沦为奴隶,城市被一烧而光。

至此,持续一个多世纪的布匿战争,以迦太基的灭亡而告结束。这次战争时间之长，规模之大、两国人民蒙受痛苦和灾难之深，都是历史上空前的。今天，迦太基这个名字已不复存在，当今的突尼斯城是在古老的迦太基废墟上建起来的。至于战胜国罗马，它的损失也是相当惨重的，许多城镇被毁坏，田园荒芜，无数的居民惨遭屠杀。据前220年的户口调查，罗马成年男子共27万，到前207年只有13.7万，损失近一半。

简评

布匿战争是罗马征服地中海世界最为关键的战争，使其成为地中海的霸主，也是导致罗马共和国兴旺的一个重要转折点。一方面，布匿战争的胜利使罗马占领了欧、亚、非的广大地区，掠夺了大量奴隶和战利品，罗马变得空前强大和繁荣；另一方面，引起了罗马经济结构、阶级关系和道德风尚等领域的重大变化。这对罗马奴隶占有制社会内部阶级关系的变化、经济的发展以及地中海地区后来的历史命运，都产生了巨大影响。

主要事件

坎尼之战

时间：前216年
地点：罗马粮仓坎尼城
人物：汉尼拔、瓦罗
结果：罗马惨败

> 读一读
>
> 秦灭六国战争（前236年~前221年），是指秦国为统一中国而对齐、楚、燕、韩、赵、魏六国发动的战争。

秦灭六国战争

春秋战国时期（前770年~前221年）是中国分裂时间最长的时期，其间周王室衰微，诸侯兼并，大国争霸，广大人民饱受兵燹之苦，处于水深火热之中，盼望国家统一。

前238年，秦王政铲除了相邦吕不韦和长信侯嫪毐集团，开始亲政。亲政后，秦王政便在李斯、尉缭等人的协助下开始实现"灭诸侯，成帝业，为天下一统"的宏图霸业。具体的作战策略是：笼络燕齐，稳住楚魏，消灭韩赵；远交近攻，逐个击破。

前236年，秦王乘赵国进攻燕国之际，以王翦为主将，分两路大军攻赵，拉开了灭六国战争的序幕。秦军先后攻占了赵国的阏与（今山西和顺）、橑杨（今山西左权）、邺（今河北磁县南邺镇）和安阳（今河南安阳西南）等9座城池，赵国的实力大减。前234年，秦军再次攻打赵国的平阳（今河北磁县东南）、武城（磁县西南），斩首10万，大败赵军，并杀死赵将扈辄。

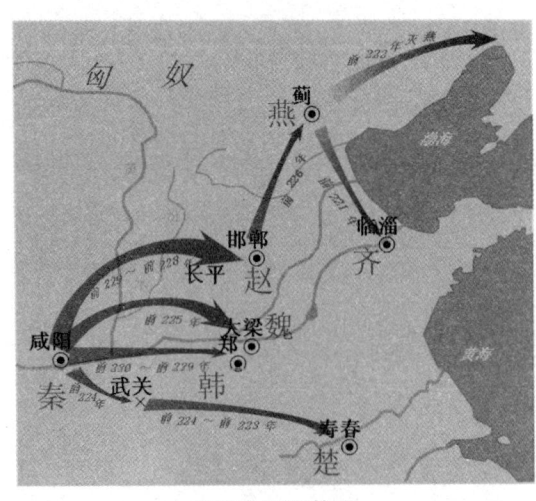

秦灭六国形势图

赵国经过秦国数年的攻击，再无组织进攻能力，仅能退守邯郸自保，于是秦军转向攻打韩国。

前230年，秦王政派内史腾率军突然南下渡过黄河，攻破韩国首都郑（今河南新郑），韩王安投降，韩国灭亡。

前229年，秦军乘赵国遭受旱灾之际，兵分两路，南北合击赵都邯郸。次年，王翦率领秦军攻占邯郸，赵王被俘。赵国公子嘉逃到代（今河北蔚县东北），自立为代王。前222年，王翦之子王贲率军在攻灭燕赵残余势力时，俘获代王嘉。

前227年，燕太子丹派荆轲赴秦，准备以献督亢的地图和秦国逃将樊於期的首级之名刺杀秦王，以造成秦国混乱，解燕国被灭亡的危险，结果阴谋败露，荆轲被杀。以此为借口，秦王于前226年派王翦率兵攻打燕国。秦军在易水大败燕军和前来支援的代军，攻陷蓟，燕王喜与太子丹率残部逃往辽东。前222年，王贲进军辽东，歼灭燕军，俘虏燕王，燕国灭亡。

前226年，秦王派李信和蒙恬率20万秦军攻楚，先后攻下平兴（今河南汝南县东南）、寝（今河南沈丘县东南）。楚将项燕反击，大败秦军，李信败逃。次年，王翦率60万大军再次伐楚，两军在陈相遇，王翦以逸待劳，按兵不动。此后，楚军多次挑战，秦军亦不与交战，项燕只好带兵东归，秦军趁楚国撤退之时迅速出击，并在蕲大败楚军，又强渡淮水，直抵楚都寿春（今安徽寿县）城下。前223年，秦军乘胜追击，攻占楚都寿春，俘虏楚王，楚国灭亡。项燕败退至长江以南，立昌平君为楚王。王翦率军继续南下消灭项燕余部和昌平君，并于次年攻陷楚国南部的会稽，俘虏分散于江南的原越国王族后裔。

前225年，王贲率兵在攻占了楚国北部的十几座城，保障了攻魏秦军侧翼安全后，旋即回军北上突袭并围困住魏都大梁（今河南开封）。魏军依托大梁的城防工事死守，秦军强攻毫无奏效。于是，秦军引黄河水灌入城内。三个月后，大梁城被水浸坏，魏王投降，魏国灭亡。

前221年，王贲统帅秦军由燕南部对齐北境突然进攻，直趋齐都临淄。齐国毫无作战准备，竟无应战之兵。被秦国重金收买的齐相后胜力劝齐王投降，齐王建只好识时务不战而降。齐国灭亡。至此，秦王政完成了灭六国、统一全国的计划。

灭齐以后，秦王政改号称皇帝，即秦始皇，建立起中国有史以来第一个大一统君主制封建王朝——秦朝。

● 简 评 ●

秦灭六国战争的胜利，结束了春秋以来500多年的诸侯割据的战乱局面，使中国成为一个统一的国家。从此，中国历史翻开了崭新的一页。

主要事件

荆轲刺秦王

时间：前227年

地点：秦国咸阳宫

人物：荆轲、秦王政

结果：荆轲被杀

> 读一读
>
> 斯巴达克起义（前73年～前71年），是指以斯巴达克为首的奴隶为反抗罗马奴隶主的残酷剥削而进行的斗争。它是古罗马时期规模最大的一次奴隶起义。

斯巴达克起义

在古罗马，奴隶主为了取乐曾建造巨大的角斗场，强迫奴隶成对角斗，并让角斗士手握利剑、匕首，相互拼杀。一场角斗下来，场上留下的是一具具尸体。奴隶主的残暴统治，奴隶的悲惨下场，迫使奴隶奋起反抗。

前73年，在色雷斯人反抗罗马征服战争中被俘为角斗士的斯巴达克鼓动身边同伴们"宁为自由战死在沙场，不为贵族老爷们取乐而死于角斗场"，拿了厨房里的刀和铁叉，冲出了牢笼，在维苏威火山上聚义，并安营扎寨，建立了一个巩固的阵地。于是，世界古代史上最大的一次奴隶起义——斯巴达克起义爆发了。

义旗一举，远近各地的逃亡奴隶和破产农民纷纷响应，起义队伍迅速扩大。起义队伍由70余名角斗士很快发展为约1万人。斯巴达克被推举为头领，克里克苏和恩诺麦伊为副头领。起义军多次打败当地

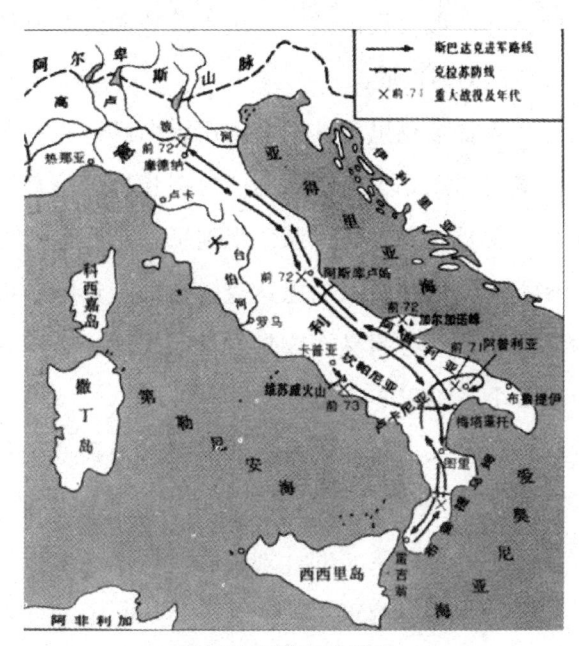

斯巴达克进军路线图

官军的镇压，震惊了罗马统治阶级。元老院很快派出执政官克劳狄乌斯率军3000人前往围剿。官军切断了通往山下的唯一通道，妄图把起义军困死在山上。没想到，起义军在夜幕的掩护下，顺着用野葡萄藤编成的软梯滑下悬崖，迂回到罗马军营寨侧后，突然发起进攻，打得官军丢盔弃甲，克劳狄乌斯只身狼狈逃窜。

取得胜利后，起义军声威大震，队伍扩大到7万多人。不过，斯巴达克不敢有丝毫懈怠，他从战争中吸取教训，按照罗马军队的形式将自己的部队进行了改编，除有数个军团组成的步兵外，还建立了骑兵、侦察兵、通信兵和小型辎重队。在士兵训练方面，斯巴达克严明军纪，严格训练。在武器装备方面，除夺取敌人武器外，起义军兵营里还组织制造武器。这样，起义军的战斗力得到了很大提高，接连击败了罗马军的进攻，随后控制了整个坎佩尼亚平原。

前72年，起义军转移到意大利南端，继而又沿亚平宁山脉东侧北上。罗马执政官楞图鲁斯和盖利乌斯再率3个军团围剿。此时，起义军内部出现分裂，斯巴达克向北进军，副头领克里克苏拉出一支约3万人马的部队单独向南行动，被官兵击败，克里克苏连同约2万战士战死沙场。斯巴达克赶来增援，却为时已晚。

吸收了克里克苏的余部后，斯巴达克率军继续北上，途中利用官军兵力分散的弱点，先后击败楞图鲁斯指挥的堵截军团和盖利乌斯的追击军团，起义军发展到12万人，队伍得到了重新补充。因为继续向北要越过阿尔卑斯山，有不少困难，所以斯巴达克随后改变策略，挥师南下。这时，罗马元老院惊恐万状，担心起义军攻打罗马，慌忙宣布国家处于紧急状态，立即派克拉苏率8个军团截击。

同年秋，起义军避开罗马城，来到意大利南端布鲁提亚半岛（今卡拉布里亚），企图渡海去西西里，结果答允提供船只的海盗被西西里总督收买，且自己制造木筏渡海的计划也因大风暴而未成功。利用这个机会，克拉苏在起义军兵营后方构筑了一道工事，切断了起义军撤回意大利的后路，并且挖了一条两端通海的壕沟，并筑起土围，使起义军陷入克拉苏军团的围困之中。

斯巴达克巧施妙计，让起义军用土和树木填平了壕沟，强攻筑垒，终于冲破封锁线，但军队损失了约三分之二。

前71年春，起义军与官军在阿普利亚境内激战，终因师旅疲惫而战败，斯巴达克和约6万名起义军将士战死，6000名被俘将士全部被罗马官军钉死在卡普阿到罗马大道两边的十字架上。

• 简 评 •

斯巴达克起义对奴隶解放与自由运动是一次巨大推动，在人民群众争取社会解放的斗争史上留下了不可磨灭的遗迹。奴隶领袖斯巴达克领导的这次起义，曾经震动了整个西方世界，其不畏强暴、前仆后继求解放的斗争精神曾影响了一代又一代奴隶，谱写了奴隶解放的光辉诗篇。

主要事件

布鲁提亚突击战

时间：前72年

地点：布鲁提亚半岛

人物：斯巴达克、克拉苏

结果：突破防线，但兵力损失了约三分之二

> **读一读**
> 罗马内战（前88年~前27年），是指罗马奴隶制国家内部为争夺政权和建立军事独裁而进行的战争。

罗马内战

前146年，罗马进入晚期共和国时期。这一时期，罗马出现全面危机，奴隶起义风起云涌，平民运动一浪高过一浪，社会矛盾和阶级矛盾极其尖锐和复杂。这种危机的集中表现形式是政体危机，即奴隶制发展达到高峰，共和制统治形式已经过时，帝制的建立才是适应奴隶制发展的必然要求。但是，由于罗马共和国已为元老贵族盘踞垄断，因此改制阻力极大，延续甚久，流血甚多。随着政治家、平民派领袖提比略·格拉古、盖约·格拉古兄弟在前133年~前121年的民主改革遭到元老贵族的猛烈攻击，并在失败后遭到反动贵族的疯狂屠杀，从此罗马内战拉开序幕。罗马内战分为三个阶段。

第一阶段（前88年~前82年）：前88年，为了争夺对本都国王米特拉达梯六世的出征权，以马略为首的平民派同以苏拉为首的贵族派展开了一场激战。当年担任执政官的苏拉，利用大权在握先发制人，率军强占了罗马城，宣布马略为公敌，并没收其财产。随后，苏拉率军出征，讨伐叛离罗马的东方属国本都。在苏拉离开罗马后，亡命非洲的马略联合他的同党秦纳等人，于前87年举兵反击，乘机夺得罗马城。但好景不长，前83年，苏拉凯旋回国。前82年，

罗马内战

苏拉彻底击垮了马略的势力，再次攻占罗马，不仅成为执政官，而且恢复元老院的特权地位，自任无限期独裁官，成了罗马历史上第一位大权独揽的终身独裁者。

第二阶段（前49年~前44年）：前78年，苏拉病故，罗马的政局再次陷入混乱，各派将领相继拥兵自重。前60年，庞培、克拉苏和恺撒实行秘密结盟，左右罗马政局，史称前三头同盟。在同盟中，苏拉女婿庞培实力最强大。

前53年，克拉苏在征讨帕提亚的战争中战死，前三头同盟解体。于是，恺撒与庞培之间的权势争夺日趋激烈。前50年，庞培串通元老院削弱恺撒的权力，先是命令恺撒在高卢总督任期满后立即交出行省的统辖权和军权，接着又宣布恺撒为公敌。元老院为此授权庞培招募军队，以便惩治恺撒和保卫共和国。恺撒闻讯，抢先于前49年1月10日南渡卢比肯河，进军罗马。庞培准备不足，率领大批元老仓皇逃往希腊。恺撒迅速占领罗马和意大利本土，随后领兵赴西班牙，消灭了那里的庞培军队，解除后顾之忧，接着又进军巴尔干。前48年8月，双方在法萨罗交战，庞培兵败被杀。此后，恺撒在北非、西班牙等地，继续清除庞培的残余势力，最后取得内战的完全胜利。

第三阶段（前44年~前31年）：击垮庞培后，恺撒建立个人独裁统治，这实际上破坏了罗马奴隶主阶级的贵族共和制，于是招来一部分元老贵族的坚决反对。这些元老大肆传播恺撒和埃及女王克列奥帕特拉的婚姻及生下的儿子恺撒里昂的丑闻，并密谋将恺撒杀害。前44年3月15日，恺撒在元老院议事厅遇刺身亡。次年初，恺撒的继承人屋大维，与恺撒部将安东尼和李必达结成后三头同盟，随后进军罗马，改组政府，并获得5年内处理国家事务的全权。

掌管罗马政权后，后三头同盟打着"为恺撒复仇"的旗号，屠杀大批元老和骑士。前42年秋，他们率军远征马其顿，在菲利皮之战中打败以布鲁图和喀西约为首的贵族共和派军队，消灭了共和派在罗马的势力。

大敌被消灭后，三巨头之间的争权夺利斗争随之加剧。前36年，屋大维剥夺了李必达的军权，成为罗马西部的主宰者。随后，他又借安东尼与埃及女王克列奥帕特拉的丑闻，于前32年与安东尼公开决裂。前31年9月，屋大维与安东尼大战于希腊的亚克兴海角。此役双方旗鼓相当，交战初期胜负难分，但督战的克列奥帕特拉却在战斗最激烈时率埃及舰队撤退回国，安东尼跟踪而去，全军遂告瓦解。前30年夏，屋大维进军埃及，包围亚历山大里亚，安东尼伏剑自刎。克列奥帕特拉被俘后仍想施展故技迷惑屋大维，但屋大维作为恺撒的继承人并未继承恺撒迷恋美色的弱点，克列奥帕特拉悲叹自己"无用武之地"，只好自杀。

前27年，屋大维获得元老院赠予的"奥古斯都"（意为神圣、伟大）尊号，成为罗马帝国的最终统治者。此后，罗马的共和制宣告结束，权力世袭继承，罗马进入了奴隶制的帝国时代。

· 简 评 ·

罗马内战揭开了罗马历史新的一页，它的结束是罗马共和国解体和罗马帝制全面建立的标志。

主要事件

亚克兴海战

时间：前31年

地点：亚克兴海角

人物：屋大维、安东尼、克列奥帕特拉

结果：屋大维胜利

> **读一读**
> 高卢战争（前58年~前52年），是指高卢总督恺撒为战胜自己的对手进而确立独裁统治而进行的一场建功扬威、扩军备战、掠夺财富的战争。

高卢战争

前78年，罗马执政官苏拉病故，罗马的政局陷入混乱，各派将领相继拥兵自重。前60年，步入政坛的三位新生实力派人物恺撒、克拉苏斯和庞培组成"前三头同盟"。在同盟中，恺撒实力最弱。恺撒深知，他要超过另外两头，就必须掌握强大的军队和拥有雄厚的资财，这是斗争中的最大资本。于是，他决定执政官任满后前去高卢，任总督一职。

高卢是罗马共和国北部的一大片土地，包括今天的意大利北部、法国、卢森堡、比利时、德国以及荷兰、瑞士的一部分，土地肥沃，物产丰富。恺撒要以高卢行省为基地，开疆拓土，招兵买马，增加实力与威信，为夺取更大权力准备条件。前58年，恺撒出任高卢总督。随之，恺撒对高卢人发起了掠夺战争。高卢战争包括八次军事行动。

前58年，在比布拉克特交战中，恺撒的4个军团击败企图从现在的瑞士地区向西南迁徙的人数最多的高卢部落之一海尔维第人。

同年，恺撒击败日耳曼部落联军，将其赶过雷努斯河（今莱茵河）。

前57年，恺撒征服了比尔及人和其他东北部的高卢部落。至此，他已征服了整个高卢。

但是，恺撒前期的征服只是停留在武力镇压的层面上，没有建立完备的行政体系进行统治，因此激起了高卢部落多次起义。为镇压这些起义，恺撒又对高卢发起了五次战争。

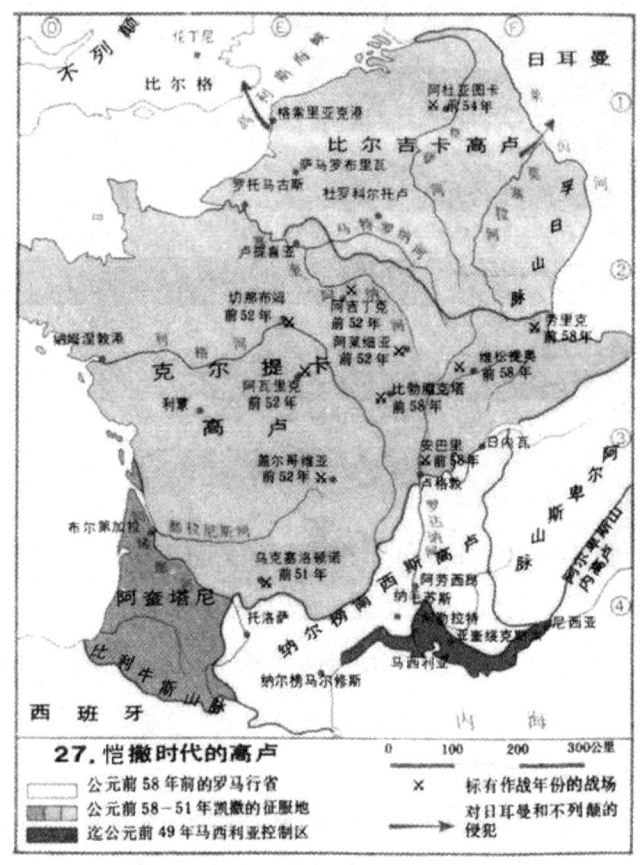

高卢战争路线图

前56年，恺撒击败韦内蒂人和阿奎达尼人的起义。

前55年，恺撒袭击韦内蒂人的同盟军——日耳曼部落的乌西佩特人和滕克特里人，并渡过莱茵河将他们歼灭。为瓦解高卢人的同盟军，恺撒于前55年秋天率两个军团在不列颠群岛登陆，遭到当地人的顽强抵抗。经过几次交战，恺撒同不列颠人签订和约，率军返回高卢。

前54年，恺撒率领5个军团和2000名骑兵渡过拉芒什海峡，试图再次占领不列颠群岛。恺撒军队在战斗中多次获胜，但由于在当地部落中没能找到同盟军，因此未能牢固控制不列颠群岛。

前54~前53年间，恺撒指挥军队镇压埃布龙人、阿杜阿蒂基人、内尔维人、特雷维里人和其他部族的起义。

前52年，高卢人在阿尔韦尼人部落酋长维尔琴格托里克斯领导下爆发了全面的大起义，所有人都拿起了武器，汇集到了一起，把怒火喷向恺撒，准备与恺撒在阿列西亚城决战。这次起义军包括步兵25万、骑兵8000人。恺撒听说起义军在阿列西亚城集结，便率军队将该城包围。恺撒命士兵在城外环绕城池修建一道17千米的工事，另外还修建一道长20千米的对外防御工事，防备起义军增援部队的进攻。起义军坚守了一个多月，城中的粮食渐渐匮乏。这时，援军从四面八方而来，先后对罗马军队防线进行三次大的围攻，战斗进行得异常激烈，但终究未能突破敌人的防线。不久，恺撒的罗马军队援兵也到来，从背后向起义军的援军发起了进攻，起义军大败，全线崩溃。第二天，维尔琴格托里克斯率起义军打开城门投降，罗马军队大获全胜。至此，高卢战争结束。

· 简　评 ·

高卢战争的胜利给恺撒带来了巨额财富，并造就出一支有10个军团的强大军队。这一切都大大加强和壮大了恺撒的实力和权威，为他在罗马内战中战胜对手、建立个人独裁政权奠定了基础。

主要事件

阿列西亚战役

时间：前52年

地点：阿列西亚城

人物：维尔琴格托里克斯、恺撒

结果：起义军大败，高卢战争至此结束

> 读一读
>
> ●●●●● 犹太人起义（66年~135年），是指犹太人为反对罗马征服者而进行的武装斗争。

犹太人起义

历史上，犹太人生活的地方巴勒斯坦东靠阿拉伯海，西濒地中海，沿岸内陆是一片肥沃平原，境内的约旦河从北向南流入世界上最凹陷的内陆湖死海，虽然气候比较干燥，在西亚沙漠丘陵较多的条件下却是一块适于农耕的富饶之乡，是一块"流着乳和蜜的土地"。这种得天独厚的地理优势，给犹太人带来了财富，却也带来了苦难。这片土地曾经被埃及、赫梯、亚述、波斯等外强国家侵占，犹太人的日子苦不堪言。

63年，巴勒斯坦又被罗马铁蹄所灭，犹太人的国家不复存在。罗马帝国设犹太省，对犹太人进行残酷剥削和宗教压迫，激起犹太人的强烈不满和反抗。

66年，罗马总督弗洛鲁斯有意进行挑拨，以总督府所在地恺撒里亚犹太教堂附近的通路系希腊人地产为由，唆使希腊人阻挠犹太人进入教堂。他在接受犹太人贿赂后，又唆使希腊人在教堂附近侮辱犹太人。于是双方发生冲突。耶路撒冷及巴勒斯坦各地的犹太人奋起抗争。抗争者遭到残酷镇压，仅恺撒里亚的犹太人就有2万人被杀害。这样，新仇旧恨促使全巴勒斯坦的犹太人举行武装起义，犹太战争爆发。

犹太起义军在狂热党徒杰罗特和短刀党徒西卡里领导下，很快占领了耶路撒冷、迦利利、约托帕塔、阿斯卡隆、加沙等城市和要塞。他们四处袭击罗马驻军，焚烧债务账册，打击贪官污吏。66年11月，罗马远征讨伐队和诸属国国王的军队均被起义军彻底击败。于是，尼禄皇帝派大将韦帕芗统领大军6万人征讨犹太起义军。

67年，罗马军队侵入迦利利地区，遭到6.5万起义军的顽强反抗，未获成功。69年，韦帕芗当上罗马帝国皇帝，遂命其子第度全力进攻。70年4月，罗马大军围攻耶路撒冷城。为保卫这座圣城，起义军英勇战斗，作出巨大牺牲。第度竭尽全力始得破城，接着便对犹太人进行残酷镇压，被钉在十字架上处死的起义者不计其数，被卖为奴者达7万之众。据说，整个犹太战争中起义死难者达110万，耶路撒冷古城横遭蹂躏，圣殿被洗劫一空，七宝烛台等圣物被运往罗马。罗马曾为纪念这次胜利建立凯旋门。但是，起义军的反抗斗争仍未中断，即使在73年最后一座堡垒马萨达要塞陷落之后的数十年间，犹太人的起义仍不时发生。

由于罗马帝国推行高压政策，犹太人的反抗怒潮终于在131年汇成一次大规模起义。131年，哈德良皇帝禁止犹太教徒举行割礼和阅读犹太律法，要在耶路撒冷城建立罗马殖民地和罗马神庙，并把犹太人赶出圣城。国家被灭、圣城被占，犹太人忍无可忍，终于在"晨星之子"西门的领导下揭竿而起。这次起义群众达20万之众，他们占领罗马殖民地，杀死殖民者，攻城陷镇，势头迅猛。哈德良皇帝派大批军队疯狂镇压，以毁灭性的军事行动征伐3年，毁灭城市50余座、村庄近1000个，屠杀犹太人达58万。这次犹太起义的壮举为犹太民族树立了斗争不息的榜样，但也被罗马当局下决心斩草除根，不让起义重演。

135年，耶路撒冷城被彻底破坏，几十万犹太人遇难，幸存者多被迫流亡他乡，犹太人从此流落到世界各地。

简评

犹太人起义树立了犹太人为保家卫国、捍卫自由和独立而英勇斗争的光辉典范。虽然起义失败，它却给罗马统治者以沉重打击，迫使其后来改变对犹太人的统治方法，也促进了基督教与犹太教的分离。

> **主要事件**
>
> **耶路撒冷之战**
> 时间：131年
> 地点：耶路撒冷城
> 人物：哈德良皇帝、西门
> 结果：耶路撒冷城被毁，犹太人被灭族

> 读一读
>
> 罗马波斯战争（231年~651年），是萨珊波斯同罗马帝国为争夺东西方商路和小亚细亚霸权而进行的旷日持久的战争。因为这场战争主要发生在拜占庭帝国（东罗马）与萨珊波斯帝国之间，所以也称拜占庭、波斯战争。

罗马波斯战争

继希波战争、亚历山大东征等一系列战事之后，以希腊罗马为代表的西方文明和以西亚波斯为代表的亚洲东方文明之间的较量和争斗仍不断继续着。

224年，波斯贵族阿尔达希尔灭安息王国，建立萨珊新波斯帝国。萨珊波斯继承了安息与罗马抗衡的传统，在亚美尼亚、叙利亚边境与罗马展开针锋相对的斗争。231年，阿尔达希尔一世致书罗马皇帝塞维鲁，要求罗马势力退出亚洲，于是罗马波斯战争正式开始。

232年，萨珊波斯打败罗马军队，并通过和约获得亚美尼亚。260年，萨波尔一世同罗马帝国军队交战，大败罗马军，并俘虏罗马帝国皇帝瓦勒良。286年，罗马煽动亚美尼亚起事，萨珊被迫撤退，以后又丧失底格里斯河以西之地。375年以后，罗马帝国忙于应付哥特人等日耳曼蛮族的入侵而无暇东顾，波斯也因抵御匈奴人的侵扰无力继续向罗马挑战。476年，罗马帝国为蛮族所灭，东罗马帝国拜占庭以君士坦丁堡为都城，继续占有巴尔干半岛、小亚细亚、亚美尼亚、叙利亚、巴勒斯坦、上美索不达米亚、埃及、利比亚等地区，是一个横跨三大洲的大帝国。487年，萨珊波斯的科巴德一世上台执政，他指挥由波斯人、匈奴人和阿拉伯人组成的联军从拜占庭帝国手中夺走了上美索不达米亚和亚美尼亚。502年，联军攻陷阿米达城。505年，双方媾和，拜占庭以1000磅黄金为代价复得阿米达城，双方维持原有边界，处于和平状态20年。

527年，拜占庭皇帝查士丁一世去世，查士丁尼一世继位。为恢复昔日罗马帝国的版图，他对内厉行改革，加强中央集权，对外积极向东、西两个方向举兵扩张。他向东方的征讨，重开了罗马波斯战争，与萨珊波斯帝国为争夺两河流域断续进行了近80年的战争。这场分为三个阶段。

第一阶段（527年～562年）。527年，查士丁尼一世任命22岁贝利萨留为统帅，向波斯宣战，双方在两河流域重镇德拉进行了一次有决定意义的会战。530年，波斯4万精兵进攻德拉。当时，贝利萨留身边只有训练很差的罗马人和雇佣兵2.5万人御敌。在此情况下，贝利萨留令一支骑兵埋伏于城外一"丁"字形壕沟内，当波斯军猛烈攻城时，埋伏的骑兵突然从背后杀出，配合守城部队一举挫败波斯军进攻。此后，查士丁尼一世为夺回原属西罗马帝国的领土，于532年与波斯王媾和，拜占庭撤回德拉城驻军，向波斯支付1000磅黄金。540年，波斯撕毁和平协议，攻占拜占庭东方重镇安条克，侵入亚美尼亚和伊比利亚。查士丁尼一世被迫将贝利萨留调回东方战场。后来，由于鼠疫流行，双方于545年再次讲和，缔结5年停战协定，拜占庭收复波斯占领的全部领土，支付赎金2000磅黄金。549年，双方围绕南高加索拉济卡地区的归属问题再战，于562年又一次签订和约，波斯放弃对科尔奇斯的领土要求，拜占庭每年向波斯支付黄金1.8万磅，有效期50年。

第二阶段（562年～591年）。在这一阶段，拜占庭查士丁尼二世、提比略二世和莫里斯先后为帝，把进攻的矛头指向东方，与波斯重点争夺亚美尼亚。572年，拜占庭军攻占德温。次年，波斯军攻占德拉。此后，拜占庭军在亚美尼亚连续战败。589年，波斯发生内乱，拜占庭支持被废黜的波斯王库斯鲁二世复位。591年，库斯鲁二世登上波斯王位。波斯将亚美尼亚的大部分和伊比利亚的一半割让给拜占庭，并订立"永久和平协定"。

第三阶段（591年～628年）。库斯鲁二世继位不久便撕毁"永久和平协定"，于602年对拜占庭发动战争，征服了整个小亚细亚，洗劫叙利亚，占领安条克、大马士革等地。614年，波斯军攻占耶路撒冷，把基督徒奉为神灵的"圣十字架"连同当地居民掠往首都泰西封。为拯救帝国，拜占庭皇帝希拉克略实行改革，加强行政管理，健全军队组织，提高军人地位，以"圣战"号召全国军民同"异教徒"波斯人决一死战。622年,希拉克略率军攻占小亚细亚,627年在尼尼微重创波斯军,628年兵临波斯首都泰西封。631年,波斯王被迫与希拉克略结城下之盟,将小亚细亚全部领地和"圣十字架"交还拜占庭,归还抢自拜占庭的一切财物,偿还数年军费。波斯两手空空,一无所获。

至此,长达400年的罗马、波斯战争结束。

· 简 评 ·

虽然罗马在罗马波斯战争中取得了胜利,但从严格意义上说,这是一场两败俱伤的拉锯战,长期战争弄得双方筋疲力尽,两败俱伤。拜占庭帝国的军事力量由此大大削弱,后来竟无力抵御蛮族和阿拉伯人的入侵,为它的最终衰亡埋下了隐患。波斯经此长期战争更是元气大伤,大厦根基动摇。651年,萨珊波斯被阿拉伯帝国灭亡。

主要事件

德拉之战

时间:530年

地点:两河流域重镇德拉

人物:查士丁尼一世、贝利萨留

结果:波斯战败

第二部分　中古战争

中古战争，也称中世纪战争，指封建社会阶段，即从476年西罗马帝国灭亡到1640年英国资产阶级革命爆发期间发生的战争。

> 读一读：哥特战争（535年~554年），是指以查士丁尼为首的东罗马帝国为复辟罗马帝国而对东哥特王国进行的征伐战争。

哥特战争

西罗马灭亡（476年）后，其领土多在日耳曼蛮族的统治之下，东罗马皇帝便以旧罗马帝国的继承者自命。527年，查士丁尼即东罗马帝国（拜占庭帝国）皇帝位，他立志荡平异端的蛮族国家，重建政治上、宗教上双重统一的罗马帝国。为此，他执政后便开始了复辟罗马帝国的计划。

对于查士丁尼来说，东罗马的最大威胁来自于东方的萨珊波斯帝国，但是又无力消灭。为了尽可能保证西部征服战争所需的兵力，解决后顾之忧，查士丁尼对波斯以防御为主，532年同波斯王科斯洛兹订立了"永久和约"，向波斯支付了1.1万磅的黄金。在西部地区，查士丁尼意欲进攻的东哥特王国此时内部动荡不安，社会矛盾尖锐：日耳曼蛮族上层统治者背弃昔日的军事民主传统，成为新兴的封建主阶段级；同时，蛮族同罗马人的冲突也因宗教和民族矛盾而加剧。这一切为查士丁尼征服东哥特王国创造了很好的条件。

535年，查士丁尼派将领贝利萨留率军进攻东哥特王国，哥特战争由此爆发。战争开始后，东罗马军队先后占领东哥特王国的西西里岛、那不勒斯。至536年12月，攻陷罗马城。罗马城失守后，东哥特人废黜了怯懦无能的国王狄奥达特，推举将军维蒂吉斯为王，后撤至首都拉文纳。

537年，维蒂吉斯倾全国兵力包围罗马城，连续发动猛攻。贝利萨留率部誓死以敌，困守危城。一年后，查士丁尼派援军解围。随后，东罗马军趁势向拉文纳进攻。540年，贝利萨留包围拉文纳，东哥特军队不敌，被迫投降，维蒂吉斯被掳往君士坦丁堡。

占领拉文纳后,查士丁尼恢复罗马旧制度,把地产连同奴隶、隶农全部交还原有大地主,并且增加赋税,巧取豪夺,招致意大利居民的不满。东哥特人不甘受奴役,在国王托提拉号召下,积极起来反抗占领者。

542年,东哥特军在佛罗伦萨附近击败东罗马军。543年,东哥特军绕过拉文纳直指南部重镇那不勒斯。546年,东哥特军收复罗马,重新控制意大利半岛的中部和南部,并派舰队进取西西里、科西嘉和撒丁岛等地。东罗马军因兵力不足、无法坚守,只能以劣势兵力转战沿海各地。

548年,托提拉乘胜提出议和,但被查士丁尼拒绝。552年,查士丁尼集结精锐部队,由纳尔塞斯统率从北部进入半岛。553年,东哥特军在塔吉纳一役中战败,托提拉受伤致死。东哥特军随之瓦解。554年,东哥特王国灭亡。

简评

东罗马帝国在哥特战争中的胜利,为其后击败萨珊波斯帝国,进而建立庞大的拜占庭帝国奠定了很好的基础。

主要事件

塔吉纳战役

时间:553年

地点:意大利中部托斯卡纳地区

人物:纳尔塞斯、托提拉

结果:东哥特军战败

> 读一读
>
> ●●●● 阿拉伯半岛统一战争（622年～632年），是指以穆罕默德为首的穆斯林武装为统一阿拉伯半岛及抵御外族入侵而进行的战争。

阿拉伯半岛统一战争

6～7世纪，阿拉伯半岛处在社会激烈动荡和变革时期，奴隶主与奴隶之间、部落之间、民族之间的矛盾错综复杂，特别是拜占庭、波斯和阿比西尼亚等帝国长达几个世纪的侵略战争，给阿拉伯半岛人民带来深重的灾难，可谓内外矛盾交织、社会危机四伏。如此，只有把分裂的阿拉伯半岛统一起来，才能抵御外族入侵，促进社会政治、经济的发展。

610年，穆罕默德在麦加创立了伊斯兰教，劝说人们信仰唯一神安拉，因此受到麦加贵族的反对和迫害。622年，麦加统治者阿布·苏富扬搜捕穆罕默德。穆罕默德被迫带领部分信徒逃到麦地那，在那里建立政教合一的麦地那政权，并组建军队，高举"圣战"旗帜，从而开始了阿拉伯半岛的统一战争。

穆罕默德迁至麦地那后，麦加贵族对伊斯兰教的发展深恶痛绝，频频滋事。为了打击麦加贵族，巩固麦地那宗教公社，穆罕默德采用以攻为守的战略策略，打击、拦截麦加贵族的商队，致使麦加的商业瘫痪。

麦地那

624年3月，在得知古来氏人派往叙利亚的大商队即将返回麦加时，穆罕默德即派300人前往截击。在白德尔，穆罕默德与麦加援军相遇，经激战首战获胜，歼灭麦加贵族军队近千人，缴获100匹马和700峰骆驼，打击了敌人的锐气，大长了穆斯林的威风。

在白德尔惨败后，阿布·苏富扬为重整旗鼓，伺机复仇。625年3月，麦加贵族军队3000人攻打麦地那。两军在伍侯德山谷交战。由于穆斯林军中有的临阵脱逃，有的擅离职守，使得军心不振，阵脚大乱，伤亡70多人，穆罕默德也受了伤。

627年3月，阿布·苏富扬组建万人大军，再次进犯麦地那。穆罕默德吸取伍侯德失利的教训，据城坚守。他派人在城北开阔地挖了一条宽阔的壕沟，防御敌军侵犯。在敌大兵压境之时，城内犹太部落与麦加军队串通，使穆斯林军腹背受敌，处境十分危急，但幸有壕沟防御，坚守一个多月未被攻破。后来，麦加军队因酷暑飓风，全军人心惶惶，不得不撤退。这次作战被人们称为"壕沟大战"，它是穆罕默德由战略防御转入战略进攻的转折点。

敌军刚一撤退，穆罕默德立即进攻古来祖犹太部落，拔除了异教徒在麦地那的最后据点。此后，穆罕默德与麦加人达成停战协议。为确保麦地那安全，穆罕默德开始集中力量征服麦地那周围的犹太部落，肃清残余力量。628年5月，穆罕默德率军攻克犹太人势力较大的海巴尔城，迫使其他地区犹太部落投降，从而解除了后顾之忧。随后，他开始向巴勒斯坦、叙利亚方向扩张穆斯林势力。

629年5月，穆罕默德派其义子栽德率3000军队征伐巴勒斯坦。双方在死海附近的穆塔交战，穆斯林军队被击败。但这并没有使穆罕默德气馁，他通过各种外交手腕，加深了与四方各部落的联络，使其一一归顺；对周围的强国，他则派出使节，增强友好关系，以安定四方，为进攻麦加做好充分准备。

630年1月，穆罕默德率军1万余人向麦加进军。穆斯林将士斗志昂扬，声威大震，麦加贵族闻风丧胆，溃不成军，阿布·苏富扬被迫率部投降，并皈依伊斯兰教。两周后，穆罕默德率军在侯乃尼山谷征服叛乱部落。

麦加之战的胜利，极大地推动了伊斯兰教在阿拉伯半岛的传播，大批阿拉伯人纷纷加入伊斯兰教。631年，来自阿拉伯半岛各地的使团到麦地那表示友好和归顺，基督教和犹太教居民也派代表团前来签订和约，愿以纳贡形式求得宽容。同年夏，穆罕默德率领3万军队，冒着酷暑炎热，进行了最后一次大规模远征，企图征服拜占庭帝国统治下的叙利亚。不过，远征军因长途跋涉，天气酷热，大都厌战，加之穆罕默德年老体衰，行至叙利亚边境的塔布克就停止了前进。于是双方不战而和，签订了和约。和约允许异教徒保持原有信仰，但每年必须缴纳一次人丁税。632年，阿拉伯半岛基本统一。

简评

通过阿拉伯半岛统一战争，穆罕默德复兴了伊斯兰教，率领阿拉伯人统一了阿拉伯半岛，为日后的阿拉伯对外征服战争奠定了基础。

主要事件

壕沟大战

时间：627年

地点：麦地那城

人物：穆罕默德、阿布·苏富扬

结果：麦加军队撤退，穆罕默德由战略防御转入战略进攻

> 读一读
>
> 阿拉伯扩张战争（633年~750年），是指阿拉伯帝国为了扩大其统治范围而对西亚、北非和西南欧发动的吞并战争。

阿拉伯扩张战争

穆罕默德统一阿拉伯半岛后，穆斯林国家得到了空前的发展壮大，阿拉伯帝国雄起。为了巩固统治，并满足阿拉伯人对商路和土地的要求，穆罕默德的继承者发起了长达一百多年的对外扩张战争。这场战争分为两个阶段。

第一阶段（633年~656年）：633年，穆罕默德死后，四大继承者——阿布·伯克尔（632年~634年在位）、欧麦尔·伊本·哈塔卜（634年~644

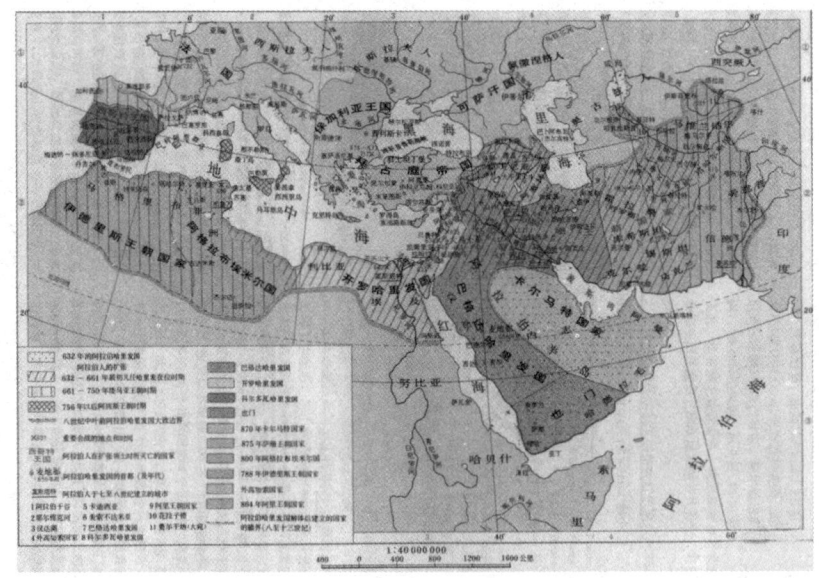

阿拉伯扩张战争路线图

在位)、奥斯曼·伊本·阿凡(644年~656年在位)、阿里·伊本·阿比·塔利卜(656年~661年在位)不断发动战争,大肆扩张。633年秋,阿拉伯三支部队攻入伊拉克和叙利亚。636年,阿军先后在阿吉纳代因、耶尔穆克河谷地等处打败拜占庭军,攻占大马士革,夺取了整个叙利亚。637年~638年,阿军征服耶路撒冷和美索不达米亚。639年~642年,阿军统帅阿姆鲁突袭埃及,在巴尔贝克大胜拜占庭军,先后攻占皮卢希恩、巴比伦要塞、亚历山大城,吞并了整个埃及。随后,阿军沿北非海岸西进,攻取昔兰尼加、利比亚,夺取了拜属非洲大部领地。649年~654年,阿海军攻占塞浦路斯等地中海岛屿。至此,阿拉伯控制了拜占庭在近东的大部分领土,形成了一个横跨欧、亚、非的新帝国。

第二阶段(668年~750年):659年,由于阿拉伯贵族内讧,阿军暂时停止进一步扩张。在平定内乱后,阿拉伯人又重新组织对拜占庭发起新的进攻。

阿拉伯军队首先以拜占庭沿海城市为进攻目标,派舰队渡过爱琴海,穿越达达尼尔海峡,进入马尔马拉海,在基齐库斯城建立军事基地。673年~677年,阿拉伯舰队连续每年夏季进攻君士坦丁堡,但由于拜占庭军队做好了充分准备,精心布置防卫,并采用一种叫"希腊火"的液体燃烧剂,有效地粉碎了阿拉伯舰队的进攻,保卫了君士坦丁堡。677年6月,阿拉伯舰队被迫撤离君士坦丁堡。在途经小亚细亚南岸海面时,阿军遭到风暴袭击和希腊舰队阻截,几乎全军覆没。祸不单行,阿陆军在小亚细亚也遭到惨败。678年,双方签订和约,阿拉伯国家被迫向拜占庭纳贡。

717年,阿军分水陆两路再次对君士坦丁堡发动进攻。陆路以骑兵和骆驼兵为主,号称12万人,越过小亚细亚,从阿拜多斯城跨越达达尼尔海峡,进入欧洲大陆,包围色雷斯;水路1800艘战舰从叙利亚和埃及港口出发,直驱博斯普鲁斯海峡,同时20艘各载100名重装士兵的大型战船紧随其后,准备登陆作战。拜占庭军队方面,拜占庭皇帝利奥三世采用"诱敌深入,聚而歼之"的方针,拆除设在进港海口的防卫铁链,任阿拉伯舰队驶进港湾。然后,拜占庭军队出其不意地发出火箭、火船和火矛,投射"希腊火"。结果,阿拉伯舰队在突然袭击下大乱，在熊熊烈火中几乎全军覆灭。另两支运送武器、士兵和粮食的阿拉伯舰队也被击溃。陆军方面，一支阿拉伯士兵因不耐严寒，且供应不足，加之时疫流行，战斗力锐减，被拜占庭收买的保加利亚人乘机进攻，遭受重创。至此，围攻君士坦丁堡长达一年零一个月的阿拉伯军队，以失败而告终。

君士坦丁堡会战之后，拜占庭开始向小亚细亚和叙利亚展开全面进攻，整个战局发生了根本转折，拜占庭转为战略进攻，阿拉伯转为战略防御。746年，在塞浦路斯附近的大海战中，拜占庭击溃了拥有1000多艘战舰的阿拉伯舰队，夺回了塞浦路斯。8世纪后半期，拜占庭在小亚细亚屡获胜利，把阿军赶到了小亚细亚东部，重振了"帝国"的声威。

750年，阿拉伯帝国内部矛盾激化，阿拔斯王朝取代了倭马亚王朝的统治，迁都巴格达。此后，拜占庭与阿拉伯争夺的重点主要在小亚细亚和上美索不达米亚、黑海沿岸及地中海东部和意大利等地，虽然战事连绵不断，但规模不大。

在北非，阿军进展顺利。697～698年，阿军夺取迦太基，结束了拜占庭对北非的统治。

在欧洲，711年春，一支由300名阿拉伯人和7000名信奉伊斯兰教的柏柏尔人组成的部队进入比利牛斯半岛，趁西哥特王国发生内讧，社会和宗教矛盾重重之机，占领了半岛大部分地区，建立起阿拉伯人的统治。732年10月4日，阿拉伯军队在普瓦提埃与法兰克人交战，结果阿拉伯军队战败。由于比利牛斯半岛人民的顽强抵抗，驻西班牙的阿拉伯军队内部各部族发生矛盾，阿拉伯军队于8世纪中叶被迫退出高卢，停止了向欧洲的进军。

705年～715年，阿拉伯军队侵入中亚细亚的费尔干纳、喀布尔地区。为了占领这些地区，阿军与突厥族游牧部落、中国进行了交战。712年，阿拉伯军队进入印度，击败印度人后，将印度河谷并入阿拉伯帝国。

· 简 评 ·

总体来说，阿拉伯扩张战争取得了胜利，它加速了阿拉伯社会封建化的进程，建立起一些神权专制式的中央集权封建主义国家，扩大了伊斯兰教的传播范围，为巩固和扩大自己的统治创造了有利的条件。

主要事件

第二次君士坦丁堡会战

时间：717年
地点：君士坦丁堡
人物：利奥三世
结果：阿拉伯军队战败

> 读一读
>
> 诺曼征服战争（1066年）是法国诺曼底公爵威廉同英国大封建主哈罗德为争夺英国王位进而征服英国的一场战争。

诺曼征服战争

1051年，在访问伦敦时，诺曼底公爵威廉与表兄弟英王爱德华讨论王位继承问题，爱德华无子，对威廉的要求没有提出异议。英格兰大贵族戈德温的继承者哈罗德也许诺日后奉威廉为王。

1066年1月，爱德华病逝，临终前却让哈罗德为王位继承人，英国政治机构的核心贤人会议（贤人会议是一种由国王主持召开的、会期不定、人数不等的高层会议，与会者主要有被称为"贤者"或"智者"的高级教士和世俗贵族，包括国王的近臣、王族宠幸和地方长官等）也决定由哈罗德继承王位。不久，哈罗德在威斯敏斯特教堂加冕称王。这对威廉来说是一次沉重的打击，他决定用武力夺取王位，征服英国，建立自己的王国。

为创造有利的形势，威廉派使节游说当时最有影响的封建领袖罗马教皇亚历山大二世和神圣罗马帝国皇帝亨利四世，向他们控告哈罗德背信弃义，是一个篡位者和发伪誓的人。教皇支持威廉的行为，还赐给他一面"圣旗"。亨利四世也表示帮助威廉夺回王位。丹麦国王出于个人野心，也支持威廉。很快，威廉便拼凑出一个反

威廉

对哈罗德的松散联盟。为解除后顾之忧，他与东面的弗兰德人订立同盟，在西面征服了布列塔尼，在南部占领了梅因。这一切为他入侵不列颠创造了有利条件。1066年春，威廉在里里波尼城召开封建主会议，制定进攻英国的方案。

1066年8月，封建主托斯蒂格为哈罗德夺走了自己的伯爵领地而起兵反叛，挪威国王哈拉尔德三世怀着个人野心同托斯蒂格联手行动。他们一度兵临英格兰北部重镇约克城下，但在9月26日为哈罗德所败。就在哈罗德获胜庆祝的次日，威廉的军队巧合地从第费斯河口出发进军英格兰。28日，威廉的军队没遇任何抵抗便在佩文西湾登陆。此时，英格兰东南沿海地区门户大开，直到伦敦都无重兵防守。10月1日，哈罗德得知这一消息后，立即飞马赶回伦敦。由于事发突然，哈罗德来不及大规模动员，手下兵力只有未获充分休整的5000余人迎击威廉。

10月13日，双方在黑斯廷斯相遇，准备决战。哈罗德选择威尔登山地的山背最高处作为统帅部所在地，将亲兵部署在峰顶两侧，在中央构成坚固的防守，两翼则是民兵把守。威廉将军队分成左中右三路，每一路又分三个方阵，第一线是弓箭手，第二线是重装步兵，第三线是骑兵。他亲自指挥中央的诺曼底战士，并在队前打起教皇赐予的"圣旗"。

14日，战斗开始。

诺曼人排成一线，沿山坡向山顶推进。当两军接近时，诺曼弓箭手开始射箭，英格兰人凭借盾牌护身，用长矛、标枪、战斧向敌人发起冲击。英军居高临下，兵器锐利，给诺曼人严重杀伤。威廉左翼开始向山下败退，中央的诺曼人也受到影响后退。

在败退之中，威廉保持镇静，重整旗鼓，让骑兵在前，步兵随后，向英军发起第二次进攻。结果仍无法突破对方密集的防线。

两次进攻失败后，威廉吸取教训，改变战术，用佯败将敌人引开坚固有利的阵地，诺曼士兵向后退到谷底、上山，待敌人追击时，居高临下予以痛击。

哈罗德没有识破威廉的计谋，追击时损兵折将，实力受到削弱。威廉抓住这一战机发动最后反攻。哈罗德中箭身亡,英军阵脚大乱,全线崩溃。

乘决战胜利的威势,威廉率军长驱直入,先后占领坎特伯雷、韦斯特汉姆、西尔、吉尔福德等地,接着又横扫北部,进军伦敦。伦敦投降代表向威廉表示屈服,并奉他为国王。1066年12月25日,威廉在威斯敏斯特教堂被加冕为英国国王。

简评

诺曼征服是先进社会集团对落后社会集团的战争。诺曼人的胜利不仅把西欧大陆的封建制度移植到英国,而且在经济、社会、文化、军事等方面改变了英国的面貌,使英国同西欧大陆更紧密地融为一体,对英国历史的发展产生了深远的影响。

主要事件

黑斯廷斯之战

时间:1066年10月14日

地点:黑斯廷斯

人物:威廉、哈罗德

结果:英军战败,哈罗德中箭身亡

> 读一读
>
> 十字军东征（1096年~1291年），是指在罗马天主教教皇的准许下，西欧的封建领主和骑士对地中海东岸的国家发动的宗教性战争。

十字军东征

11世纪末，西欧社会生产力有了长足的发展，手工业从农业中分离出来，城市崛起，已有的财富已不能满足封建主贪婪的欲望，他们渴望向外获取土地和财富，来扩充政治、经济势力；许多不是长子的贵族骑士不能继承遗产，

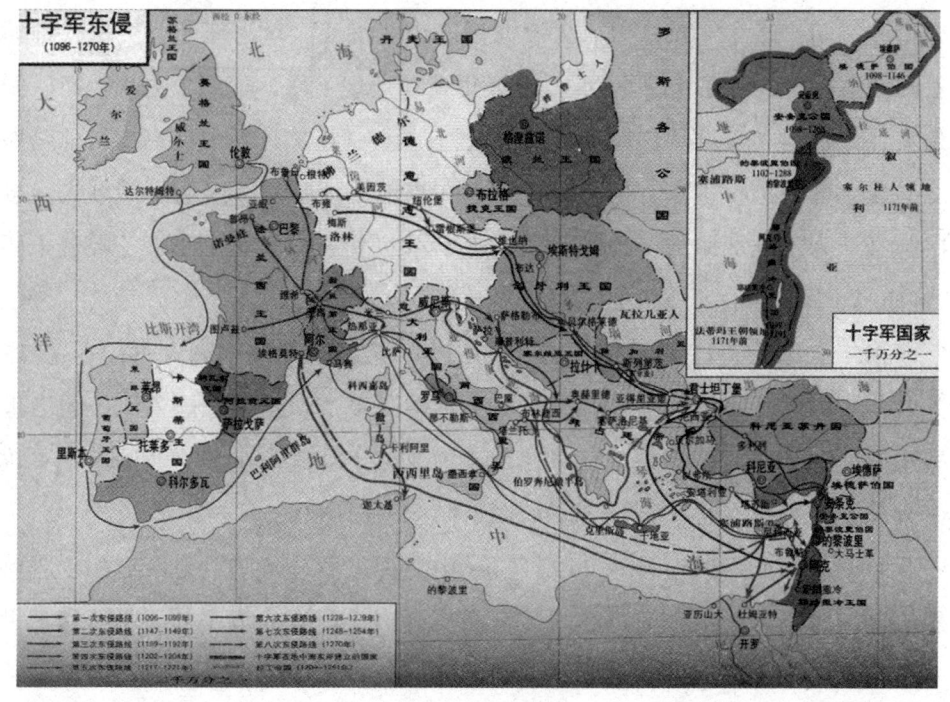

十字军东征路线图

成为"光蛋骑士",热衷于在掠夺性的战争中发财;许多受压迫的贫民也幻想到外部世界去寻找土地和自由,摆脱被奴役的地位;欧洲教会最高统治者罗马天主教会,企图建立超自己的"世界教会",确立教皇的无限权威……诸多原因促使他们把目光转向了地中海东岸国家。

1095年,当中东地区混乱不堪、君士坦丁堡皇帝阿历克修斯一世向罗马教皇乌尔班二世求援,以拯救东方帝国和基督教的时候,早已垂涎东方富庶的西欧教俗两界,由天主教会发起,以从异教徒塞尔柱突厥人手中夺回"圣地"耶路撒冷为目标煽动宗教狂热,开始了十字军东征。

十字军东征持续200年之久,大规模的军事行动有8次。参加东征的人有骑士、农民、小手工业者等,他们胸前和臂上都佩有"十"字标记,故称"十字军"。

第一次东征(1096年~1099年):1096年春,法国隐修士彼得和德国小骑士穷汉华尔特率领由一些贫苦农民组成的十字军东征,在小亚细亚被塞尔柱突厥人击败,几乎全军覆没。同年秋,诺曼骑士博希芒德等率领以法国贵族为主的骑士十字军约3万人,渡海侵入小亚细亚,攻占塞尔柱突厥人都城尼西亚。次年,各路十字军约10万人集聚君士坦丁堡,随后攻占埃德萨、安条克,分别建立埃德萨伯国和安条克公国。1099年7月,十字军攻占耶路撒冷,建立耶路撒冷王国。但是,十字军在当地横征暴敛,激起了城乡人民多次起义。为控制征服的土地和人民,十字军建立了僧侣骑士团:圣殿骑士团(神庙骑士团)和医院骑士团(约翰骑士团)。

第二次东征(1147年~1149年):1144年,塞尔柱突厥人占领爱德沙。为此,法国国王路易七世和"神圣罗马帝国"皇帝、德意志国王康拉德三世率军出征。结果,德意志十字军在小亚细亚被土耳其人击溃,法国十字军攻占大马士革的企图也落了空。这次东征未达到任何目的。

第三次东征(1189年~1192年):由"神圣罗马帝国"皇帝红胡子腓特烈一世、法国国王奥古斯都腓力二世和英国国王理查一世率领。腓特烈一世率其部队,沿上次远征的陆路穿越拜占庭,法国人和英国人由海路向巴勒斯坦挺进。由于十字军内部矛盾重重,此次远征也没有达到目的。德意志十字军一路上伤亡惨重，腓特烈一世还在横渡萨列夫河时溺死，军队随之瓦解，只剩下一些残兵败将继续东征。腓力一世占领了阿克港后，于1191年率部分十字军返回法国。理查一世攻占了塞浦路斯，并建立了塞浦路斯王国，但又卖给了原耶路撒冷国王。1192年，理查一世与埃及苏丹萨拉丁签订和约。据此和约，提尔（今苏尔）到雅法的沿海狭长地带归耶路撒冷王国所有，耶路撒冷仍然留在穆斯林手中。

第四次东征（1202年～1204年）：由教皇英诺森三世策划，本来是要攻打埃及，但在威尼斯商人的干预下，十字军反而进攻信奉同一宗教的商业竞争对手拜占庭，占领君士坦丁堡和拜占庭在巴尔干的大部地区，建立了"拉丁帝国"。

第五次东征（1217年～1221年）：由奥地利公爵利奥波六世和匈牙利国王安德烈二世所率十字军联合部队对埃及进行远征。十字军在埃及登陆后，攻占了杜姆亚特要塞，但被迫同埃及苏丹订立停战协定并撤离埃及。

第六次东征（1228～1229年）：在"神圣罗马帝国"皇帝腓特烈二世率领下，十字军使耶路撒冷回到基督教徒手中，但1244年又被穆斯林夺回。

第七次东征（1248～1254年）：在法国国王路易九世率领下，十字军很快攻取了达米埃塔。接着，进攻开罗。结果，十字军被拜巴尔率领的奴隶骑兵打败，路易九世的弟弟阿图瓦伯爵被杀，路易九世被俘。1250年，法国以大笔赎金赎回路易九世，但直到1254年才被释放回国。

第八次东征（1270年）：由法国国王路易九世领导，进军突尼斯。十字军在突尼斯登陆不久，路上发生传染病，路易九世染病身亡。路易九世的儿子兼继承人腓力三世马上下令撤退。此后，十字军在东方的领地基本被埃及攻占。

1291年，十字军丧失最后一个据点阿卡。至此，十字军东征，以失败告终。

简评

十字军东征是打着宗教旗帜进行侵略的战争。这场战争持续了将近200年，总体来说是失败的。最终，罗马教廷建立世界教会的企图不仅完全落空，而且由于其侵略暴行和本来的罪恶面目,使教会的威信大为下降。后世史家评论说:"在某种意义上说,比失败还更坏些。"

不过,十字军东征在客观上打开了东方贸易的大门,使欧洲的商业、银行和货币经济发生了革命,并促进了城市的发展,造成了有利于产生资本主义萌芽的条件。它还使东西方文化与交流增多,在一定程度上刺激了西方的文艺复兴。阿拉伯数字、代数、航海罗盘、火药和棉纸,都是在十字军东征时期传到西欧的。

主要事件

开罗之战

时间:1249 年

地点:开罗城

人物:拜巴尔、阿图瓦、路易九世

结果:路易九世被俘,十字军大败

> 读一读　蒙古西征（1219年~1260年），是指蒙古帝国为统治和征服世界进行的一系列对外扩张战争。

蒙古西征

1206年，孛儿只斤·铁木真（尊号"成吉思汗"）统一蒙古各部，建立大蒙古国（后称蒙古帝国），结束了蒙古草原长期混战的局面。建国后，成吉思汗认为，统治和征服世界是合乎长生天（蒙古人信奉萨满教，认为"长生天"是主宰一切的最高神）的意志，于是率领蒙古民族冲出草原，掀起强劲的扩张浪潮。历史上，蒙古大军发动了数次大规模的西征，主要有三次。

成吉思汗

第一次西征（1219年~1231年）：1218年，成吉思汗派一个庞大的商队和使臣前往花剌子模国建立邦交。可是，当使者和商人抵达花剌子模的管辖区讹打剌时，讹打剌守将指责他们是成吉思汗的间谍，把他们杀了。为此，1219年秋，成吉思汗以复仇为名统率20万大军攻入花剌子模。经过3年征讨，蒙古军攻克其新旧都城撒马尔罕和玉龙杰赤，追逐花剌子模国王摩诃末至里海，迫其子札兰丁逃窜印度。尔后，成吉思汗班师回漠北，派大将速不台、哲别继续进剿，先后攻破阿塞拜疆、谷儿只（今格鲁吉亚）。1223年夏，

成吉思汗率领大军西征

蒙古军在迦勒迎河一带击溃斡罗思（今俄罗斯）、钦察联军，并深入克里木半岛。次年，蒙古军经黑海北东返。闻蒙古大军离去，逃入印度的札兰丁便返回旧地波斯，重建花剌子模国，把中心移至阿塞拜疆。成吉思汗之子窝阔台即汗位后，派大将绰儿马罕率军再次征讨，于1231年灭花剌子模，并留在该地镇守。

第二次西征（1235年~1242年）：经过一系列征战，也儿的石河（今新疆额尔齐斯河）以西、乌拉尔河以东之地成为蒙古的征服地区。但是，乌拉尔河以西的钦察、斡罗思等还未平定。1235年，窝阔台决定征讨钦察、斡罗思等未服诸国。1336年秋，速不台率军先克亦的勒河（今伏尔加河）中游的不里阿耳国，蒙哥（成吉思汗之孙）攻取钦察。1237年秋，各路蒙军深入斡罗思，于次年分兵四路，连破莫斯科、罗斯托夫等十余城市。1239年，蒙哥攻破高加索山北麓的阿速国，拔都（成吉思汗之孙）长驱直入斡罗思南部。1240年，蒙古军攻占伽里赤国。1241年，蒙古军分兵攻入孛烈儿国（今波兰）和马札儿国（今匈牙利），并进军西里西亚。1242年，拔都闻得大汗窝阔台死讯，随即率诸军东还，回到亦的勒河下游营地。后来，拔都留在那里建立起钦察汗国，以萨莱城（今伏尔加河入里海处）为首都。

第三次西征（1253年~1260年）：1251年，蒙哥继位，他遵奉祖父成吉思汗遗训，拓展疆土，开藩建汗。1253年，蒙古大军在蒙哥皇弟旭烈兀的率领下开始西征。1256年，蒙古军灭亡了木剌夷国（今里海南岸）。1258年，蒙古军攻陷报达城（今伊拉克的巴格达），灭亡了阿拔斯王朝。1259年，蒙古军兵分三路攻入叙利亚，于次年4月连克阿勒波、大马士革等城。这时，旭烈兀得到蒙哥汗死讯，便班师回到波斯，留下大将怯的不花领兵2万继续进行征伐。1260年9月，怯的不花的军队被密昔儿（今埃及）军队击败，西征至此结束。

· 简 评 ·

  蒙古西征给被征服国家的经济和文化造成了相当大的破坏，但客观上也对东西方交往起到了一定的促进作用。蒙古三次西征，沟通了东西方的经济和文化联系，把中国的发明，如火药、造纸术、印刷术、罗盘等传到西亚及欧洲等国，同时将西方的天文、医学、历算等传入了中国。

> **主要事件**
>
> **西征花剌子模战争**
>
> 时间：1219年
>
> 地点：撒马尔罕、玉龙杰赤、阿塞拜疆、谷儿只等地
>
> 人物：成吉思汗、摩诃末、札兰丁、窝阔台
>
> 结果：花剌子模国灭亡

> **读一读**
>
> ●●●● 英法百年战争（1337年～1453年）是指英国和法国，以及后来加入的勃艮第之间因王位继承问题而进行的战争。它是世界战争史上最长的战争，断断续续进行了116年。

英法百年战争

自11世纪法国对英国发动"诺曼征服"——以诺曼底公爵威廉（约1028年～1087年）为首的法国封建主对英国的征服后，英国诸王通过与法国一系列联姻，均成了法国诸王大片领土上的主要封臣。法王企图收回这些领地，英王不仅不肯放弃，反而进一步与法国争夺毛纺业中心佛兰德，于是双方矛盾日益深化。

1346年，英王爱德华三世终于提出要求享有全部法兰西王国的继承权。1328年，法国卡佩王朝绝嗣，支裔华洛瓦家族的腓力六世继位，英王爱德华三世以卡佩王朝前国王腓力四世外孙的资格，争夺卡佩王朝继承权。1337年爱德华三世称王法兰西，腓力六世则宣布收回英国在法境内的全部领土，战争遂起。从1337年到1453年，英法两国断续打了百余年，史称"百年战争"。这场战争大体可分四个阶段。

第一阶段（1337年～1360年），英法双方争夺佛兰德尔和基。1337年10月，英王爱德华三世自称法王，率军进攻法国。1340年6月，爱德华三世在斯勒伊斯海战中击败法国舰队，1346年7月，英军占领法国卡昂。8月，英军在阿布维尔以北的克雷西村大败法国陆军。次年，英军占领法国重镇加来。1356年9月，爱德华三世之子"黑太子"在普瓦捷之战中生擒法王约翰二世及其众臣。1360年，法国被迫签约《布勒丁尼和约》，承认英国对加来和西南地区大片领土的占领。

第二阶段（1368年~1396年），法王查理五世欲报仇雪恨，夺回英国所占的地区。1368年，查理五世率军配合加斯科涅反英暴动，收复大片失地。1372年，法舰队在拉罗谢尔打败英国舰队，重新控制西北沿海海域。英王为避免法国的领地全部丢失，与法国签署停战协定，只保有五个港口，分别是波尔多、巴约纳、布雷斯特、瑟堡和加莱、波尔多与巴约纳间的部分连接地区。

第三阶段（1415年~1429年），英王亨利五世利用法国内部矛盾，即勃

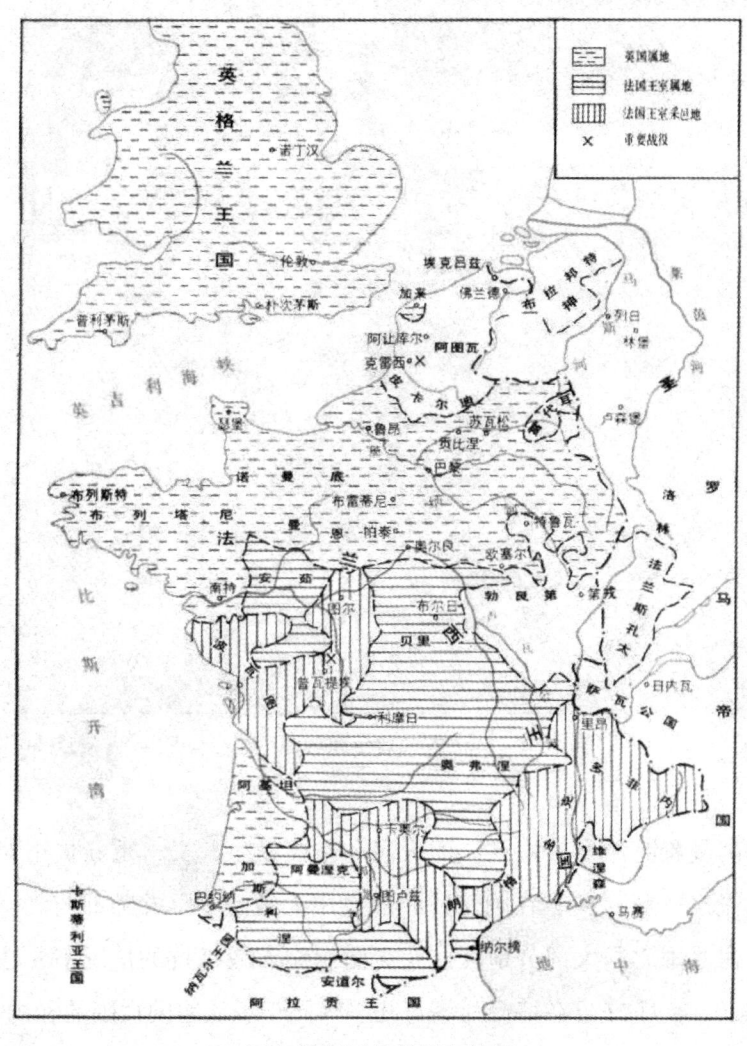

百年战争时的英国和法国

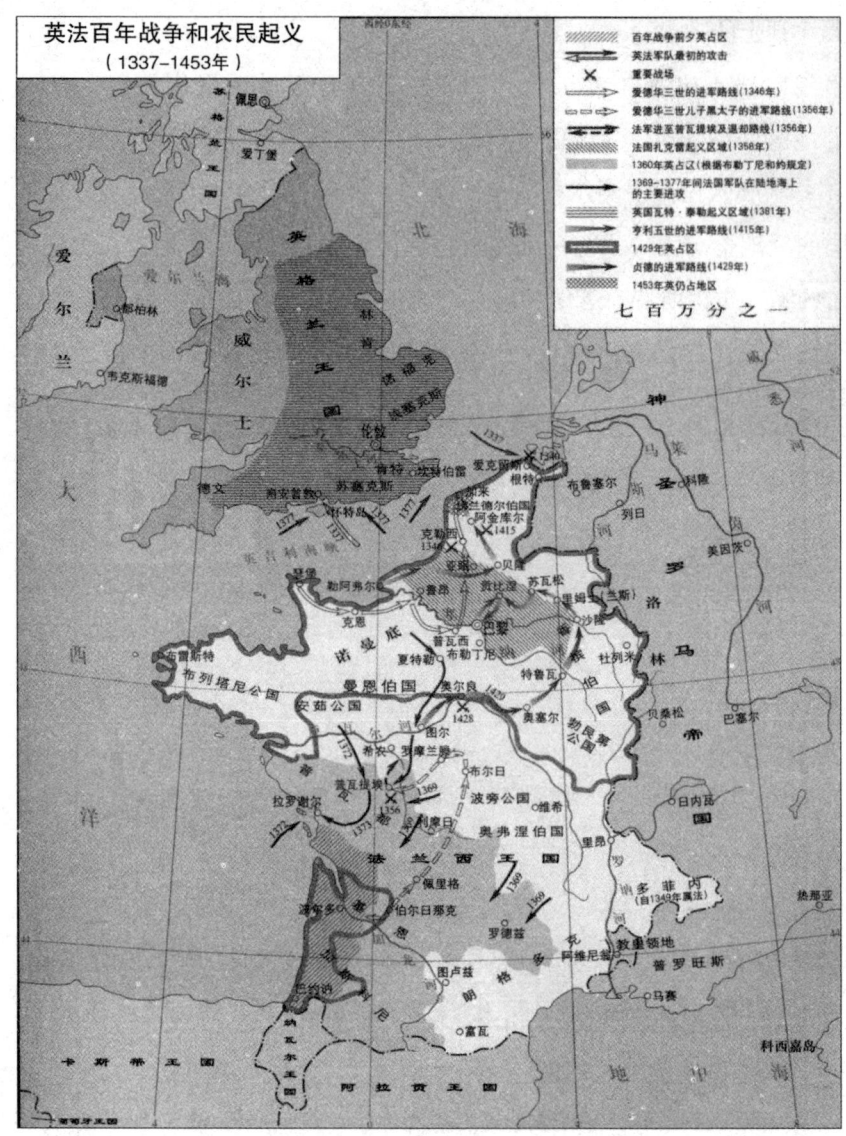

英法百年战争路线图

艮地派和阿曼雅克派发生内讧,而农民和市民发生起义,重新提出对法国王位的要求。1415年,英军在阿赞库尔战役中大败法军,并随即与勃艮地公爵结盟,攻占法国北部大部分地区。在无法组织有效抵抗的情况下,法王查理六世于1420年5月21日在特鲁瓦签订几乎等同于承认法国亡国的和约——《特鲁瓦和约》,将法国沦为英法联合王国的一部分。英王亨利五世随即宣布自己为法国的摄政王，并有权在查理六世死后承继法国王位。

第四阶段（1429年~1453年），新法王查理七世和新英王亨利六世争夺法国王位。1422年，英王室宣布未满周岁的亨利六世兼领法国国王。此时，法国太子查理已控制法国中部和南部。1428年，英军进攻法国南方要地奥尔良城。1429年，法国香槟地区农家女贞德自告奋勇，向太子查理请战，率法军解奥尔良之围。7月，太子查理加冕，称查理七世。贞德率军攻打巴黎，不克，次年在战斗中被勃艮第派军队生俘，以女巫罪被活活烧死。这激起了法国的民族义愤，使法军作出大反攻。

1435年9月，勃艮第公爵腓力三世臣服于查理七世，加强了法国抗英力量。此后8年，法军收复北方大部领土。1450年，法军解放诺曼底，并在巴约勒之战中重创英军。1453年7月，法军在卡斯蒂永之战中再次打败英军。10月19日，波尔多的英军投降，法国收复了除加莱外的全部领土，百年战争至此完全结束。

简评

百年战争给法国人民带来了深重的灾难，同时也促进了法国民族意识的觉醒，为此后民族国家的建立创造了条件。英国在百年战争后不但一无所获，还丧失了几乎所有在法国的领地，迫使其后来不得不放弃大陆称霸的企图，转而向海上发展，从而走上了海上帝国的道路。

主要事件

奥尔良战役

时间：1429年

地点：奥尔良城

人物：贞德

结果：奥尔良解出英军包围

> **读一读** 土耳其的扩张战争（1360年~1571年），奥斯曼土耳其国家为掠夺土地和财富对外进行的侵略扩张战争。

土耳其的扩张战争

在13世纪时，为了躲避蒙古铁蹄的蹂躏，突厥部落的一支奥斯曼土耳其人辗转迁移到黑海南岸的小亚细亚半岛，依附于塞尔柱土耳其人建立的鲁姆苏丹国，并信奉了伊斯兰教。1300年，奥斯曼土耳其人成立独立的国家，即奥斯曼国。奥斯曼国家从建立之日起就不断对外发动扩张战争，直到16世纪建成庞大的奥斯曼土耳其帝国（也称奥斯曼帝国）。土耳其的扩张战争大致可分为四个时期。

第一个时期（1360年~1402年）。1360年，穆拉德一世即位后立即着手组织对巴尔干的征战。1363年，穆拉德一世攻占埃迪尔内，接着又占领保加利亚的普洛夫迪夫。1364年，匈牙利、塞尔维亚、保加利亚、瓦拉几亚组织联军反击，但在马查河战役中被人数处于劣势的奥斯曼军队击溃。此后，东南欧各国更抵抗不住土耳其人的攻势，节节败退。

1389年6月，6万奥斯曼军队同由塞尔维亚、波斯尼亚、匈牙利、瓦拉几亚、阿尔巴尼亚、波兰、捷克人组成的10万联军在科索沃原野（塞尔维亚东南部普里什蒂纳城附近）进行决战。战斗异常激烈，最终以联军惨败而告终，许多将军被俘并遭杀害。科索沃战役结束了多瑙河以南地区对土耳其的抵抗，塞尔维亚沦为奥斯曼附庸。

土耳其人接连胜利，西方国家的封建主和教会意识到东方异教徒的威胁，于1396年组成了一支庞大的十字军，参加者除匈牙利国王西吉斯蒙德领导的

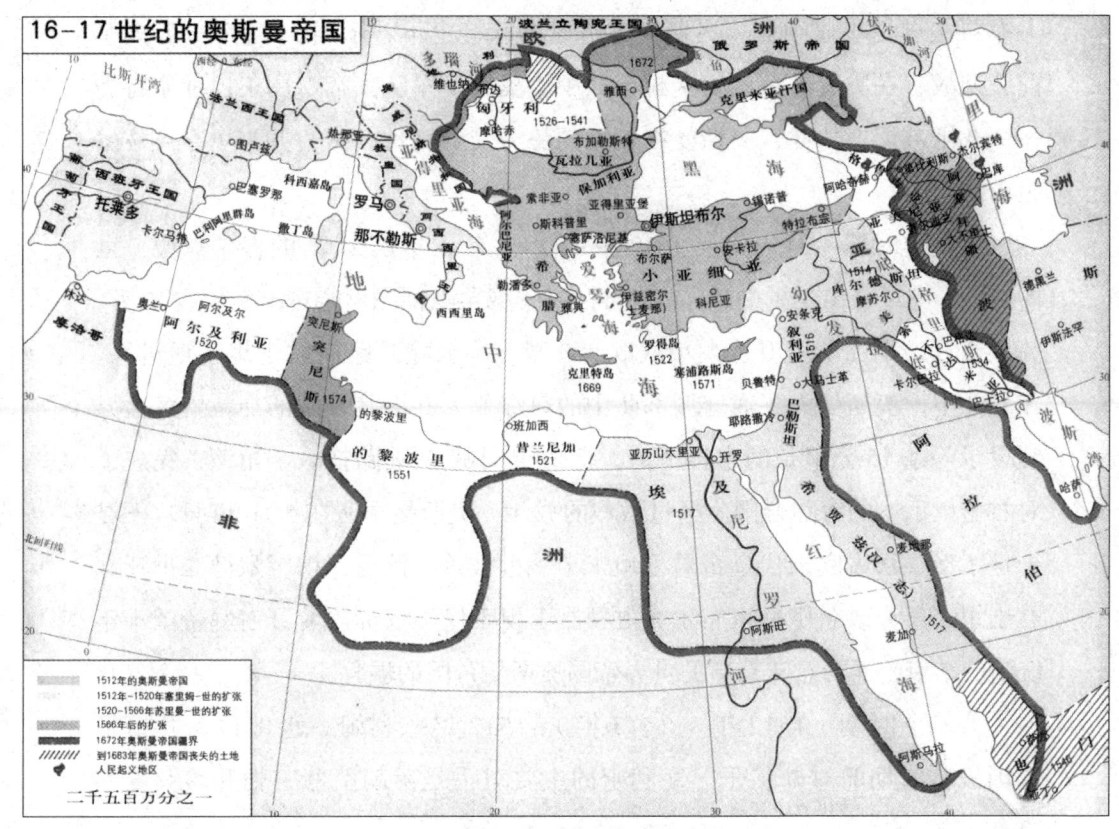

极盛时的奥斯曼帝国版图

匈军、瓦拉几亚和波斯尼亚军队外,还有来自英、法、意、德、捷等国的骑士,总数在6~10万之间。9月24日,战斗在尼科波尔打响,土军采用各个击破的战术,先后打败了法国等国的十字军。尼科波尔战役巩固了奥斯曼在多瑙河以南的统治。

1393年起,奥斯曼人开始对君士坦丁堡持续围攻,迫使拜占庭帝国同意在城内修建穆斯林区、清真寺,任命伊斯兰法官,对奥斯曼的年贡增加到1万金币,奥斯曼在君士坦丁堡近郊有驻军权。

正当奥斯曼扩张之势锐不可挡,大有席卷东南欧,征服东罗马帝国之际,东方的帖木儿帝国在小亚细亚兴起。奥斯曼帝国的亚洲势力受到了帖木儿帝国的威胁。1400年,帖木儿已经灭掉了9个王朝,征服了27个国家,整个中亚细亚和近东地区都屈服于他的淫威之下。1402年初,帖木儿统率80万大军再次进犯小亚细亚。奥斯曼苏丹巴耶塞特也不甘示弱,亲率 25 万大军前去迎战。在决定胜负的安卡拉会战中,奥斯曼军队大败,国王巴耶塞特和一个儿子被俘。从此,奥斯曼在亚洲的势力受到沉重打击,并为争夺王位发生内战。

第二个时期(1451 年 ~ 1512 年):1451 年,年仅 21 岁的穆罕默德二世即位后,奥斯曼出现了中兴。1453 年 4 月,穆罕默德二世亲自统率步兵 12 万、骑兵 2 万、别动队 1 万、大小战舰 300 艘,从水陆两路向君士坦丁堡进军。在战斗中,奥斯曼人买通守城部队中的热那亚人并沿其控制的加拉塔区边界铺设了一条 15 公里长的木板滑道,把 70 艘小船从陆路拖入金角湾,完成了对君士坦丁堡的海陆合围。经过激烈的战斗,奥斯曼军队在 5 月 29 日攻下君士坦丁堡,拜占庭末代皇帝君士坦丁十一世被杀。此后,穆罕默德二世迁都君士坦丁堡,改名伊斯坦布尔。占领君士坦丁堡不仅标志着拜占庭帝国千年统治的结束,而且意味着新的世界帝国奥斯曼帝国的崛起。

第三个时期(1512 年 ~ 1517 年):1512 年塞利姆一世即位,开始了帝国极盛时期的对外扩张。塞利姆的主要对手是伊朗萨菲王朝和埃及麦木鲁克王朝。

1514 年春,塞利姆率 14 万大军带着 300 门大炮直奔波斯边界。8 月 23 日,奥斯曼军队在查尔迪兰与 8 万波斯骑兵进行决战,大败波斯军,占领大不里士。次年,奥斯曼军队又夺取库尔德斯坦地区。查尔迪兰战役的胜利使奥斯曼帝国巩固了东部边界,控制了由大不里士至阿勒颇和布尔萨的道路。

1516 年 6 月,塞利姆进攻阿勒颇,同时命令舰队袭扰叙利亚沿海。8 月 24 日,双方在阿勒颇附近的达比克草原进行决战,大败埃军并使年迈的麦木鲁克苏丹命丧黄泉。奥斯曼军队乘胜追击,相继占领阿勒颇、大马士革、耶路撒冷、加沙等地。1517 年 1 月底,奥斯曼军队进入开罗,麦木鲁克王朝灭亡。叙利亚、巴勒斯坦、汉志和埃及直到南部努比亚地区全部并入奥斯曼版图,从此,奥斯曼成为地跨欧亚非的大帝国。

第四个时期(1520 年 ~ 1571 年):1520 年,年仅 26 岁的苏莱曼一世即位,通过他的大力扩张,奥斯曼帝国的对外扩张达到极点。他在位 46

年，亲征 13 次，除围攻维也纳（1529 年）和科孚岛（1526 年）失败外，都取得胜利。

在欧洲，苏莱曼的侵略矛头指向匈牙利，主要对手是奥地利哈布斯堡王朝。1521 年，苏莱曼夺取匈牙利控制下的贝尔格莱德。1526 年，苏莱曼在摩哈赤使匈军全军覆没。1529 年，苏莱曼再征匈牙利，因遭到顽强抵抗，被迫于 10 月班师。1540 年，苏莱曼再征匈牙利，派总督直接管理，并将其一分为三。

在亚洲，苏莱曼征服的对象是高加索和伊拉克。经过多次战争，奥斯曼帝国控制了巴士拉—巴格达—阿勒颇这一印度至地中海的第二条商道，1555 年同萨菲王朝签订的《阿马西亚和约》确认伊拉克和格鲁吉亚、亚美尼亚的西部地区归奥斯曼帝国。

在海上，苏莱曼大力抢夺海上霸权。1522 年，苏莱曼调 10 万大军渡海出征罗德岛，经 9 个月围攻终于从骑士团手中拿下该岛，保证了伊斯坦布尔同埃及的海上联系。1534 年，被任命为总督的海盗哈伊勒丁（巴巴罗斯）率奥斯曼舰队占领突尼斯。1538 年，奥斯曼舰队同西班牙、教皇、威尼斯、葡萄牙的联合舰队在普雷佛扎附近海面发生海上决战，奥斯曼舰队战胜了两倍于己的联合舰队。1551 年，奥斯曼舰队围攻马耳他岛，夺取的黎波里，并多次袭扰意大利、西班牙沿岸地区和西班牙控制的北非奥兰地区。但 1571 年的勒颁多海战，奥斯曼被联合舰队打败。

这样，通过 200 年的不断战争扩张，奥斯曼帝国的版图就囊括了昔日拜占庭和阿拉伯帝国的大部分地区。其疆域东起波斯湾头，西到匈牙利，北达高加索，南部占领了整个北非及地中海海域，从埃及直到阿尔及利亚，控制了红海、黑海、爱琴海和地中海，领土面积达 500 多万平方公里，成为了横跨欧、亚、非三洲的泱泱大国。

· 简 评 ·

奥斯曼从一个鲜为人知的小亚细亚北部小国迅速崛起成为一个欧亚非强

大帝国，主要原因之一就是它拥有一支强大的军队。另外，几位国王都是杰出的统帅，富有雄才大略，善于分析战略形势并抓住时机，英勇善战和正确的战略战术相结合，辅之以外交手段和谋略计策，保证了奥斯曼帝国的大军所向披靡、节节胜利。

> **主要事件**
>
> **君士坦丁堡围攻战**
>
> 时间：1453年4月，
> 地点：君士坦丁堡
> 人物：穆罕默德二世、君士坦丁十一世
> 结果：君士坦丁十一世被杀，拜占庭帝国至此灭亡

> 读一读
>
> 胡斯战争（1419年~1434年），又称捷克农民战争。这次战争以捷克民族英雄胡斯的宗教改革为旗帜，以胡斯党人为领导，目的是反抗德意志封建主和天主教会势力的侵略压榨，以及本国的封建压迫。

胡斯战争

9世纪末，捷克形成为一个独立的国家。虽然形成历史较晚，但是捷克发展很快，到11~12世纪出现了许多手工业和商业城市，布拉格成为国内的经济中心。这里，捷克对外贸易也发展起来，从捷克向多瑙河上游、匈牙利、威尼斯等地输出的有马、牛、皮革、粮食、银、麻布等。到13世纪，捷克国王被列为罗马帝国七大选侯之一。

捷克丰富的土地资源和矿藏，引来了德国封建主贪婪的目光和野心。12~13世纪，德国人开始向捷克大规模移民，包括教士、僧侣、商人、手工业者等。德国人大量移民的结果，使捷克国内形成了一个德国教俗封建主、城市贵族和矿山主的特殊社会集团，他们和捷克大封建地主相勾结，共同剥削捷克人民，致使捷克农民、城市平民身受民族和阶级的双重压迫，"像流亡者一样住在自己的国内"。到13世纪，德意志的世俗封建主控制了捷克的城市和矿山，占有广阔领地，高级教士基本上控制了捷克的教会。捷克人民对此强烈不满。

15世纪初，捷克伟大的爱国志士、神学家、布拉格大学教授兼伯利恒教堂的传教士约翰·胡斯发起反对罗马教皇和德意志天主教会的改革运动，主张改革教会，否认教皇具有最高权力，这引起了德国教士以及罗马教廷的仇恨。1414年，胡斯被召参加在康斯坦次举行的宗教会议，结果被逮捕。同年

7月6日，胡斯在康斯坦次广场上以异端罪名被焚死。

胡斯的死激起了捷克人民极大的愤慨。1415年9月，捷克人民在布拉格举行多次集会，抗议教皇和皇帝，驱逐德国教士。到1419年，大规模的农民战争在胡斯改革的旗帜下爆发了。

1419年7月30日，布拉格市民在胡斯派哲里夫斯基等人领导下举行起义，广大城乡纷纷响应。经过斗争，起义者将德意志贵族和教士扔出窗外，没收其财产，接管市政机关，队伍也得到了扩展壮大，规模达到6万多人。

面对大规模的武装起义，罗马教皇马丁五世和德意志神圣罗马帝国皇帝西吉斯蒙德立即进行镇压。他们组织了10余万人的十字军，在1420年~1431年期间，展开了5次大规模征讨。

当时，起义军包括两派，即以捷克中产阶级和小贵族等为主要成员的圣杯派和以农民、手工业者和矿工为主要成员的塔博尔派。起初，他们联合行动，共同对敌，采取灵活机动的战术，于1420年在布拉格城郊的维斯特夫山、1422年在库特纳霍拉和涅梅茨布罗德、1426年在乌斯季、1427年在塔霍夫、1431年在多马日利采的作战中，先后粉碎了十字军优势兵力的进攻，但是后来由于教皇和德皇施展阴谋诡计，拉拢圣杯派，离间两派，致使起义失败了。

1433年，教皇、德皇与圣杯派秘密签订了《巴塞尔协定》。1434年5月，在里旁会战中，圣杯派与封建天主教势力勾结一起，发动联合进攻，击败了塔博尔派起义军。至此，胡斯战争结束。

· 简　评 ·

胡斯战争虽然失败了，但它给德国在捷克的势力以沉重的打击，保证了捷克在一定时期内脱离神圣罗马帝国而获得独立的政治地位。同时，这次战争的影响远远超出了捷克一国的范围，胡斯和塔博尔派的思想传播到捷克邻近各国以及整个欧洲，促进了这些国家15、16世纪反封建斗争的高涨，推进了许多国家的宗教改革运动，如16世纪德国的宗教改革和农民战争，16世纪初瑞士、法国、英国等国家的宗教改革。

> **主要事件**
>
> **布拉格战役**
>
> 时间：1419年7月30日
>
> 地点：布拉格城
>
> 人物：里夫斯基
>
> 结果：占领布拉格城，拉开胡斯战争序幕

> **读一读**
>
> 蔷薇战争（1455年～1487年），是指英国兰开斯特王朝和约克王朝的支持者之间为了争夺英国王位而进行的内战。因为这场战争以蔷薇作为标志，兰开斯特王朝以红蔷薇为标志，约克王朝以白蔷薇为标志，所以称为蔷薇战争。蔷薇又名玫瑰，所以也叫红白玫瑰战争，或玫瑰战争。

蔷薇战争

英法百年战争后，英国内部各封建贵族利用自己手中握有的武装蠢蠢欲动，企图掌握国家的最高统治权。经过一番分化组合，贵族分为两个集团：一方是兰开斯特家族，以红蔷薇为标志，支持者主要在英国的北部和西部；另一方是约克家族，以白蔷薇为标志，支持者主要在英国的南部和东部。这两个封建集团之间为争夺英国王位继承权进行了长达30多年的自相残杀。

1453年，兰开斯特家族派系的英王亨利六世患病。于是，英国建立摄政理事会，强大的约克家族首领约克公爵理查·金雀花任摄政王。对此，兰开斯特家族不能容忍，依靠西北部大封建主的支持，欲废除摄政。1455年，亨利痊愈，理查很快被亨利的王后玛格利特赶出朝廷。因为亨利是个无能昏庸的领袖，强力和上进的玛格利特王后实际上是兰开斯特派系的领袖。被赶出朝廷后，理查很不甘心，终于付诸武力，双方的长期混战从此开始。

红白蔷薇标志

1455年5月，亨利六世下令在莱斯特召开咨议会。理查以自己赴会安全无保证为理由，率领他的内侄、骁勇善战的沃里克伯爵及数千名军队随同前往。亨利六世在王后玛格利特和执掌朝廷大权的萨姆塞特公爵的支持下，也率领一小股武装赴会。5月22日，双方在圣阿尔朋斯镇附近相遇，发生冲突。经数次交战，亨利六世的军队被打败，亨利六世中箭负伤被抓获。战后，亨利六世被迫妥协，宣布理查重新任摄政王。

理查重新任摄政王后，以玛格利特王后为首的兰开斯特家族积极准备，欲铲除理查势力。1460年7月10日，双方在北安普顿发生第二次战斗。结果，兰开斯特军队又被沃里克伯爵的军队打败，亨利六世再次被抓住。这次战斗胜利后，理查提出了王位要求，迫使亨利六世宣布他为摄政和王位继承人，这就意味着亨利六世的幼子失去了王位继承权。

亨利六世

王后玛格利特闻讯大怒，她从苏格兰借到一支人马，集合了追随兰开斯特家族的军队，在理查的领地骚乱。理查匆忙前去征剿，由于轻敌冒进，被包围在威克菲尔德城。12月30日，在内外夹攻下，理查的军队四散逃跑，理查及其次子爱德蒙被杀死。

1461年2月26日，理查的长子爱德华进入伦敦欲继承亨利六世的王位。3月4日，他在沃里克伯爵和伦敦上层市民的支持下自立为王，称爱德华四世。称王后，爱德华为巩固自己的王位，抓紧召集军队，准备进攻玛格利特的军队。3月29日，双方在约克城附近展开决战。经过激烈战斗，兰开斯特军队被击败，玛格利特带着亨利六世和少数随从仓皇逃亡苏格兰。

1465年，亨利六世再次被俘，被囚禁在伦敦塔中，玛格利特只好携幼子逃往法国。

随着多次战斗的胜利，爱德华的王位得以巩固。但是，约克家族的内部矛盾在这时也开始激化起来，集中表现在爱德华四世和沃里克伯爵的斗争上。开始，爱德华将沃里克赶往法国。不久，沃里克在法王路易十一支持下卷土重来，爱德华逃往尼德兰，依附于他妹夫勃艮第公爵查理。1471年3月12日，爱德华的军队与沃里克在伦敦以北的巴恩特决战。结果，沃里克本人被杀。

1471年5月4日，爱德华俘获了从南部港口威第斯偷偷登陆的玛格利特王后，将她和她的独生幼子及许多兰开斯特贵族杀死。之后，他又秘密处死了囚禁的亨利六世。至此，兰开斯特家族被诛杀殆尽，只有远亲里士满伯爵亨利·都铎流亡法国，他声称自己是兰开斯特家族事业的继承人。

1483年4月，爱德华四世去逝，其弟理查德登上王位。上位后，理查德使用残酷和恐怖手段处决不驯服的大贵族，没收其领地。其所作所为，促使兰开斯特家族和约克家族部分成员都联合在兰开斯特家族的亨利·都铎周围来反对他。

1485年8月，理查德的军队同亨利·都铎的5000人军队激战于英格兰中部的博斯沃尔特。在战斗中，由于理查德军中的斯坦利爵士率部3000人公开倒戈，理查德的军队遂告瓦解，理查德战死。

从此，出身兰开斯特家族的亨利·都铎登上了英国王位，称亨利七世。为缓和政治紧张局势，他同爱德华四世的长女伊丽莎白（约克家族的继承人）结婚，并将原两大家族合为一个家族。至此，蔷薇战争结束。

· 简 评 ·

通过蔷薇战争，英国由于消灭了上层贵族而统一起来。这对英国历史发展来说，无疑是一件幸事。随着政治的统一，各地区的经济联系得到进一步加强，封建农业开始向资本主义农业转变，工业和手工业也迅速发展起来。

主要事件

约克战役

时间：1461年3月29日

地点：约克城附近

人物：爱德华、玛格利特、亨利六世

结果：兰开斯特军队被击败

> 读一读
>
> 意大利战争（1494年~1559年），是指法国、西班牙和神圣罗马帝国为争夺意大利而进行的封建战争，后来演变为法、西两国争夺欧洲霸权的战争。

意大利战争

意大利位于欧洲南部，包括亚平宁半岛、西西里岛及撒丁岛等岛屿。西与法国，北与瑞士、奥地利，东与斯洛文尼亚接壤，东西南三面临亚得里亚海和第勒尼安海（地中海子海）。优越的地理位置，使意大利的商业和贸易十分兴旺。十字军东征以后，意大利几乎垄断了东西方贸易，威尼斯、热那亚和佛罗伦萨等城市最先出现了资本主义萌芽。意大利的富饶和繁荣、美丽和文明极大地吸引了欧洲强国，特别是近邻法国和西班牙更是对其垂涎三尺。

15世纪的意大利本身发展极不平衡，各地情况千差万别。北部城市经济比较发达，南部经济落后，封建土地关系仍占主导地位，还存在农奴剥削。政体形式多样，政治上四分五裂，实力较强的有米兰、威尼斯、佛罗伦萨、那不勒斯和教皇国。它们各自为政，各有各的同盟关系，相互之间矛盾重重，时有冲突。这种一盘散沙的局面为法国的入侵和强国之间争夺意大利提供了很好的机会。

1494年1月，那不勒斯国王斐迪南一世去世，法国国王查理八世宣称自己作为安茹王朝（属法兰西王朝的旁系）的继承人有权占有斐迪南一世的领地。而西班牙的阿拉贡王朝则从1435年起便直接统治着那不勒斯王国。于是，双方对统治权的争夺，终于诱发战争。8月，查理八世率兵3.7万人、野炮136门，越过阿尔卑斯山脉向那不勒斯开进，标志着意大利战争的开始。意大利战争分为三个时期。

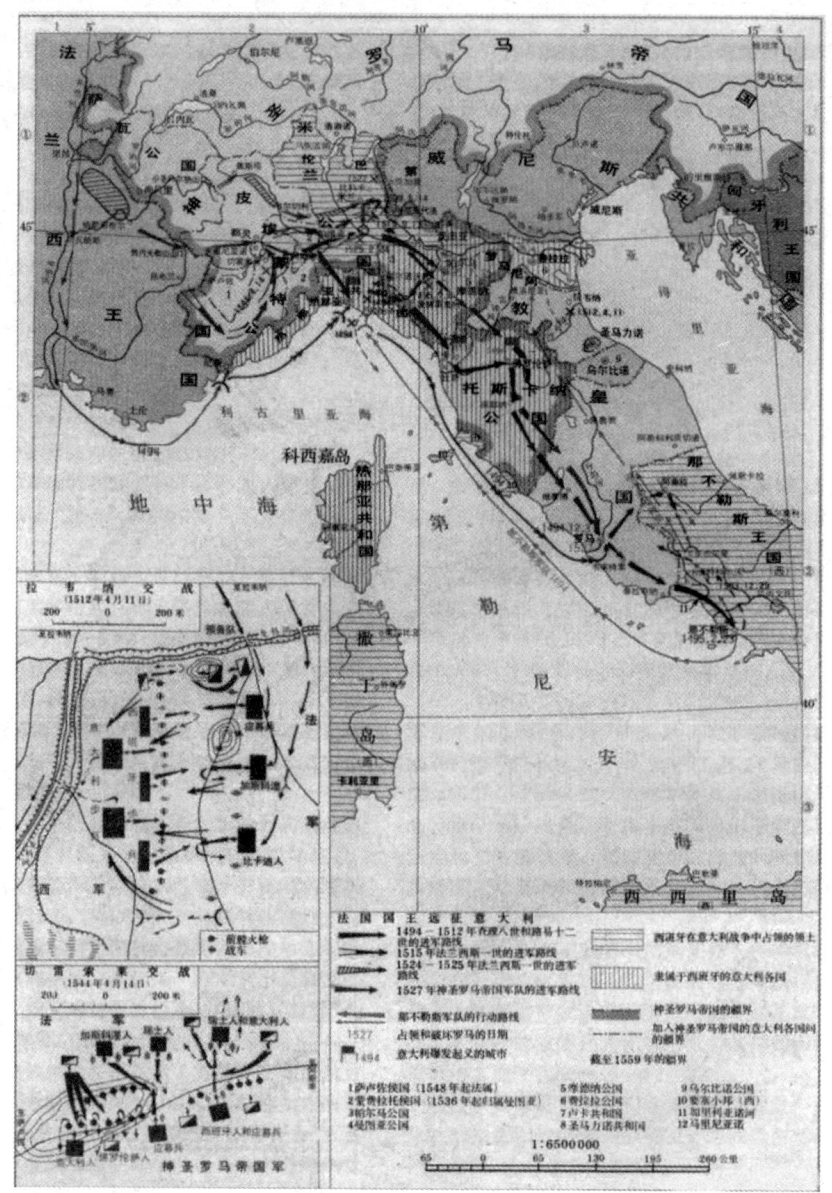

意大利战争路线图

第一时期（1494年~1504年）：战争开始，查理八世的军队在意大利亲法贵族的配合下，穿越罗马全境，经过米兰公国和教皇国直逼那不勒斯，一路上没有遇到各公国的认真抵抗。1495年2月，法军进占那不勒斯城，阿拉贡王朝的国王惊慌出逃。3月，教皇、威尼斯、米兰等追随西班牙，结成"神圣同盟"（又称威尼斯同盟），神圣罗马帝国也宣布加入，共同驱逐法军。同年7月，同盟军在福尔诺沃击败法军，迫使法王于1496年12月撤出那不勒斯。1499年，战争再起。法王路易十二承袭查理八世的野心，出兵进占米兰及那不勒斯王国北部，但在1503年12月的加里利亚诺河畔一战中，被西班牙军队打败，再次放弃那不勒斯，使其沦为西班牙领地。

第二时期（1508年~1517年）：1508年12月，由于威尼斯共和国借驱逐法国之机大肆扩张领土，于是所有反威尼斯的势力联合起来建立了"康布雷同盟"（成员包括西班牙、法国、罗马教皇、神圣罗马帝国），共同对威尼斯作战。佛罗伦萨、费拉拉、曼图亚及其他意大利国家也先后加入该同盟。1509年4月，罗马教皇禁止威尼斯做礼拜和举行宗教仪式。同年春，法国出兵威尼斯，占领它在伦巴第的领地。在5月14日，法军在米兰附近的阿尼亚代洛击败威尼斯军队，取得重大胜利。然而，法国在意大利西北部的壮大引起力量的重新组合。1511年10月，威尼斯、罗马教皇、西班牙、英国和瑞士组成"神圣同盟"，共同对法作战。1512年，法军被神圣同盟击败，放弃伦巴第。1515年，法国法兰西斯一世继位。他不甘心在意大利的失败，登基后即于9月出兵，再次攻占米兰，随后控制了北部意大利，并于1516年强使瑞士签署《万年和约》，逼迫教皇签订《教务专约》。1517年，再同西班牙和神圣罗马帝国缔结《康布雷条约》，从而肯定了法国在意大利的既得利益和优势地位。1517年，法、西和神圣罗马帝国缔结《康布雷条约》，肯定了法国在意大利的既得利益和优势地位。

第三时期（1521年~1559年）。1519年，西班牙国王查理一世当选为神圣罗马帝国皇帝（即查理五世），他得到英国、罗马教皇、曼图亚和佛罗伦萨等国的支持，力图把法军赶出意大利。1521年战争爆发。1522年，法军在比科卡战中失利，德国雇佣军打败了担任法军突击力量的瑞士雇佣军。1525年2月，在帕维亚一战中，法军惨败，法皇被俘。1526年，法皇法兰西斯一世回国后立即加入了罗马教皇在英国支持下建立的旨在使意大利摆脱西班牙桎梏的科尼亚克同盟，参加同盟的还有威尼斯、米兰和佛罗伦萨。1527年，战争再度爆发，双方各有胜负。1529年，法国被迫与查理五世签订和约，并放弃对意大利的主权要求。7年过后，法兰西斯一世再次挑起战争，占领了皮埃蒙特和萨伏依。1538年，法国和神圣罗马帝国签订为期10年的停战协定。但前去觐见土耳其、苏丹的两名法国使者在米兰公国境内被杀，这又导致了1542年~1544年的战争。战后，双方签订《克雷普和约》。1551年，意大利再度爆发战争，一直延续到1559年法西双方签订《卡托—康布雷西和约》为止。这一和约结束了法国对意大利的扩张，巩固了西班牙在米兰公国、那不勒斯王国、西西里和撒丁的统治地位，但意大利仍处于政治上分裂的局面。

· 简 评 ·

意大利战争一方面促进了法国中央集权制度的巩固和经济调整，战后的法国铸炮业、造船业、印刷业、采矿业等日益兴旺，度量衡得到统一，税收制度得以建立，最庞大而有效的官僚机构在法国形成；另一方面使意大利更加分裂，经济发展受到严重破坏，资本主义萌芽也随之日趋枯萎。

主要事件

那不勒斯战役

时间：1494年8月

地点：那不勒斯城

人物：查理八世

结果：法军进占那不勒斯城

> 读一读
>
> 伊土战争（1514年～1746年）是伊斯兰两雄奥斯曼土耳其帝国和伊朗萨菲王朝争霸中东的百年"圣战"。

伊土战争

中世纪，奥斯曼土耳其帝国和伊朗萨菲王朝都信奉伊斯兰教，是西亚地区的两个大帝国，但由于派别不同，萨菲王朝奉什叶派为国教，土耳其则信奉逊尼派，他们之间争夺宗教统治权和两河流域领土的斗争十分激烈。

在奥斯曼帝国内部有许多什叶派教徒，萨菲王朝有一段时期利用自己的代理人在安纳托利亚四处活动，鼓动叛乱反对逊尼派土耳其人的统治，以对奥斯曼帝国构成威胁。对此，在1513年，土耳其苏丹塞利姆一世残酷镇压了什叶派教徒的叛乱，屠杀5万之众，并乘机对伊朗的萨菲王朝发动了战争。这样，伊土战争就爆发了。伊土战争包括三个阶段。

土耳其奥斯曼帝国苏丹：塞利姆（1512年～1520年在位）

伊朗萨菲王朝沙阿：伊斯迈尔一世（1502年～1524年在位）

第一阶段（1514年~1555年）：1514年8月23日，土耳其耶尼切里兵团在大炮配合下摧毁了伊军抵抗，击败沙赫伊思迈尔一世，占领伊朗首都大不里士。1515年，在科奇希萨尔一战，伊朗军队再次败北。到1516年，土耳其军队已占领了西亚美尼亚、库尔德斯坦和包括摩苏尔在内的北美索不达米亚。1516年~1517年，土耳其又占领了叙利亚、黎巴嫩、巴勒斯坦、埃及、希贾兹和阿尔及利亚部分领土。1536年，土耳其占领格鲁吉亚西南的部分领土。1555年5月，两国在阿马西亚城缔结和约，伊朗保有所占外高加索领土，土耳其则把阿拉伯、伊拉克并入自己的版图，两国平分了格鲁吉亚和亚美尼亚，确认卡尔斯城区为中立区。

第二阶段（1578年~1639年）：1578年，土耳其撕毁1555年和约，修复卡尔斯城，开进外高加索境内，并占领南格鲁吉亚的部分土地。8月10日，土耳其军队进入北阿塞拜疆并占领希尔万。1579年起，土耳其军队夺取整个阿塞拜疆和伊朗西部地区。但是在沙赫阿拔斯一世在位期间（1587年~1629年），伊朗东山再起，不仅收复了被土耳其侵占的西部领土，而且吞并了一些新的领土，如中亚地区的阿富汗等。后来，由于忙于对乌兹别克封建主进行战争和镇压国内民众起义，阿拔斯一世被迫于1590年3月同奥斯曼土耳其帝国签订了屈辱性的《伊斯坦布尔和约》。根据条约，伊朗几乎把整个外高加索和卢里斯坦、库尔德斯坦大部领土（伊朗西北部）都割让给了奥斯曼帝国。

1602年，阿拔斯在完成一系列军事改革和外交政策后，第一次主动对土耳其发动了战争。土耳其面对伊朗的攻势有些力不能支。1603年~1604年，伊朗军队在苏菲安附近的数次交战中打败了土耳其军队，攻占并洗劫了大不里士、纳希切凡等城市。1602年~1612年的10年战争，伊朗大获全胜，1613年11月签订的《伊斯坦布尔和约》肯定了伊朗的全部战果。

由于对《伊斯坦布尔和约》心怀不满，土耳其于1616年对伊朗采取报复行动，但在3年的战争中再遭败绩，1618年的《萨拉卜和约》重申了《伊斯坦布尔和约》的内容。伊朗乘战争获胜之机大大扩展了自己的领土，遂准备进行新的战争。1623年，伊朗军队入侵阿拉伯伊拉克，引发了1623年~1639

年战争。阿拔斯一世趁伊拉克人民反对土耳其苏丹穆斯塔法一世统治举行起义之机，兴兵攻占巴格达，继而占领了整个阿拉伯伊拉克。

鉴于土耳其对欧洲的征战屡遭挫折，因而苏丹穆斯塔法四世在位期间（1623年~1640年），致力于征服东方。1625年，土耳其军队占领了阿哈尔齐赫，从伊朗手中夺得了萨姆茨赫—萨塔巴戈公国，并将它变为自己的一个省。土军还进犯了亚美尼亚和阿塞拜疆，占领了北美索不达米亚和摩苏尔，但围攻巴格达9个月未能成功。1630年，土军洗劫哈马丹城，全城居民均遭屠杀。1639年5月，伊土签订《席林堡（佐哈布）条约》。伊土边界保持现状，但阿拉伯伊拉克划归土耳其。

第三阶段（1723年~1746年）：1723年春，土军乘萨菲王朝崩溃之机侵入外高加索，先后占领第比利斯、整个东格鲁吉亚、东亚美尼亚和阿塞拜疆。同时，土军还征服了伊朗西部的卢里斯坦省。土耳其的胜利直接威胁到沙皇俄国在高加索的利益。彼得一世1722年至1723年对波斯的远征和土耳其的军事胜利，迫使伊朗沙赫塔赫马斯普二世同俄国签订1723年的《彼得堡条约》。1724年6月，俄土《君士坦丁堡条约》在伊斯坦布尔签订。条约规定，1723年俄伊彼得堡条约列举的里海沿岸所有地区转归俄国，外高加索其余地区、伊朗西部和克尔曼沙阿、哈马丹两城转归土耳其。

土耳其强占大片领土后仍感不足，于是又在1725年进军伊朗东部并攻占加兹温。1730年，伊朗的实权人物纳迪尔率军打败土军的进攻，并将其驱逐出哈马丹、克尔曼沙阿和南阿塞拜疆。塔赫马斯普二世为提高个人声望，令纳迪尔镇压阿富汗阿布达利部族霍拉桑起义，自己亲征土耳其，但在1731年的哈马丹城下一战被土军击败。1732年，他被迫与土耳其签订和约，承认土侵占的阿拉斯河以北外高加索永久归属土耳其。1732年，纳迪尔推翻塔赫马斯普二世，同俄国签订《拉什特条约》，答应肃清外高加索土军后把库拉河以北归还俄罗斯帝国，以换回吉兰省。1735年6月，纳迪尔率7万大军在卡尔斯城下打败了8万土军。此战后，萨菲伊朗重新获得统一稳定。

为夺回土耳其控制的阿拉伯伊拉克和外高加索，纳迪尔沙赫于1743年对土耳其再次发动战争，不过战争三年，未分胜负，只好议和。伊土战争到此结束。

• 简 评 •

在外高加索各族人民的命运中,伊土战争是他们许多世纪的历史上苦难最深重的时期。伊朗和土耳其在血腥的战争中两败俱伤,日益沦为正致力于在中近东建立霸权的英法两国的殖民地。

主要事件

苏菲安战役

时间:1603年

地点:苏菲安附近

人物:阿拔斯一世

结果:伊军胜利

> **读一读**
>
> 德意志农民战争（1524年～1529年），是德国农民为反对封建压迫而进行的大规模武装斗争，革命导师恩格斯称它为"德国人民最伟大的革命尝试"。参加起义者除农民、城市贫民外，还有市民、雇工、矿工、手工工匠、下层僧侣、小贵族和政府的秘书、公务员等。

德意志农民战争

15世纪末，德国人口的大幅度增加与土地资源短缺的矛盾首先表现出来。贵族领主凭借其政治权力肆意侵占农民赖以生存的土地、财产，引起了农民的强烈不满和反抗；16世纪初，罗马教会贪污受贿，敲诈勒索，教会各级上层人士都过着奢侈糜烂的生活，引起了社会上的极大愤慨；世俗封建主仗着自己的权势，横行霸道，强占了全国绝大部分的土地，不断增加地租，任意设立关卡，征收高额的赋税，随便铸造劣质货币骗取金银，甚至公开行劫，掳掠民财，人民非常愤恨；城市中的平民群众，如破产的手工业者、帮工、日工、广大农民生活十分困苦，境况尤其悲惨的是农民。德国的社会矛盾剧烈地发展着，随之，一些地方性的起义不断爆发。从1518年～1523年，德意志每年都发生农民起义，1524年，起义更是接踵而起，最后形成了全德意志的农民战争。

1524年夏，施瓦本南部的农民拒绝为贵族服劳役，在托马斯·闵采尔的领导下发动起义，揭开了德意志农民战争的第一页。起义爆发后，起义队伍不断发展壮大，到第二年已达10万人，形成6支队伍。施瓦本贵族慑于起义的威力，一面集结兵力，一面同农民谈判。但是，农民发现受了贵族欺骗，于是拒绝谈判，继续斗争。

1525年3月，6支起义军的领袖在梅明根集会，制定了《十二条款》，作为斗争纲领。《十二条款》申明了要求自由的愿望：废除农奴制；取消小什一税和死亡税；由村社自由进行宗教活动和选举传教士，实现狩猎、捕鱼和伐木自由；取消16世纪初强加于农民的过重的劳役、地租及其他捐税等。

1524年5月~7月，成千上万农民纷纷响应起义，一些贵族和骑士也参加了起义，他们焚毁了数以千计的贵族庄园、教会寺院和诸侯宫廷，在德国西南部和中部的广阔地区建立起自己的政权。当时，德国领主的军队基本上都在意大利和法国军队进行战斗，无暇调头来立刻镇压农民军，于是封建主们采取了一边打仗一边和谈的计策，对于实力强大的起义军拉拢收买，而对于实力弱小的起义军则进行残酷镇压和打击。此后不久，领主们的军队从意大利开回本土，而领主们出高价从瑞士雇来的佣兵团也抵达德意志，领主们转入了对农民军的彻底开战。这时，封建领主的军队有一万多人，其中较为精锐的巴伐利亚军、施瓦本联军以及萨尔茨堡大主教的雇佣军有着精锐骑兵3000多人，并且装备有大量火炮，全是武装完善的职业军人；而农民军方面虽然人数上达到了10万人，但是他们的驻地分散，缺乏联系，装备十分落后，以至于在联合起来的诸侯军队镇压下，图林根和萨克森、阿尔萨斯、弗兰肯、施瓦本的农民军被各个击破。1525年5月15日，闵采尔率领的农民军主力在弗兰肯豪森遭遇施瓦本联军的主力，经过激烈战斗，5000多农民战死，闵采尔负伤被俘，后壮烈就义。

1526年夏，蒂罗尔地区的农民爆发起义。在盖斯迈尔指挥下，起义军多次打败奥地利大公和施瓦本联盟军的进剿，并追击溃逃之敌到达萨尔茨堡。后来，封建主的援军实行联合攻击，各地的农民起义军相继失败，盖斯迈尔率军退往威尼斯，在那里坚持了一段时期的斗争。德意志农民的起义斗争，由于缺乏坚强有力的领导和必要的联合行动等，在断断续续进行3年后终于失败。

● 简 评 ●

德意志农民战争虽然失败了，但其影响却是巨大的。它从根本上动摇了天主教会在德国的统治，削弱了1000多年来教会在欧洲的特权地位，促进了整个欧洲的宗教改革和文艺复兴运动的深入发展，推动了社会的前进。

> **主要事件**
>
> **弗兰肯豪森战役**
>
> 时间：1525年5月15日
>
> 地点：弗兰肯豪森附近
>
> 人物：托马斯·闵采尔
>
> 结果：托马斯·闵采尔被俘，农民军战败

> 读一读
>
> 奥土战争（1526年～1791年）是奥地利和土耳其为争夺东南欧和中欧的霸权进行的战争。

奥土战争

当奥斯曼土耳其帝国占领君士坦丁堡和东部地中海后，直接威胁到了巴尔干邻近的波兰、捷克、匈牙利、奥地利等国。这些国家不断与奥斯曼土耳其人发生争斗，以哈布斯堡家族为首的多民族国家奥地利在长期争斗中实力不断得到提升，逐渐成为阻碍奥斯曼帝国扩张的强劲对手。从此，奥地利哈布斯堡王朝和奥斯曼帝国为争夺东南欧和中欧的霸权，双方展开了长达300年的战争。这场战争伴随着奥斯曼帝国的衰亡过程，以此分为三个时期。

第一个时期（1526年～1533年）：奥斯曼帝国前强盛时期与奥地利的战争。

1526年8月，土耳其军队在摩哈奇附近打败匈牙利和捷克联军，占领了匈牙利东部地区。战后，匈牙利王国其余领土归奥地利哈布斯堡王朝管辖。这时，匈牙利内部呈现两派，一部分贵族选立斐迪南为王，借以与土耳其对抗；奥斯曼土耳其国王苏里曼一世支持另一部分贵族选立查帕尔亚为王，反对斐迪南，与哈布斯堡王朝发生直接冲突。

维也纳国家歌剧院

1529年，苏里曼一世向匈牙利中部发起进攻，9月占领布达，入侵奥地利，开始围攻维也纳。但是，土军屡攻不克，最后由于粮秣匮乏和疾病流行被迫撤退。1530年，奥地利与土耳其进行和谈，但未达成任何协议。1532年夏，双方重又开战，奥军在查理五世统率下，阻止了土军的进攻。1533年7月，奥土双方在伊斯坦布尔签订和约。根据条约规定，匈牙利西部和西北部仍归奥地利管辖；奥地利每年向土耳其苏丹纳贡3万杜卡特（古威尼斯金币）；匈牙利其余部分归土耳其控制，奥地利军队保证不对驻军进攻。

第二个时期（1540年~1547年）：奥斯曼帝国中强盛时期与奥地利的战争。

1541年~1543年，土军趁奥地利大部兵力被牵制在意大利北部和法国东部边境之际，对匈牙利西部发起攻势，先后占领布达和埃斯特格。1544年，奥地利与法国媾和，奥军得以抽出与法作战的兵力阻止土军的前进。1547年，奥土双方签订《亚得利亚那堡和约》，奥地利把匈牙利中部地区割让给土耳其，承认土耳其对匈牙利大部地区的统治。

1551年~1562年，奥土双方为争夺特兰西瓦尼亚而展开争斗。1552年，土耳其军队攻占特梅什瓦尔（今蒂米什瓦拉）；1553年，攻占埃格尔。此后，双方呈胶着状态。

1592年~1606年，战争由土耳其挑起，双方各有胜负。1606年，双方缔结《席特瓦托罗克和约》，奥地利首次被承认为平等的缔约一方，它无须每年向土耳其苏丹纳贡，但需一次付清20万杜卡特。

1660年~1664年，土军大举进犯匈牙利西部地区。1664年8月，双方在拉布河畔的圣戈特哈特附近进行决战，土耳其军队遭奥地利军队迎头痛击失利，双方缔结《瓦什瓦尔和约》，土耳其从特兰西瓦尼亚撤军，但该地区仍属奥斯曼帝国所有。

第三个时期（1683年~1791年）：奥斯曼帝国后强盛时期与奥地利的战争。

1683年~1699年，土耳其企图联合对奥地利哈布斯堡王朝不满的匈牙利封建主的军队进行对奥战争。1683年7月，土耳其宰相穆斯塔法率军15万围攻奥地利首都维也纳。8月,波兰国王索别斯基率领由波兰、巴伐利亚、萨克森组成的"基督教联合战斗部队"约3万人驰援奥军,在奥军配合下将土军击败,歼敌2万余人。年底,援军和奥军联合将土军逐出匈牙利地区。此后,奥地利与波兰、威尼斯结成"神圣同盟"(俄国也于1686年加入)。奥军同盟军乘胜进击,先后于1688年、1690年和1697年多次与土军作战,皆取得胜利。

在1697年9月的泽特战役中,奥军获得大胜,土军亡3万余人,损失全部火炮和辎重。这迫使了土耳其与奥地利及联军的议和。1699年,奥地利、波兰、威尼斯与土耳其签订《卡尔洛维茨和约》;1700年,俄国、土耳其签订《伊斯坦布尔和约》。根据这两个条约,奥地利获得除巴纳特之外的整个匈牙利、斯拉沃尼亚、特兰西瓦尼亚和克罗地亚的广大地区;波兰获得第聂伯河西岸乌克兰南部和波多里亚;威尼斯获得摩里亚和爱琴海中的土属各岛;俄国获得亚速夫要塞。这是联军对奥斯曼帝国的第一次分割。

1716年~1718年,乘俄土战争的胜利之势进攻奥地利。1716年8月,奥军统帅欧根亲王率军6万在多瑙河中游对土军发动进攻,连续获胜。次年8月,奥军攻克贝尔格莱德,土耳其被迫求和。1718年7月,双方签订《帕萨罗维茨和约》,奥地利取得巴纳特塞尔维亚北部、波斯尼亚和瓦拉几亚部分地区。

1737年~1739年,奥地利因塞尔维亚北部地区未被许诺挑起战争。1737年1月,奥军挑起战争,初期互有胜负,但到1739年7月,奥军惨败,被迫媾和。双方于9月签订《贝尔格莱德和约》,奥地利将其所占有的塞尔维亚北部,以及波斯尼亚和瓦拉几亚部分地区,割让出来还给土耳其。

1788年~1790年,根据1781年奥俄同盟条约,奥军对土军发起进攻。1787年俄土战争爆发后,奥地利依约于1788年初对土耳其宣战。9月,奥军遭到惨败。1789年10月,奥军在苦战之后终于攻占贝尔格莱德。此后,法国爆发大革命,奥地利面临着新的威胁,又因担心俄国在巴尔干的扩张,便急于结束东面战争,与土耳其单独议和。1791年8月,双方签订《锡斯托夫条约》。根据条约,奥地利交还贝尔格莱德,换取了波斯尼亚的部分地区。双方还达成协议,在解决双方冲突时不再诉诸武力,并且转而相互合作。

至此,奥土战争结束。

· 简 评 ·

奥土战争加速了奥斯曼帝国的衰亡,促进了多民族的奥匈帝国的形成。给欧洲各国瓜分土耳其的欧洲领土创造了契机,昔日的奥斯曼帝国已无往日的威风。

主要事件

泽特战役

时间：1697年9月

地点：蒂萨河畔泽特

人物：穆斯塔法

结果：奥军大胜

> **读一读** 立窝尼亚战争（1558年~1583年），是指俄国为争夺波罗的海出海口和波罗的海东岸土地而与立窝尼亚骑士团、波兰、立陶宛和瑞典、丹麦进行的战争。

立窝尼亚战争

立窝尼亚（今爱沙尼亚和拉脱维亚大部地区）位于芬兰湾南岸，是波罗的海东岸地区的交通枢纽，战略地位十分重要，因此成为邻国觊觎的对象。为争夺波罗的海东南岸地区和出海口，俄国在这里同立窝尼亚骑士团、波兰、立陶宛、瑞典等国进行了一系列战争，史称立窝尼亚战争。

1558年1月，俄国沙皇伊凡四世借口立窝尼亚骑士团与立陶宛结盟反对俄国，派兵4万攻入立窝尼亚，占领纳尔瓦、多尔帕特（今塔尔图）等要塞，

第一位沙皇伊凡四世

挑起战争。立窝尼亚封建主无力抵御，遂与波兰国王兼立陶宛大公西吉斯孟德二世缔结条约，得以保护。

1560年，俄军再次攻入立窝尼亚，占领大片领土。邻国各国趁机介入，瑞典出兵占领爱斯特兰（今爱沙尼亚北部），波兰、立陶宛则控制了立窝尼亚的其余地区。为全部占领立窝尼亚，俄国入侵立窝尼亚的战争，发展成为俄国对瑞典、波兰和立陶宛的战争。

1563年初，伊凡四世亲率8万人从南方攻入立陶宛，夺占了军事重镇波洛茨克。后因俄国发生内讧，俄军前线指挥官库尔布斯基倒戈，投向立陶宛，使战场形势剧变，对俄国不利。1569年，波兰王国和立陶宛大公国合并为波

兰立陶宛王国，加强了同俄国争夺的力量。1576年，波兰立陶宛王国又与瑞典、土耳其、克里木汗国结成同盟，对俄国的战争有了新的发展。1579年，巴托里率军反击占据立窝尼亚的俄军，不仅夺回军事重镇波洛茨克，而且进入俄国境内，先后占领涅韦尔、大卢基等地，并于1581年包围普斯科夫。同时，瑞典在北方对俄国发动进攻，占领纳尔瓦、科列拉，并向卡累利阿进军。到1581年末，芬兰湾南岸的出海口几乎全在瑞典军队控制之下。

多面树敌，俄国难以应付，被迫求和。1582年，俄波两国签订停战协定，立窝尼亚大部分地区和波洛茨克划归波兰。1583年，俄瑞两国签订停战协定，纳尔瓦和芬兰湾全部海岸归瑞典。至此，立窝尼亚战争结束，俄国放弃在立窝尼亚所占领的全部领土。

简评

在立窝尼亚战争中，俄国之所以失败，主要是因为树敌过多而又多面作战，且内部矛盾重重。另外，它的国力也还不够强大，不足以大力对外扩张。

主要事件

波洛茨克争夺战
时间：1579年
地点：波洛茨克
人物：巴托里
结果：同盟军胜利

> **读一读**
>
> 胡格诺战争（1562年~1598年），又称法国宗教战争，是法国各派政治势力围绕天主教派同新教胡格诺派之间的对抗而引发的战争。

胡格诺战争

16世纪40年代，加尔文教开始在法国传播，称为胡格诺教。法国南部的大封建贵族信奉加尔文教，企图利用宗教改革运动来达到夺取教会地产的目的。他们与北方有分裂倾向的信奉天主教的大封建贵族有深刻利害冲突，最终演变成长期内战。战争以纳瓦尔国王亨利、孔代亲王亨利一世、海军上将科利尼的加斯帕尔德二世为代表的胡格诺派为一方，以A·J·圣安德烈元帅和蒙莫朗西公爵安纳为首的天主教派为另一方。

1562年3月1日，吉斯公爵率军队在瓦西镇屠杀举行宗教仪式的胡格诺教徒，死伤近200人，由此胡格诺战争爆发。在这场战争中，新旧两派之间进行了七次激烈的对抗。

第一次对抗（1562年~1563年）：瓦西镇屠杀一事立刻引起胡格诺派强烈抗议，孔代亲王随之率胡格诺派武装占领奥尔良、里昂等地，战火迅速蔓延起来。12月，双方军队进行德勒之战，两派的统帅孔代亲王和蒙莫朗西公爵都被对方俘房。1563年2月，吉斯公爵在率军围攻奥尔良时遭暗杀，而新教军方面，纳瓦尔国王安托万亦死于鲁昂作战中。3月，由太后卡特琳出面，促成双方被囚统帅谈判议和，发布安布瓦斯敕令，使新教徒获得信仰自由和在指定地点举行宗教仪式的权利。

第二次对抗（1567年~1568年）：1567年9月，孔代和科利尼率新教军队劫持太后和查理九世未遂，包围巴黎。11月10日，在巴黎北郊圣德尼一战，双方不分胜负。德意志新教选侯派兵驰援胡格诺派，天主教徒和宫廷屈服。1568年，双方签订《隆朱莫条约》，重申安布瓦斯敕令。

第三次对抗（1569年～1570年）：1568年9月，查理九世在天主教派的压力下撤销先前发布的宗教宽容敕令，禁止胡格诺教徒举行任何宗教仪式，一切官吏和法官都必须宣誓效忠天主教会，新教牧师必须在两个星期之内离开法国，双方的第三次战争由此爆发。1568年8月，天主教军队逮捕新教徒首脑孔代亲王和海军上将科利尼。1569年3月，天主教军队在雅尔纳克大败新教军队，孔代阵亡。10月3日，蒙孔图尔战役，科利尼又被击败。1570年8月，太后卡特琳签署圣日耳曼敕令，使新教徒获得礼拜自由和在几个设防安全区自派总督的权利。

第四次对抗（1572年～1573年）：1572年8月23日～24日夜间，当胡格诺派的重要人物正聚集巴黎，庆祝其领袖波旁家族的亨利的婚礼时，亨利·吉斯率军发动突然袭击，杀死胡格诺教徒2000多人。由于24日正值圣巴托罗缪节，因此这一血腥的夜晚在历史上被称为"圣巴托罗缪之夜"。这次大屠杀之后，法国再次出现分崩离析的局面。胡格诺派首先在南部和西部组成联邦共和国，对抗中央政权。1573年6月，查理九世签署《拉罗竭尔和约》，准许新教徒在拉罗竭尔、尼姆和蒙托邦举行教仪，给予这些城市信仰自由。

第五次对抗（1574年～1576年）：1575年，新教派发动全面起义，胡格诺教徒全部动员起来，为圣巴托罗缪之夜的屠杀报仇雪恨。1576年5月，亨利三世签署了博利厄敕令，谴责圣巴托罗缪之夜的大屠杀，同意为死难者昭雪，除巴黎和王室住地外，一切法国城市都有权举行新教仪式。敕令还给予胡格诺教徒担任公职的权利，准许他们占有在政治上、军事上居于优势的8个城市，在城市里建立混合司法机构，高等法院也设立特别法庭，以保证进行公正的辩论。

第六次对抗（1576年～1577年）：博利厄敕令引起天主教派的强烈不满。1576年，吉斯在北方组织"天主教神圣同盟"，自行征税、招募军队，要求恢复王国的宗教统一，拒绝执行敕令，两派战争又起。战争中，胡格诺派遭受重大挫折，中部的拉夏里戴和西部的布鲁日落入天主教同盟手中。1577年9

月，两派缔结《贝日拉克和约》，规定解散天主教同盟，限制博利厄敕令给予新教徒的自由和权利。新教徒只能在每个区的一个城市和自己的安全区内举行宗教仪式，他们对安全区只有6年的支配权。

第七次对抗（1585年~1593年）：1585年开始，法国国内开始了"三亨利之战"。各方首领分别是国王亨利三世、吉斯公爵亨利、波旁家族的亨利。1585年，波旁家族的纳瓦尔国王亨利成为法国王位最有资格的继承人，但罗马教皇却将他革出教门，宣布剥夺他的王位继承权。体弱无子的法王亨利三世，也迫于压力撤销了历次和解性的敕令。于是，胡格诺派教徒便又在亨利的旗帜下应变。新旧教派各自招募军队，爆发新的战争。在1585年~1589年的战争中，双方各有胜负，都伤亡惨重。1589年，纳瓦尔国王亨利继承了法国王位，改称亨利四世。但是，当时的天主教徒，仍占法国人口的90%，单凭王位和军事胜利并不能统治法国。由于农民起义蔓延和西班牙的武装干涉，新旧教派都为维护共同利益而寻求妥协。1593年，亨利四世改奉天主教，受到巴黎欢迎；1598年，他颁布南特敕令，承认一国两教，从而使宗教战争得以结束。

· 简 评 ·

胡格诺战争虽然带着浓厚的宗教色彩，但从其性质和内容来看，可以称之为法国内战。它是两大教派的封建主们借着宗教纠纷而掀起来的，实质上则是为了争夺政治权力和经济利益。胡格诺战争的结束，使法国王权得到振兴。

主要事件

圣巴托罗缪之夜

时间：1572年8月23日

地点：巴黎

人物：亨利·吉斯

结果：胡格诺教徒2000人被杀，法国再次出现分崩离析的局面

> **读一读**　尼德兰革命（1566年~1609年），也称荷兰独立战争，既是一场以资产阶级为代表的进步力量反对封建制度的民主革命，又是一次尼德兰人民反对西班牙殖民统治、争取民族独立的民族解放战争。这场战争最终以荷兰的胜利而结束，荷兰建立了第一个资产阶级共和国。

尼德兰革命

早在14世纪时，尼德兰（今荷兰、比利时、卢森堡全部和法国东北部的一部分）就出现了资本主义生产关系。到16世纪，尼德兰成为西欧经济最发达的地区之一。它拥有300万人口，17个省区中有300多个城市，南方安特卫普是国际贸易的中心，北方的经济中心是阿姆斯特丹。尼德兰的经济发展引起了阶级关系的变化。资产阶级要求推翻专制统治，建立独立国家，发展资本主义，他们在宗教上接受了加尔文教派。

然而，西班牙的封建专制统治，阻碍了尼德兰资本主义的发展。查理一世时，西班牙国库的年收入一半以上来自尼德兰。腓力二世继位后，变本加厉地迫害尼德兰人民。他拒绝偿还国债，使尼德兰的银行家遭受巨大损失，他提高西班牙收购羊毛的价格，使输入尼德兰的羊毛减少，导致许多手工工场倒闭，成千上万的工人因此失业。他还禁止尼德兰商人同西班牙殖民地直接贸易，加强宗教裁判所对加尔文新教徒的迫害。西班牙的专制统治引起尼德兰社会各阶层的普遍不满。以奥兰治亲王威廉为首的贵族，纷纷组织社团向政府请愿。激进的加

奥兰治亲王威廉

尔文派教徒，更在传教活动中展开反对西班牙统治的宣传，并开始组织武装。

1566年8月，以制帽工人马特为首的激进群众掀起了自发的"破坏圣像运动"，揭开了独立战争的序幕。

1567年，各地从破坏圣像、教堂和修道院发展到干预城市行政与司法的起义者，增加到数万人。可是，由于贵族同盟的动摇和妥协，西班牙派来的新总督阿尔瓦公爵，很快就把起义镇压下去了。接着，阿尔瓦在尼德兰实行恐怖统治，设立"除暴委员会"，搜捕、迫害起义者，约1.2万人被杀，一些温和派贵族与资产阶级首领也被处死。奥兰治亲王威廉幸运逃避到德意志，他在那里继续策划反西班牙统治的斗争，并希望得到德国新教诸侯和法国胡格诺教徒的援助。他多次组织军队进攻尼德兰，但都没有成功。

阿尔法的血腥镇压，使得革命运动暂时陷入低潮。不过，大批手工工场工人、农民和革命的资产阶级分子并没有灰心，继续斗争。

在北方，渔民、水手和码头工人组成了一支支称为"海上乞丐"的游击队。他们驾着轻便小船，沿海岸游弋，出其不意地袭击西班牙运输船。一次，一支由24只小船组成的游击队，还攻占了西兰岛的布里尔，将阿尔发的军队打得纷纷落水。这一仗使海上游击队终于在尼德兰本土建立了第一据点，促使了革命高潮的到来。1573年底，北方各省基本上都从西班牙占领下解放出来，宣布独立。在北方各省联席会议上，奥兰治亲王被推为总督。北方各省事实上已成为一个独立的国家。

在南方，尼德兰人民在密林中组成"森林乞丐"游击队，不断袭击小股西班牙军队。对于游击队这种打法，阿尔法疲于应付。他对许多城市实行野蛮的洗劫，也不能挽救西班牙在北方各省的失败。腓力二世只得把他回召西班牙，改派一个叫列揆生的人为尼德兰总督。

1574年5月，新任总督率大军包围了北方荷兰省的海滨城市来登。结果在8月被守城战士用水淹退，损失惨重。来登战役的胜利，巩固了北方革命的胜利，也推动了南方各省的斗争。

1576年9月4日，布鲁塞尔爆发起义，起义者占领了总督府，西班牙在尼德兰的统治机关被推翻了。

11月8日，以威廉为代表的荷兰、泽兰省与南方各省签订了旨在恢复南北统一的《根特协定》，要求联合驱逐西班牙人，召开新的三级会议解决宗教问题，成立政府。

1577年，南方革命的胜利果实落入奥伦治亲王手里。他坚持用妥协的办法统一全国，依靠雇佣军，反对以武装的人民群众为基础建立革命军队。结果，封建势力和资产阶级保守势力压制、排斥和打击革命势力，积极的革命分子大批迁入北方。

1579年，西南几省的贵族同盟宣布，仍然承认西班牙对尼德兰的统治，而北方各省则另行成立"乌得勒支同盟"，继续反抗西班牙。1581年7月26日，以"乌得勒支同盟"为基础的北方七省，召开三级会议，通过《誓绝法案》，宣布废黜腓力二世，正式成立"联省共和国"。由于荷兰省在联省中的经济和政治地位最重要，故又称"荷兰共和国"，简称"荷兰"。联省共和国与英、法结盟，继续与西班牙作战。直到1609年，西班牙在英西战争和胡格诺战争中连遭失败，国王腓力三世才被迫与联省共和国签订12年停战协定，事实上承认荷兰独立。至此，尼德兰资产阶级革命在北方获得了完全胜利。

· 简 评 ·

在欧洲还普遍处于封建专制统治的时期，荷兰共和国的出现具有重要意义，它为资本主义在尼德兰北部的发展开辟了广阔的道路，也使人类历史的前景出现一抹灿烂的曙光。

主要事件

来登战役

时间：1574年5月
地点：海滨城市来登
人物：列揆生
结果：西班牙军队被水淹退

> **读一读**
>
> ●●●● 英西海战（1587年～1588年），是英国和西班牙为争夺海上霸权而进行的战争。

英西海战

15、16世纪，西班牙称霸海上，垄断了许多地区的贸易，殖民势力范围遍及欧、美、非、亚四大洲。据统计，到16世纪末，世界贵重金属开采中的83%为西班牙所得。为了保障海上交通线和在海外的利益，西班牙建立了一支庞大的"无敌舰队"。

在这段时期，英国也在迅速发展。15世纪以后，英国的资本主义萌芽迅猛发展，海外贸易不断增加，海外扩张野心也日益加大。

这样，一山不容二虎，双方必然发生矛盾，从而发展为战争。从16世纪60年代开始，英西两国的海上争斗日益增多。1587年，英国海盗公然袭击了西班牙本土港口，抢劫了西班牙国王的私人财宝船；同年，西班牙扶植的信奉天主教的玛利亚被信奉新教的伊丽莎白女王处死。为了对英国的挑衅进行报复，西班牙国王腓力二世决心对英国开战。

1588年5月，腓力二世强令梅迪纳·西多尼亚公爵率领无敌舰队从里斯本出发，向英国本土进军。这时，"无敌舰队"共有舰船134艘，船员和水手8000多人，摇桨奴隶2000多人，船上满载2.1万名步兵。西班牙的战舰外形壮观，性能良好，但就是体大，机动性能不强。

英国方面，女王伊丽莎白一世为了迎战，已将皇家海军、各大船主、商人以至海盗们的舰船统统集中起来，共有舰船197艘，水兵1.45万人，步兵1500人，任命霍华德勋爵为舰队司令，而以海盗出身并有丰富的航海经验和

加莱海战

作战指挥能力的德雷克与霍金斯分任副司令。英国的战舰性能虽不如西班牙，但由豪金斯做了改进，船体小、速度快、机动性强，而且火炮数量多、射程远。

7月29日，无敌舰队到达利泽德角附近海区，进入英吉利海峡。此时，英国舰队竟在西军毫未觉察的情况下尾随而来。英舰队派出小舰群快速挺进，不断袭扰和迟滞西班牙舰船，并在31日击沉西舰船3艘，揭开海战序幕。

8月2日，在波特兰附近海域，英军再次袭击西舰队；4日，在怀特岛附近击伤西班牙的旗舰。西舰队一直在遭受袭扰的状况下继续北进，终于在6日进入多佛尔海峡，锚泊在加莱水域。在此，双方进行了有名的加莱海战。

进入加莱后的第二天夜间，英国人乘西班牙船员都已进入梦乡之时，把6艘旧船点燃，船内装满易燃物品，船身涂满柏油，让其驶向西班牙舰队。结果西班牙许多船只被烧毁或撞坏。

8月8日，两军在加莱东北海上进行了会战。战斗开始，英国战舰行动轻快，在远距离开炮，炮火又猛又狠；而西班牙开炮向英舰射击，却不能命中英舰，英国舰只尽可能避免进入西班牙火炮射程之内，在远处灵活闪避，活动自如。这种远距离炮战使西班牙舰队的步兵和重炮不能充分发挥作用。激烈的炮战持续了一整天，直到双方弹药用尽，轰击才告终止。无敌舰队被打得七零八落，两只分舰队的旗舰中弹、撞伤，一个分舰队司令被俘。剩下的西班牙舰只借着风势向北逃窜，准备绕过苏格兰、爱尔兰回国。

狼狈逃窜的西班牙舰队弹尽粮绝，更倒霉的是在海上接连遇到两次大风暴，有的船只翻沉了。不少士兵、船员被风浪冲到爱尔兰西海岸，被英军杀死。到1588年10月，无敌舰队仅剩43艘残破船只返回西班牙，以近乎全军覆没的结局惨败。

• 简 评 •

英西海战后，西班牙因"无敌舰队"的覆没而一蹶不振，它的海上霸权从此成为历史；而英国则一跃成为海上强国，夺得了大西洋上的部分制海权，并从此开始走上了全面争取海上霸权的道路。

主要事件

加莱海战

时间：1588年

地点：加莱东北海上

人物：梅迪纳·西多尼亚公爵、霍华德勋爵

结果：无敌舰队惨败

> 读一读
>
> 朝鲜壬辰卫国战争（1592年~1598年），也称万历朝鲜战争（中国称）、文禄—庆长之役（日本称），即朝鲜在中国支援下反抗日本侵略的战争。

朝鲜壬辰卫国战争

1590年，集大封建领主和大军阀头目于一身的丰臣秀吉结束了长达120余年的战国混乱时代，统一了日本全国。随后，他便开始了实施蓄谋已久的战略计划——通过侵略战争，建立一个包括朝鲜、中国和日本的"三国为一"的封建大帝国，以使日本称霸亚洲大陆，奴役其他民族。另外，他也希望通过发动侵略战争转移国内人民斗争的视线，缓和国内阶级矛盾，以及满足日本对财富的需求。

此时，朝鲜统治阶级正在内讧，党派之争如火如荼，即一派是世袭的官僚贵族，称为勋旧派；另一派是地方中小地主出身的受过书院教育的新官僚，称为士林派。两派明争暗斗，弄得民不聊生、武备松弛、国力大衰。丰臣秀吉看到这是一个极好的侵略机会，于是对朝鲜发动了长达7年的侵略战争。

1592年（壬辰年）4月，丰臣秀吉组建了22万人的军队，建立了拥有数百艘舰船和9000名船员的舰

李舜臣

队,分批向朝鲜沿海进发,朝鲜壬辰卫国战争开始。在釜山登陆后,日本侵略军长驱直入,两月间相继攻占开城、京城(今汉城)、西京(今平壤),挺进咸镜道,逼近中国边境。

朝鲜军队连连失利,大片国土陷入敌手,国王宣祖李昖急派人向宗主国中国明朝求援。鉴于丰臣秀吉不仅要征服朝鲜,还将侵略中国,明朝廷遂决定援朝抗倭。同年秋,明朝廷派遣以陈璘为总兵、李如松为副将的5万余大军赴朝抗倭。

1593年1月,朝鲜爱国官兵在明军的支援协同下,一举收复西京、开城,直指京城。朝鲜名将李舜臣指挥的朝鲜水军龟船队,在玉浦、唐项浦、泗川、闲山岛、釜山等海域连创日军,掌握了制海权。广大朝鲜民众竞相奋起,打击敌人,迫使日军官兵疲惫,溃不成军。

5月,日军被迫退守庆尚、全罗两道沿海城市,并派使臣要求议和。8月,朝日双方开始议和,但日本要求朝鲜割让南部九道,这种无理要求自然遭到拒绝。

谈判拖延3年,未能达成协议。1597年初,和谈破裂。2月,丰臣秀吉又出兵14万入侵朝鲜,东西两路并进,连占要塞。当时,朝鲜政府中了日本离间之计,罢免了李舜臣水军统制使职务,重用庸将元钧,致使朝鲜水师几乎全军覆没。后来,在朝野强烈要求下,李舜臣再次被起用。他以仅存的12艘舰船和130名水兵为基础重建水师,于10月在鸣梁海战中击沉日舰30余艘,消灭日军4000余人。

应朝鲜政府要求,明朝廷又动员川、陕、浙、蓟、辽等地步兵及福建、吴淞水师等,再次出兵援朝。同年9月,朝中联军在稷山、青山等地重创日军,迫其退守尉山、泗川、顺天。

1598年8月,丰臣秀吉病死,遗嘱撤军。10月,朝中联军进攻蔚山、顺天。11月19日,日本侵略军万余官兵乘500余艘舰船行至露梁海域,遭朝中联合舰队致命打击,日本海军几乎全部被歼,小西行长败逃。激战中,朝鲜名将李舜臣和中国老将邓子龙壮烈牺牲。至年底,残余日军或逃或被歼,战争结束。

· 简 评 ·

　　朝鲜壬辰卫国战争体现了中朝人民休戚与共、唇齿相依的密切关系。通过这场战争，朝鲜人民维护了国家的独立、民族的尊严，粉碎了日本侵略者侵吞朝鲜，染指中国的侵略企图，使日本侵略者在战后几百年间再也未敢践踏朝鲜国土，从而保证了朝鲜长期的安全与和平。

　　但是，由于日本侵略者对朝鲜国土的蹂躏，使朝鲜受到了莫大的损失。在战争中，日本侵略者到处大肆掠夺和屠杀，烧毁了都市和很多村庄，致使土地大量荒废，生产秩序一片混乱。趁此机会，封建统治者恣意占领和争夺土地、山林与河川。因此，战争的胜利虽使人民摆脱了民族压迫，但却带来了更重的阶级压迫。

主要事件

露梁海战

时间：1598 年 11 月 19 日

地点：露梁海域

人物：李舜臣、邓子龙、小西行长

结果：中朝联军胜利

> 读一读
>
> 三十年战争（1618年~1648年），又称宗教圣战，是由神圣罗马帝国的内战演变而成的全欧参与的一次大规模国际战争。在欧洲历史上，这是第一次大规模的国际性战争。

三十年战争

13世纪以后，哈布斯堡王朝统治下的神圣罗马帝国皇权日益衰微，各邦诸侯割据称雄。各邦诸侯因为信仰不同宗教产生矛盾，分别组成新教（路德教、加尔文教）联盟和天主教联盟。天主教联盟由奥地利、西班牙、德意志天主教联盟组成，得到罗马教皇和波兰的支持；新教联盟由法国、丹麦、瑞典、荷兰、德意志新教联盟组成，得到英国、俄国的支持。

掷出窗外事件

1617年，神圣罗马帝国皇帝马提亚斯派遣耶稣会教士进入捷克（波希米亚），意图在波希米亚复兴天主教，并任命哈布斯堡皇室的斐迪南二世为捷克（波希米亚）国王。斐迪南二世是一名狂热的天主教徒，他当上国王后对捷克的新教徒进行大规模的逼害，并禁止新教徒的宗教活动，拆毁他们的教堂。于是，在1618年5月23日，捷克首都布拉格的新教徒发动起义，冲进王宫，将神圣罗马帝国皇帝的两名钦差从窗口投入壕沟，史称"掷出窗外事件"，它成为三十年战争的开端。

三十年战争分为四个阶段：捷克阶段（1618

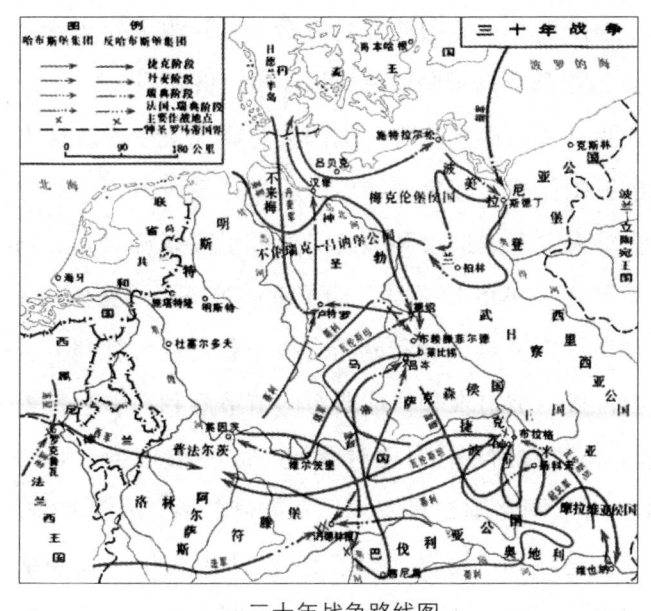

三十年战争路线图

年~1624年)、丹麦阶段(1625年~1629年)、瑞典阶段(1630年~1635年)及法国—瑞典阶段(1636年~1648年)。

捷克阶段:布拉格起义后,起义军进展顺利,6月进抵维也纳近郊。斐迪南逼于形势,表面上假意答允与起义军进行谈判,实际上在暗地里向天主教同盟求助。不久,天主教同盟即出兵援助,并赞助神圣罗马帝国皇帝大量金钱;西班牙也出兵进攻巴拉丁。最终,神圣罗马帝国和西班牙军队击败捷克和巴拉丁联军。

丹麦阶段:神圣罗马皇帝和天主教同盟的胜利,直接威胁法国和荷兰的安全。1625年,法国首相黎世留倡议英国、荷兰、丹麦缔结反哈布斯堡联盟,英、荷两国则怂恿丹麦出兵。1626年,捷克贵族瓦伦斯坦和天主教同盟的军队打败丹麦和新教联军。丹麦国王被迫于1629年5月在律贝克签订和约,保证以后不再干涉德国的内务。

瑞典阶段:打败丹麦后,神圣罗马帝国势力伸延到波罗的海,并计划在波罗的海建立一支强大的舰队。瑞典国王害怕从此神圣罗马帝国会超越瑞典,取得在波罗的海的优势地位。因此在法国的资金援助下,于1630年7月出兵,在波美拉尼亚登陆进攻神圣罗马帝国的军队。1631年9月17日,瑞典军队于布赖滕费尔德会战打败了神圣罗马帝国的军队,占领了波美拉尼亚。次年,瑞典军先后占领美因茨、奥格斯堡和慕尼黑。11月,神圣罗马帝国军队与瑞典军进行吕岑会战,瑞典再度获胜,但主帅古斯塔夫二世国王亦阵亡,从此瑞典军丧失进攻能力。借此机会,神圣罗马帝国皇帝联合西班牙盟军,在于纳德林根会战大败瑞典军,逼使瑞典军撤回波罗的海沿岸。联盟中的萨克森与勃兰登堡则于1635年5月与神圣罗马帝国皇帝签订《布拉格和约》。

法国—瑞典阶段:神圣罗马帝国再次获胜,法国大为震惊,终于直接出兵,与瑞典联合对哈布斯堡王朝作战。战争开始后,双方蹂躏所占领的对方地区,掠夺和杀戮居民。法军采取多点进攻和破袭交通等手段疲惫对方。到1643年5月,法军大败西班牙军;1645年3月,瑞军重创神圣罗马帝国军;1648年5月,法瑞联军在楚斯马斯豪森会战和朗斯会战中获得巨大胜利。至此,神圣罗马帝国皇帝无力再战,被迫求和。瑞典军的节节胜利,引起丹麦王的嫉妒和恐惧,乘瑞典军深入南德时期,丹麦对瑞典宣战。经过3年(1643年~1645年)战争,瑞典从海陆两路围逼丹麦,丹麦被迫求和。战至此时,双方都已元气大伤,10月双方达成和解协议,缔结了两个和约——《奥斯纳布吕克条约》与《明斯特和约》,合称《威斯特伐利亚和约》,至此三十年战争完全结束。

· 简 评 ·

三十年战争,推动了欧洲近代民族国家的形成,是欧洲近代史的开始。它削弱了哈布斯堡王朝的统治地位,加深了德意志境内分裂割据的局面,为法国称霸欧洲准备了条件,使瑞典的力量大增,成为了北欧强国。

主要事件

吕岑会战

时间:1630年11月

地点:吕岑

人物:瑞典国王古斯塔夫二世

结果:古斯塔夫二世阵亡,瑞典战败

第三部分　近代战争

近代战争，指资本主义社会阶段，即从1640年英国资产阶级革命爆发到1917年俄国十月社会主义革命期间发生的战争。

> 读一读
>
> 英国内战（1642年~1649年），也称资产阶级革命，或清教徒革命，是英国资产阶级、新贵族在广大人民群众的支持下同封建专制王权之间的一次大搏斗。它是17世纪英国资产阶级革命在欧洲范围内的第一次革命的主要的、也是最高的斗争形式。

英国内战

17世纪初，英国自给自足的封建农业经济瓦解，封建土地经营已转化为资本主义经营，资本主义经济得到不断发展，从封建贵族地主中分化出的与资本主义有密切联系的新贵族、资产阶级（包括城市中的工商业资本家、手工工场主、行会行东和农村部分农场主）的力量也进一步增强。封建王朝的专制统治严重阻碍资本主义发展，新贵族与资产阶级对封建专制王权日益不满，要求废除封建专制，分享政治权利，产生了反映资产阶级要求的思想意识团体——清教。于是，他们在国会中与封建统治者之间的矛盾和斗争不断发展，一再遭到封建统治者的迫害。

1628年，英国国会通过了限制王权的《权利请愿书》，重申未经国会批准不得任意征税，没有法律依据和法院判决不得任意逮捕任何人，不能剥夺其财产。国王查理一世为得到国会拨款，勉强批准了《权利请愿书》，但当国会抗议国王随意征税时，查理一

查理一世

世遂于1629年解散国会。此后11年间，国会一直未再召开，以查理一世为首的斯图亚特王朝更加肆无忌惮地迫害清教徒，并强行征收船税。英国人民的不满情绪与日俱增，拒交船税并发展成为群众性的抗议运动。

1639年，苏格兰人为反对查理一世专制统治爆发起义，起义队伍很快进入英国北部边境，严重威胁斯图亚特王朝的封建专制统治。1640年11月，国王查理一世召开国会（这届国会一直存在到1653年4月，史称"长期议会"），要求国会征集军费镇压起义，但反对派占多数的议会并未服从王命，而是通过决议处死了国王的宠臣斯特拉福德伯爵。于是，资产阶级、新贵族与封建王权之间的矛盾急剧发展，双方剑拔弩张，最后诉诸武力，英国内战开始。英国内战分为两个时期。

第一次英国内战（1642年~1646年）：1642年1月，查理一世企图逮捕反对派领袖，但阴谋未能得逞，随即逃离伦敦，北上约克城组织保王军队，准备以武力镇压国会派的"叛逆"行为。8月22日，查理一世在诺丁汉树起王军旗帜，组成以其为首的王军，包括封建贵族、英国国教的上层僧侣和绝大部分宫廷官吏，宣布讨伐国会内的叛乱分子。反对查理一世专治统治的反对派组成了包括资产阶级、新贵族、城市平民和自耕农的国会军。

战争初期，由于掌握国会领导权的长老派动摇妥协，不愿与国王彻底决裂，再加上统帅埃塞克斯

马斯顿荒原之战作战形势图

等人消极怠战,缺乏主动进攻精神,所以国会军连连失利,处于被动地位。

1644年,战争出现对国会军有利的形势。在7月进行的马斯顿荒原之战中,克伦威尔的骑兵大败王军,扭转了国会军的被动局面,从此掌握了战争主动权。

因国会军总司令埃塞克斯等人昏庸无能、消极怠战,国会中以克伦威尔为首的独立派十分不满。1645年,在克伦威尔为首的独立派要求下,国会通过改革军制的《新模范军法案》,决定组建一支由国会拨款、骑兵占三分之一的2.2万人的新模范军,任命托马斯·费尔法克斯为总司令,统一指挥全军。在费尔法克斯的坚决要求下,作为议员的克伦威尔被任命为副总司令兼骑兵司令。从此,克伦威尔一身二任,在军队中代表国会,在国会中代表军队,以他为首的独立派掌握了军队的实权。国会军的内战形势随之大为改观。

1645年6月14日,国会军与王军在内斯比展开激战,歼灭王党军主力,取得决定性胜利。1646年6月24日,国会军攻克王军大本营牛津,查理一世逃往苏格兰(后被议会赎回并将他囚禁),第一次英国内战结束。

第二次英国内战(1648年):第一次内战胜利后,革命阵营内部长老派和独立派之间的斗争日益激烈。1647年2月,长老派迫使国会通过解散军队法案,引起广大军官和士兵、群众的强烈不满。8月6日,以克伦威尔为首的独立派团结小资产阶级激进派别"平等派",在伦敦群众的支持下,率军队开进首都,许多长老派议员仓皇逃走,独立派掌握了国会实权。但是,克伦威尔马上反过来镇压了激进的"平等派"。

正当革命阵营发生分裂和斗争时,查理一世逃出国会军大本营,勾结长老派和苏格兰人,于1648年2月在西南部发动叛乱,第二次内战爆发。国会军先后在威尔士和东部平息王党叛乱,并在1648年8月17日同支持国王的苏格兰军队进行了著名的普雷斯顿会战。经过激烈战斗,克伦威尔指挥军队先后在西部、东南部和北部击溃王军兰代尔部和汉密尔顿领导的英格兰军队,迫其投降。第二次内战结束。

1649年1月,在资产阶级革命胜利的形势下,国王查理一世被处死。5月,英国宣布为共和国。借内战胜利,英国资产阶级革命发展到了顶点。

· 简 评 ·

英国内战以资产阶级、新贵族取得胜利并夺得政权而结束。通过战争，封建腐朽势力受到沉重打击，专制王权被推翻，为英国资本主义制度的发展铺平了道路。

> **主要事件**
>
> **马斯顿荒原之战**
>
> 时间：1644年7月
>
> 地点：约克城以西7英里处
>
> 人物：克伦威尔
>
> 结果：王军大败，国会军从此掌握了战争主动权

> 读一读
>
> 英荷战争（1652年~1674年），是英国为了打败商业竞争对手荷兰，并力求保住开始建立的海上优势和争夺殖民地而对荷兰进行的战争。

英荷战争

荷兰独立后，经济发展迅速。经过短短几十年的发展，到17世纪上半叶，荷兰成为欧洲的造船中心。那时，世界各国间的贸易交往主要依靠海上交通。荷兰的商船队拥有1.6万余艘船只，是法国、英国、西班牙和葡萄牙四国商船总吨位的四分之三，是世界运输船只的三分之一。可以说，荷兰人基本垄断了世界的贸易，足迹遍及五大洲各个角落，因此被称为"海上马车夫"。

在发展海外贸易的同时，荷兰也积极对外扩张建立殖民地。它于1619年在爪哇建立第一个殖民据点巴达维亚（今雅加达），然后由爪哇向西侵占苏门答腊岛，向东从葡萄牙手里夺取香料群岛（今马鲁古群岛），还相继侵占了马六甲和锡兰（今斯里兰卡）。在亚洲东部，它一度侵入中国领土台湾，在日本九州岛的长崎取得了商业据点。1652年，荷兰在南非建立了好望角殖民地，为它在亚洲的殖民扩张取得了强大的中继站。在北美，它以哈得逊河流域为基础，建立了新尼德兰殖民地，并在河

英荷战争战舰

第三部分 近代战争

口夺取曼哈顿岛建立新阿姆斯特丹。在南美洲，荷兰殖民者占领了安得列斯群岛中的一些岛屿。

荷兰在海上的扩张以及垄断，成为了当时英国实行海外扩张的最大障碍和威胁，于是英国多次发起了对荷兰的战争，大规模的战争主要有三次。

第一次战争（1652年~1654年）：1652年7月8日，两国舰队在多佛海峡宣战。起初，英国海军封锁了多佛海峡和北海，拦截荷兰商船，荷兰则组织舰队护航。后来，双方海战逐渐由封锁反封锁的贸易战发展为主力舰队间争夺制海权的决战。1653年8月，英国击败荷兰，控制了制海权，使依赖贸易生存的荷兰经济瘫痪。1654年4月14日，两国签订《威斯敏斯特和约》，荷兰承认英国的海上霸主地位。

第二次战争（1664年~1667年）：1664年，英军占领荷兰在北美的殖民地新阿姆斯特丹，改名纽约。1665年1月24日，荷兰对英宣战。6月22日，英国舰队在洛斯托夫特海战中重创荷兰舰队。1666年5月，经过修整恢复，荷兰舰队再次与英国舰队交战，击败了英国舰队，8月进入泰晤士河攻打伦敦。结果，荷兰舰队遭到英国岸炮和海军的联合打击，遭到重创，英国重获制海权。9月10日，伦敦发生大火，城市大部遭焚毁，无力继续战争，试图与荷兰和谈。1667年6月19日，德·奈特率领荷兰舰队趁机进入泰晤士河偷袭了伦敦，歼灭了驻泊泰晤士河的英国舰队，破坏了船厂，并封锁了泰晤士河口。1667年7月，英国被迫签订《布雷达和约》，英国占有新阿姆斯特丹，但将英军在战争期间占领的苏里南（在南美）归还荷兰。

第三次战争（1672年~1674年）：1672年5月，英法联合对荷兰宣战，分别从陆地和海上发动进攻，荷兰无法抵挡法军进攻，被迫掘开海堤淹没国土，才使法军撤退。1673年3月荷兰海军击退英国舰队。6月，英法联合舰队与荷兰进行了两次斯库内维尔德海战，8月法国退出战争，英荷都无力继续战争，于1674年2月签订《威斯敏斯特和约》，规定《布雷达条约》继续有效。至此，英荷战争结束。

· 简 评 ·

在英荷战争中,荷兰尽管在军事上没有完全输给英国,但在经济、贸易、海运方面的实力大为下降,"海上马车夫"的美誉丧失了。相反,英国夺取了海上霸主地位,建立了海权—贸易—殖民地的帝国主义模式,成为世界海军发展史上的里程碑。

主要事件

奇袭伦敦

时间:1667年6月19日

地点:伦敦

人物:德·奈特

结果:英国被迫签订《布雷达和约》

> **读一读**
>
> 郑成功收复台湾战争（1661年~1662年），是指中国军民在民族英雄郑成功的带领下反抗荷兰殖民者侵略中国台湾而进行的战争。

郑成功收复台湾战争

1624年，荷兰殖民者侵占中国台湾，对台湾进行殖民统治与掠夺，台湾人民灾难深重，盼望祖国收复台湾。

1661年三月，郑成功率领2.5万名兵将，分乘百艘战船，从金门料逻湾扬帆出发，越海去收复台湾。郑军冒着风浪，越过台湾海峡，在澎湖休整几天准备直取台湾。

荷兰当局听说郑成功要进攻台湾，十分惊恐。他们把军队集中在台湾（今台湾东平地区）、赤嵌（今台南）两座城堡，还在港口沉破船阻止郑成功船队登岸。

四月初一，鹿耳门海潮大涨，郑成功乘机命令船队驶进鹿耳门内海，主力从禾寮港登陆，从侧背进攻赤嵌城，切断荷守军与台湾城的联系。没多久，郑军一举击败了荷军的拦截胜利登岸。

郑军登陆台湾，台湾的汉族和高山族人民闻讯接踵而至，大力支援郑军进攻荷军。在其帮助下，郑军将荷军据守的赤嵌城团团围困，荷军司令官描难实叮在"孤城援绝、城中乏水"的形势下，于四月初六献城投降。

接着，郑成功命令部队从水陆两路围

郑成功雕像

攻热兰遮城（今台湾城）。由于热兰遮城十分坚固，加之荷军火炮精良，郑军强攻失利，郑成功于是改强攻为长期围困。此后，郑成功一面部署围城，一面加强政治和经济建设，整顿军队，进一步改善军民关系，颁布各种法令和条例，为经营台湾打下基础。

热兰遮城被围，远在巴达维亚的荷兰殖民者得悉后，即派遣一支增援部队约725人，由雅科布·考乌率领赴台。7月23日，援台荷军舰队向郑军发起进攻，郑成功指挥水师奋起反击，给来犯荷军以重创。对峙数月，考乌见势孤力穷，于10月5日率舰队逃离台湾。但荷兰殖民者驻台长官揆一仍作困兽之斗。

1662年1月，郑成功认为进攻热兰遮城彻底打败荷军的时机已经成熟，便命令部队强攻。经过激战，郑军首先夺取了战略要地乌特利支堡，逐渐缩小对台湾城的包围圈。城中荷军见大势已去，乱作一团，揆一多次召开紧急会议商讨对策，最后决定放弃抵抗，献城投降。1662年二月初一，荷兰当局终于被迫在投降书上签字。至此，沦为荷属殖民地达38年之久的台湾，又重新回到祖国的怀抱。

· 简 评 ·

郑成功收复台湾战争是中华民族反对外来侵略的成功尝试。通过这场战争，中国军民驱逐了荷兰殖民者，维护了中华民族的利益，捍卫了中国主权和领土的完整。这在中国人民反抗外来侵略的历史上说具有非常重要的意义。

主要事件

热兰遮城围攻战

时间：1661年四月

地点：热兰遮城

人物：郑成功、揆一

结果：郑军收复台湾

> **读一读** 俄土战争（17世纪末～20世纪初），主要是指17世纪～19世纪俄国与奥斯曼土耳其帝国之间为争夺高加索、巴尔干、克里木、黑海等地区进行的一系列战争，其中重要的有10次。此外，双方在第一次世界大战中的交战通常也被认为是第11次俄土战争。

俄土战争

为了发展本国经济，扩张在外势力，俄罗斯帝国从17世纪开始便不断发起对奥斯曼土耳其帝国的战争，争夺奥斯曼帝国及其属国的领土和权益。俄土战争断断续续持续到第一次世界大战结束，战区集中在巴尔干、克里木、高加索、黑海等地区，重要的战争有11次。

第一次俄土战争（1676年～1681年）：土耳其在波土战争中占领了波多利亚后，依靠右岸乌克兰的盖特曼多罗申科的支持，企图统治整个右岸乌克兰。1674年，左岸乌克兰的盖特曼萨莫伊洛维奇被选为乌克兰的总盖特曼（军队指挥官的头衔，地位仅次于君主）。右岸乌克兰的盖特曼多罗申科表示不服，于1676年率部1.2万人占领了盖特曼都城奇吉林，企图借助土耳其军队恢复自己的统治。萨莫伊洛维奇率领俄国、乌克兰联军很快就包围了奇吉林，于8月2日攻克该城，俘获多罗申科。随后，俄国、乌克兰联军与土耳其军、鞑靼军为争夺奇吉林继续进行斗争，多次击败其袭击。1681年1月23日，土耳其被迫签订了《巴赫奇萨赖和约》，确定第聂伯河为两国势力边界，承认左岸乌克兰与俄国的合并。

第二次俄土战争（1686年～1700年）：1686年，俄国加入由奥地利、波兰和威尼斯组成的反土同盟。随后，在1687年、1689年，俄军V·V·戈利岑公爵统帅对克里木进行了两次远征；1695年、1696年，彼得一世两次远征亚速。后来，由于俄瑞战争迫近，以及其他盟国与土耳其缔结了和约，俄国政府也于1700年同土耳其缔结了《君士坦丁堡和约》，亚速和延伸到米乌斯河的亚速海沿岸一带归属俄国。

第三次俄土战争（1710年～1711年）：兵败波尔塔瓦战役后，瑞典国王查理十二世逃入土耳其境内避难求援。于是，1710年，俄土战争爆发。1711年，彼得一世亲征普鲁特河，陷入土耳其和鞑靼军队的重围，被迫签订《普鲁特和约》，放弃亚速。

第四次俄土战争（1735年～1739年）：在波兰王位继承战争中取胜后，1735年，俄国向土耳其宣战，企图夺取黑海北岸和克里木半岛。1736年5月31日，俄军米尼赫元帅的第聂伯河集团军攻占彼列科普，然后又占领克里木汗国首都巴赫奇萨赖，但由于瘟疫流行，粮秣和饮水不足，部队被迫撤回乌克兰。1736年6月30日，俄军拉西将军指挥的顿河集团军攻占亚速。1737年7月，顿河集团军在区舰队的协同下强渡锡瓦什湖，在萨尔吉尔河交战中击溃了克里木汗的军队。7月13日，第聂伯河集团军攻克奥恰科夫。

同年，奥地利参战，但奥军屡战屡败。为了接应瓦拉几亚和波斯尼亚的奥军，俄军于1739年初向摩尔达维亚展开进攻，使战争发生了转折。8月，第聂伯河集团军在斯塔武恰内战役中击溃土军。根据摩尔达维亚代表团的请求，摩尔达维亚并入俄国。9月，俄国面临瑞典入侵的威胁，而盟国奥地利又退出战争，同土耳其签订了《贝尔格莱德和约》，亚速再次归俄国所有。

第五次俄土战争（1768年～1774年）：为了阻止俄国在波兰的势力进一步扩大，1768年9月25日，土耳其在法奥两国支持下对俄宣战。俄国将戈利岑将军的第1集团军从基辅调往霍京，将鲁缅采夫将军的第2集团军调到第聂伯河与顿河之间的地带应战。

1768年12月，俄军第2集团军击退侵入乌克兰领土的克里木汗卡普兰·格来的军队。在多瑙河战区，戈利岑在对霍京的两次进攻失利后，被迫于1769年6月率部撤回德涅斯特河。11月，土耳其驻军由于缺少给养，放弃了霍京。第1集团军在新任指挥官鲁缅采夫的指挥下向雅西展开进攻，于10

月 7 日占领该城；第 2 集团军由帕宁将军指挥沿南布格河作战。1769 年 7 月，海军上将斯皮里多夫的分舰队从波罗的海驶入地中海参战。

1770 年，第 1 集团军在里亚巴亚墓地附近及拉尔加河和卡古尔河河畔击溃了土耳其军。同年，俄国分舰队在切什梅海战中击溃了土耳其舰队，保障了俄国在爱琴海的制海权，并完成了对达达尼尔海峡的封锁。随后，俄军攻占了宾杰里要塞，相继夺取了伊兹梅尔、基利亚、布拉伊洛夫和阿克尔曼。

1771 年，第 1 集团军在多瑙河区舰队的协同下占领了久尔久（今朱尔朱），封锁了图尔恰和伊萨克恰要塞。多尔戈鲁科夫将军的第 2 集团军在亚速海区舰队的协同下，于 6 月 25 日攻下了彼列科普，并占领了克里木。

俄国在陆战和海战中的胜利迫使土耳其于 1772 年 5 月 30 日在久尔久同俄国签订停战协定。11 月 12 日，俄国又同克里木汗萨希布·格来缔结条约，规定克里木脱离土耳其，成为俄国的保护国（1783 年，克里木汗国完全归属俄国）。

1773 年，鲁缅采夫集团军渡过多瑙河，包围了锡利斯特拉要塞。但由于兵力不足，鲁缅采夫集团军被迫撤回多瑙河彼岸。

1774 年 6 月，鲁缅采夫率俄军 5.2 万人强渡多瑙河，大胜土军，迫使土耳其签订《库楚克—凯纳尔吉和约》，俄国获得了第聂伯河和南布格河之间的地区和刻赤海峡，打通了黑海出海口。

第六次俄土战争（1787 年 ~ 1792 年）：在第五次俄土战争失败后，土耳其重整旗鼓，计划复仇。土耳其要求俄国归还克里木，承认格鲁吉亚为土耳其属地，授权土耳其检查通过海峡的俄国商船。

1787 年，土耳其舰队向停泊在金布恩附近的俄国护卫舰发起攻击，但被俄军击溃。在陆战方面，土耳其登陆兵 5000 人在金布恩附近遭到苏沃洛夫军的急剧突击，几乎被全歼。1788 年，俄军围攻并夺取了霍京和奥恰科夫要塞。1789 年，俄、奥、乌联军先后击溃了多瑙河附近的土军。1790 年，俄军黑海舰队在在锡诺普海域、刻赤海峡和坚德拉岛海域的海战中接连实施突击，击败了土耳其舰队。12月22日，苏沃洛夫所部以强大攻势仅用一天就一举攻克土耳其坚固设防的伊兹梅尔要塞。这一战在欧洲引起了强烈的震惊，并基本上决定了俄土战争的结局。苏沃洛夫因此战一举成名，成为俄罗斯一代名将。苏沃洛夫在给沙皇叶卡捷琳娜二世的奏表中是这样描述伊兹梅尔之战的："没有任何一个堡垒比伊兹梅尔更坚固，没有任何一个抵抗比伊兹梅尔更激烈，但是它在我皇的宝座之下倒下来了，这是英勇进攻的结果。"这句话后来被镌刻在苏沃洛夫的纪念碑上。

1791年，俄军取得了巨大胜利。6月15日，库图佐夫将军所部强渡多瑙河，在巴巴达格附近击溃土军2.3万人；7月3日，古多维奇将军所部在西高加索攻克阿纳帕；7月9日，俄军主力在默钦战役中重创土军；8月11日乌沙科夫在卡利亚克里亚角击溃土耳其舰队。俄军在陆战海战中的胜利迫使土耳其签订《雅西和约》（1792年1月），承认俄国兼并克里木和格鲁吉亚。

第七次俄土战争（1806年~1812年）：从1805年起，俄国忙与法国、伊朗交战，土耳其趁机挑起战事，使与俄国签订的关于俄国船只自由通过海峡的条约遭到破坏，并擅自更换摩尔达维亚和瓦拉几亚公国大公。对此，俄国政府于1806年11月~12月派米赫尔松将军的摩尔达维亚集团军进驻土耳其傀儡控制的摩尔达维亚和瓦拉几亚。12月30日，英国站到了俄国一边，其舰队企图控制达达尼尔海峡两岸工事和埃及沿海。

1807年，俄国分舰队封锁了达达尼尔海峡，并在达达尼尔海战和阿索斯海战中战胜了土耳其舰队。在巴尔干和高加索两战区，俄军也多次击败土军。俄军接连胜利，而英国的战略企图却未能如愿，于是英国退出战争。英俄联盟解体，俄国也不愿再消耗下去，便在8月与土耳其签订了停战协定。

1809年春，战火重燃。在高加索战区，俄军与阿塞拜疆民军、格鲁吉亚民军协同作战，将土

库图佐夫

第三部分　近代战争

军逐出波季和苏呼米卡列，并攻占了阿哈尔卡拉基要塞。普罗佐罗夫斯基元帅率俄军 8 万人（1809 年 8 月起由巴格拉季昂将军指挥），在拥有 140 艘舰船的多瑙河区舰队的配合下强渡了多瑙河，相继夺取了伊萨克恰、图尔恰、巴巴达格、默钦、伊兹梅尔、布拉伊洛夫等要塞。1810 年 5 月，俄军在新任总司令卡缅斯基将军的指挥下，占领了帕扎尔吉克、锡利斯特拉和拉兹格勒诸要塞。9 月，鲁什丘克要塞和久尔久要塞的守军投降。10 月，攻占洛维奇，但未能久留（1811 年 1 月 28 日，俄军再次攻克该城）。

1811 年，俄军在库图佐夫的率领下，在 7 月 4 日鲁什丘克战役中和 12 月 5 日斯洛博齐亚战役中大破土军，迫使其投降。接着，库图佐夫又巧妙地运用外交策略，迫使土耳其在《布加勒斯特和约》（1812 年 5 月）上签字，确定比萨拉比亚和西格鲁吉亚并入俄国。

第八次俄土战争（1828 年 ~ 1829 年）：在纳瓦里诺海战中击败土埃联合舰队之后，俄、英、法内部出现了争夺土耳其所属势力的矛盾，土耳其苏丹便借此撕毁了俄土两国以前缔结的所有协定，并于 1827 年 12 月宣布对俄进行"神圣战争"。1828 年 4 月 26 日，俄国向土耳其宣战。俄国将维特根施泰因元帅的集团军 9.5 万人调到多瑙河战区，迎战侯赛因巴夏的 15 万军队；将帕斯克维奇将军的军队（2.5 万人）调到高加索战区迎战 5 万土耳其军。

经过多次激烈交战，俄国保住了南乌克兰、克里木、比萨拉比亚及高加索的部分领土，并在黑海沿岸牢固地树立了自己的地位。俄国利用希腊独立战争，进一步南下，再次蹂躏摩尔多瓦、瓦拉几亚，后经保加利亚直逼君士坦丁堡。根据 1829 年 9 月俄土《亚得里亚堡条约》，俄国获得多瑙河口及其附近岛屿和黑海东岸，土耳其承认格鲁吉亚、伊梅列季亚、明格列利亚并入俄国。

第九次俄土战争（1853 年 ~ 1856 年）：1853 年 1 月，俄国沙皇尼古拉一世向土耳其苏丹提出，要求将土耳其境内所有东正教居民由俄国保护，力图把土耳其变为俄国的保护国，进而，俄国可以独占黑海海峡，打通进入地中海通道，实现其扩张野心。俄国的这一企图为英法所不能容忍。在英法的支持下，土耳其苏丹拒绝了俄国的最后通牒。随后，俄国于 7 月初出兵 8 万人占领了土耳其帝国的属地摩尔多瓦和瓦拉几亚并拒绝了苏丹提出的撤军要求。10 月，土耳其政府向俄国宣战。

1854 年 3 月底，英、法正式向俄国宣战，1855 年初，法国附庸撒丁王国也宣布参加对俄战争。在英、法联军参与下，俄军日渐衰弱，无力把战争进行下去，1856 年 3 月 30 日，双方签订《巴黎和约》，俄国把比萨拉比亚南部归还摩尔多瓦，实行黑海中立化，禁止外国舰队通过海峡。

第十次俄土战争（1877 年~1878 年）：1877 年，俄国利用巴尔干斯拉夫人的民族解放战争，打着"解放"的旗号，对土宣战。俄军在罗马尼亚军队的配合下，攻克普列文；在保加利亚军队的支援下，连续攻克索非亚和亚得里亚堡，兵临君士坦丁堡。形势对土耳其极为不利，但俄国的军事行动也引起了欧洲列强的极大不满。于是，俄土双方在 1878 年 1 月 31 日宣布停火，3 月 3 日签订了《圣斯特凡诺和约》。根据和约，俄国建立了受其保护的大保加利亚国，并获得大片土地和巨额赔款。由于英国的干涉，俄军想要控制博斯普鲁斯海峡的目的未能达到。同年 6 月~7 月，欧洲列强召开了柏林会议，对俄土和约作了修改，迫使俄国仅仅得到它在克里木战争中所失去的南比萨拉比亚以及巴统、卡尔斯等地。

第十一次俄土战争（1914 年~1918 年，即第一次世界大战期间）："一战"期间，俄国和英、法结盟，企图谋取君士坦丁堡，但都惨败，土耳其军趁机打下整个高加索，甚至进军南俄草原。但这也加速了自身的灭亡。1915 年 1 月，俄军发动反攻，土耳其的第九集团军大败，损失约 7 万多人。

经过这一系列战争，俄国疆域进一步扩大，南部边界伸展到黑海，西部边界推进到普鲁特河，东部边界越过高加索山脉。而奥斯曼帝国则在战争中不断被削弱，以致日益衰落，成为列强宰割的对象。

> 简 评

不可否认，俄国在俄土战争中取得了很大的胜利，但这与它战后得到的却有点得不偿失了。虽然俄国的疆域是扩大了，但基于长期的战争，经济发展已经滞后，远远落后于欧洲资本主义国家，并且还要受欧洲列强的掣肘。

主要事件

切什梅海战

时间：1770年

地点：爱琴海附近的切什梅湾

人物：斯皮里多夫

结果：俄国分舰队胜利

伊兹梅尔战役

时间：1790年12月22日

地点：多瑙河右岸伊兹梅尔要塞

人物：苏沃洛夫

结果：仅用一天时间，固若金汤的城堡便被攻克

斯洛博齐亚战役

时间：1811年10月

地点：斯洛博齐亚西南地域

人物：库图佐夫

结果：俄军大破土军，促使土耳其签下《加勒斯特和约》

> 读一读
>
> 北方战争（1700年～1721年），又称大北方战争，或北方大战、第二次北方战争。它是俄国为争夺波罗的海及其沿岸地区与瑞典进行的战争。

北方战争

在第一次北方战争（1563年～1570年，丹麦为争夺波罗的海霸权同瑞典进行的长达7年之久的战争）期间，瑞典形成了以芬兰湾为中心的波罗的海帝国，包括卡列利阿、因格里亚、爱沙尼亚和立窝尼亚。在"三十年战争"中，瑞典在德意志也得到了大片领地，包括西波美拉尼亚、维斯马、不莱梅公国和费尔登。同时，瑞典还征服了丹麦和挪威在松德海峡以北的领地。17世纪中期，瑞典获得了波罗的海的霸权。这引起了周边国家的妒忌和提防。此时，俄国在彼得大帝的改革后变得强大起来，但仍欠缺一个可以与西方国家联系的出海口，因此对瑞典控制的波罗的海虎视眈眈，两国之间的冲突越来越加剧，战事一触即发。

1699年，俄沙皇彼得一世、丹麦国王和波兰萨克森奥古斯特二世缔结同盟，即北方同盟，准备对瑞作战。1700年2月，萨克森军队包围瑞典控制的里加城，北方战争爆发。3月，丹麦军队主力进攻瑞典盟国荷尔斯泰因。8月，俄国正式对瑞典宣战，

纳尔瓦战役

彼得大帝亲率3.5万俄军进逼瑞典的纳尔瓦要塞。对此,瑞典国王查理十二世凭借军事优势,采取各个击破方针。他先攻打丹麦,迫其签约退出战争;次击俄军,远程驰援纳尔瓦,俄军惨败;再战萨军,将萨军追赶到波兰,随后在华沙扶植一个波兰国王作为傀儡。

纳尔瓦战役失利,彼得一世从中汲取经验教训,加紧建立正规陆、海军,发展军事工业,准备再战。1701年,彼得一世在瑞军转战波兰之际,再次对波罗的海沿岸发动进攻。1702年,俄军相继夺取诺特堡、吕恩尚茨、杨堡和科波雷等地,并在涅瓦河上建立新都圣彼得堡。1704年,俄军又攻占多尔帕特、纳尔瓦和伊凡哥里德。1705年,俄军进入波兰。1706年,瑞典军占领萨克森,奥古斯特二世战败求和,被迫放弃波兰王位。之后,俄瑞议和不成,双方准备再战。

1708年,查理十二世率军东渡维斯瓦河,开始征讨俄国,志在摧垮俄军,降服沙皇彼得。可是,此时的俄军情况及俄国实力,已是今非昔比。待到瑞军来攻时,彼得首先采取战略防御,实行坚壁清野,诱敌深入,逐步消耗和疲惫敌人。1709年7月8日,俄瑞两军在波尔塔瓦进行决战。俄军以4.2万人对瑞军3.2万人,结果瑞军战败,伤亡近万人,被俘数千人。7月11日,瑞军残部1.6万人走投无路,不战而降,查理十二世被迫率千余人逃往土耳其避难。波尔塔瓦会战是北方战争的转折点。此后,瑞军完全失去军事优势。俄军乘胜进击,集中主力于芬兰方向进攻瑞典,并利用新建的海军攻占波罗的海沿岸要地,争夺岛屿,进而在汉科角海战中大败瑞典海军。

1720年,俄国海军再次击败瑞典舰队并登陆瑞典,进逼其首都斯德哥尔摩。瑞典败局已定,终于在1721年9月同俄国签订《尼施塔特和约》,宣告战争结束。

● 简 评

北方战争虽然是多国战争,但沙皇彼得一世既是战争的主角之一,又是最大的胜利者。此次战争后,瑞典丧失了几乎全部在17世纪得到的海外领地，不再是一个大国，而俄国得到了波罗的海周围的领地，成为东欧最强大的国家。

主要事件

波尔塔瓦会战

时间：1709年7月8日

地点：波尔塔瓦

人物：查理十二世、彼得一世

结果：瑞典战败

> 读一读
>
> 西班牙王位争夺战（1701年~1714年），是法国的波旁王室与奥地利的哈布斯堡王室为争夺西班牙王位而引发的一场欧洲大部分国家参与的战争。

西班牙王位争夺战

1700年11月1日，西班牙国王查理二世去世，没有子嗣承继王位。按照亲属关系，既可由奥地利哈布斯堡王朝的人继承，也可以由法国波旁王朝的人继承。由于法国外交的积极活动，查理二世生前立遗嘱要把王位传给路易十四的孙子安茹公爵腓力，但规定法、西不得合并。1701年，法王宣布腓力为西班牙国王，同时兼为法国王位继承人，称腓力五世（1700年~1764在位）。

当时，西班牙除其本土外，还有意大利的大部分、西属尼德兰，以及遍布美洲、亚洲、非洲的辽阔土地。这就是说，如果法国得到西班牙王位继承权，也就意味着可以得到更多的殖民利益。英国不能容忍法国独霸欧洲，因而与荷兰、奥地利、普鲁士、德意志诸侯国、葡萄牙、萨伏依等结成反法同盟，支持奥地利的查理大公继承西班牙王位。1702年5月，反法同盟正式对法国宣战，西班牙王位争夺战开始。

战争初期，法军在欧陆的进展颇为顺利，先后攻占了尼德兰、意大利、西班牙和德意志境内部分地区。1704年7月，英军攻占直布罗陀。8月，英国马尔伯勒公爵统率大陆军进军巴伐利亚，与奥地利欧根亲王的部队会合，随后取得布伦海姆会战的胜利，挫败法军进军奥地利的企图，扭转了战局。1706年5月，英军在拉米伊再败法军。同时，反法同盟军也在其他战线取得了胜利。9月，欧根率军大败包围都灵的法军，使同盟军收复了整个意大利北部地区。在西班牙，盟军成功地抵御了法军对巴塞罗那的进攻，并趁法军混乱之机，从葡萄牙出击的高尔韦军于6月底占领了西班牙首都马德里。1707年，英、奥海军一度围困土伦港。此后，英、奥陆军继续配合作战，在1708年的奥德纳尔德会战和1709年9月的马尔普拉凯会战中，先后击败法国军队。

从1710年起，双方形成了僵持局面。这时，反法同盟军虽然有着兵力上的优势（同盟军共有16万人，法军只有7.5万人），但却不再主动进攻法国。这是因为反法同盟军的主力英国鉴于俄国在同期的北方战争中获胜，为防俄国从此称霸北欧，必须赶快对法停战，以抽身制衡俄国。另外，英国也担心奥地利势力增长将对己不利。因此英国开始独自与法国进行和谈，停止对法的战事。由于英国态度的转变，再加上各国经历多年战乱已无心恋战，于是反法同盟各国都停止了主动进攻，逐渐与法国停战。

1713年4月11日，以法国和西班牙为一方，以英国、荷兰、勃兰登堡、萨伏依和葡萄牙为另一方，签订了《乌得勒支和约》。1714年，奥法又签订《拉什塔特和约》。西班牙王位争夺战最终结束。

● 简 评

西班牙王位争夺战结束了法国在西欧的霸权地位。此战后，法国由于屡遭失败致使国民经济受到严重破坏，财政亏空、民不聊生，国力大为削弱，盛极一时的法国开始走下坡路了。而英国则相反，它夺取大量法国海外殖民地，进一步巩固了海上优势。

主要事件

布伦海姆会战

时间：1704年
地点：巴伐利亚的村庄布伦海姆
人物：马尔伯勒
结果：英奥联军挫败法军

> 读一读
>
> 七年战争（1756年~1763年），是欧洲两大军事集团即英国—普鲁士同盟与法国—奥地利—俄国同盟之间，其中汉诺威、葡萄牙等为英普的盟友，西班牙、萨克森、瑞典等为法奥俄的盟友，为争夺殖民地和霸权而进行的一场大规模战争。

七年战争

法国大革命前，欧洲各大国卷入了一场世界性的大战，即七年战争。这场战争的起因是，英国试图打击和削弱法国，扩大殖民地，建立海上霸权；普鲁士企图吞并萨克森，并将波兰变为其附属国；奥地利企图削弱竞争对手普鲁士，夺回西里西亚；法国力图吞并英王的世袭领地汉诺威，遏制普鲁士的崛起，保护海外殖民地；俄国企图夺取东普鲁士和波兰，向西部扩张领土；瑞典则要夺取普属波美拉尼亚。其中，对全局起决定的作用是英法矛盾、

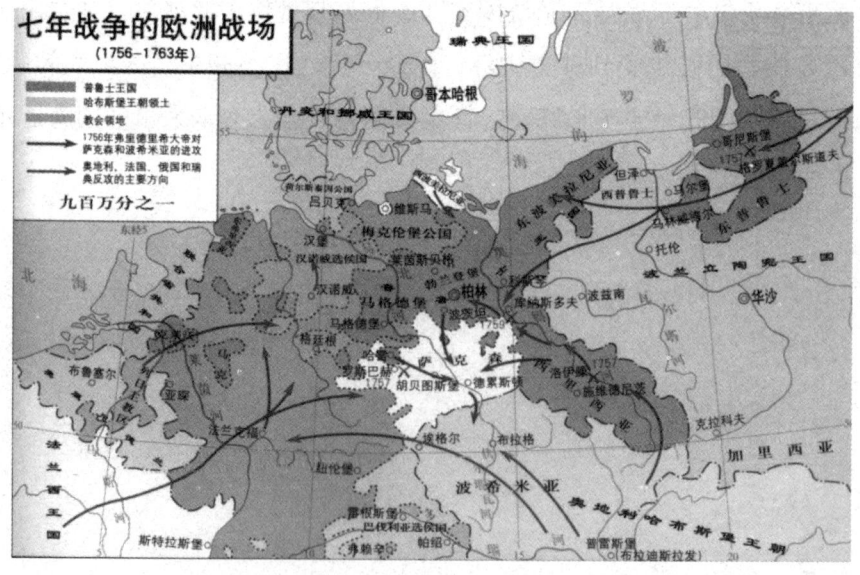

七年战争形势图

普奥矛盾和俄普矛盾三对矛盾。

七年战争的陆战主战场是欧洲，主要是反普同盟各国同普鲁士交战；在北美、印度和海上，主要是英、法之间作战。

反普同盟与普鲁士的交战

1756年8月28日，普鲁士国王腓特烈二世先发制人，亲率9.5万人的军队对萨克森发动突然袭击，七年战争由此爆发。在普军预有准备的军事行动面前，萨克森军很快陷入包围，被迫投降。

在普军对萨克森军形成包围时，奥地利派出一支军队火速增援，双方在埃格尔河和易北河会合处的洛沃西采遭遇。结果，奥军未能突破普军防御，无法挽回萨克森的败局，普军以胜利告终。

1757年初，普军南下，大规模入侵奥地利的波希米亚，打算在法军和俄军增援前逼降奥地利。5月6日，普军向布拉格发起进攻，击败布劳恩元帅指挥的6万奥军，并将其围困在布拉格。后来，前来增援的奥军道恩元帅于6月18日在科林附近击溃了普军，解除了普军对布拉格的包围。此役之后，腓特烈已经不可能在法国和俄国参战之前迫降奥地利，速胜希望破灭。

从布拉格撤军后，腓特烈二世审时度势，选择一路追击。11月，普法两军进行了经典的罗斯巴赫会战，法军大败。

罗斯巴赫会战后，普军主力由西向东进，截击进入西里西亚的奥军，于12月进行了洛伊滕会战，取得全胜。

1758年1月，俄军占领东普鲁士，腓特烈二世率主力迎击。8月，普鲁士与俄奥联军进行库勒斯道夫战役，普军被击败。此时，英军在汉诺威击败法军。

9月，奥军占领德累斯顿，普军转入防御。这时，俄奥联军内部发生矛盾给了普军喘息之机。1760年7月，普军在西里西亚以少胜多击败俄奥联军，8月普军在利格尼茨击败奥军，11月在托尔高战役中再次击败防守坚固阵地的奥军，普鲁士以巨大的代价保住了萨克森领地，得以恢复实力。

英、法之间的战争

在海上和海外战场，英法两国进行了激烈的争夺。1756年4月，法国海军击败英国舰队，占领地中海的梅诺卡岛。1758年，英军攻占布雷顿角，包围路易斯堡，易斯堡投降。第二年9月，英军攻占魁北克。1759年，法国舰队在拉古什和基伯龙被英舰队消灭。1760年，英国占领整个法属加拿大。1761年，英国占领法国在印度的殖民地。

战争进行到1762年初，交战双方都已精疲力竭。普鲁士几乎濒临绝境，此时事有意外转机：1762年俄国女沙皇病逝，新沙皇彼得三世是腓特烈二世的狂热崇拜者，他登基后立即同腓特烈二世结盟，俄军撤退，归还了占领的全部领土，瑞典也跟着退出战争，普鲁士得以起死回生。10月底，俄国正式退出七年战争。俄国退出，反普同盟随之瓦解。1763年2月10日，英法签订《巴黎和约》，法国被迫将整个加拿大割让给英国，并从整个印度撤出，只保留5个市镇。15日，普奥签订《胡贝尔图斯堡和约》，普鲁士同意撤出萨克森，而奥地利承认西里西亚归普鲁士所有，奥地利未能收复西里西亚领地。至此，七年战争结束。

• 简 评 •

七年战争对于18世纪后半期国际战略格局的形成产生了深远影响，英国成为海上霸主，法国进一步受到削弱，俄国加强了它的欧洲强国地位，普鲁士也巩固了它在德意志的特殊地位。

主要事件

科林之战

时间：6月18日

地点：科林附近

人物：道恩、腓特烈二世

结果：奥军解除布拉格被困之危，普军速胜希望破灭

> **读一读**
> 俄国农民战争（1773年~1775年），它是俄国农民为推翻沙俄的封建农奴制统治而进行的战争。

俄国农民战争

18世纪后半期，沙俄已从昔日的"彼得盛世"巅峰开始衰败。行将崩溃的、专横的封建农奴制不断加强对农奴的压迫和剥削，连绵不断的战争加重了劳动人民的负担，阶级矛盾不断激化，广大劳苦大众对统治阶级强烈不满，于是不断发动起义。此外，非俄各族人民的灾难更加深重，他们的土地、草场、林场统统被地主、工厂主、修道院霸占，而且要缴纳各种贡税，服各种劳役，他们的反抗愿望更加强烈。整个沙俄此时到处是愤怒的火苗，随时即将蔓延为熊熊的起义大火。

1773年9月17日，杰出农民领袖叶·伊·普加乔夫假冒彼得三世（当朝女皇叶卡特琳娜二世的亲夫，被她在1762年发动宫廷政变时谋杀）发布诏书，宣布给雅伊克哥萨克人、鞑靼人和加尔梅克人自由和特权，许诺他们将得到"河流、土地、草地、赏金、猪、狗和粮食"，随后率领一支80人的哥萨克队伍，从托尔卡切夫村出发去攻打雅伊克镇，揭开了这次农民战争的序幕。

9月18日，起义军从80人增加到200人。起义军占领了雅伊克镇南端的布达林斯克哨所。由于雅伊克镇卫戍部队超过起义军两倍多，并拥有大炮，而起义军没有大炮，所以普加乔夫不急于攻占雅伊克镇，而是溯雅伊克河而上，直逼俄罗斯东南部的主要行政与军事战略中心——奥伦堡。

9月21日，起义军占领了位于奥伦堡和雅伊克交通线上的伊列茨克镇。接着，奥伦堡西部的要塞纷纷落入起义军手中。起义军所到之处，农民、当地哥萨克人、鞑靼人、哈萨克人、加尔梅克人、逃亡士兵和乌拉尔厂矿工人纷纷参加起义军。这时,起义军已扩大到2500人,拥有20门大炮。10月4日,起义军占领了奥伦堡附近的别尔达村,于次日开始了持续约6个月之久的奥伦堡围攻战。奥伦堡要塞易守难攻,起义军久攻不下,双方成对峙局面,为沙皇叶卡特琳娜二世赢得了动员兵力的时间。12月,沙皇派遣亚·伊·比比科夫上将率领讨伐军(共约6500人,30门火炮)前去镇压起义军。政府军凭借优势兵力,解除了奥伦堡之围,扭转了被动局面,连续取胜。1774年3月22日,起义军主力在塔季谢瓦要塞附近的总决战中失利,约2000人阵亡,4000人受伤被俘,火炮全部损失。在这之后的几次交战中,起义军接连失利,普加乔夫身边的将领许多被俘。4月1日,起义军又在萨克马腊镇惨遭失败,普加乔夫率领一支500人的队伍杀出重围,隐藏在乌拉尔深山丛林之中。

1774年4月,普加乔夫在乌拉尔各厂矿和巴什基里亚招募新军,重整旗鼓。起义军主力很快增加到5000人,遂于5月5日攻占了马格尼特要塞,随即溯雅伊克河而上。5月19日,起义军攻下特罗伊茨克要塞。5月21日,政府军在特罗伊茨克要塞击败起义军主力部队,普加乔夫被迫撤到乌拉尔草原地区。6月17日,起义军占领克拉斯诺乌菲姆斯克。6月21日,起义军攻打奥萨,打开通往喀山的通路。在巴什基里亚人的帮助下,起义军渡过卡马河,相继连克数镇,直逼喀山。此时,起义军主力已增加到8000人,沿途又有7000人投奔起义军。7月12日,起义军攻占喀山外城,但设防坚固的内城久攻不下。沙皇政府及时派援兵接应,经过阿尔斯克原野的激战,于7月15日击溃起义军。起义军惨败,阵亡2000人,受伤和被俘数千人,火炮和弹药丧失殆尽,普加乔夫率领剩下的部队突围至伏尔加河上游。

抵达伏尔加河流域,普加乔夫得到广大农民积极拥护,起义军得到了补充。很快,起义运动席卷伏尔加河流域多数地区并向莫斯科省边界蔓延,直接威胁莫斯科,严重震撼了沙皇政府。然而,普加乔夫放弃了向莫斯科的进军,离开了农民运动规模最大的地区转而南进,以图在顿河得到哥萨克补充后再向俄罗斯中心地区进军。7月19日,起义军占领喀山西部的齐维尔斯克,7月20日,起义军占领库尔梅什,随后连克阿拉特尔、萨兰斯克、奔萨、彼得罗夫斯克、萨拉托夫等地。8月21日，起义军主力进抵察里津。此时，起义军已扩大到1万余人。但是，形势发生了对起义军不利的根本变化。1774年7月10日，俄土（耳其）双方签订了《库楚克—凯纳吉和约》，叶卡特琳娜二世得以从俄土战场抽出重兵，以镇压农民起义。从8月22日起，普加乔夫开始攻打察里津，战斗一直延续到8月25日，普加乔夫的1万余人的主力军遭到致命的一击，起义军阵亡2000人，被俘6000，许多重要将领被俘。普加乔夫带领一支200雅伊克哥萨克人的队伍退到伏尔加河左岸草原，途中，雅伊克哥萨克首领背叛普加乔夫。普加乔夫被他们押解给政府军并送往莫斯科。1775年1月10日，普加乔夫等人在莫斯科被处死。到此，普加乔夫领导的农民战争以失败而告终。

· 简 评 ·

俄国农民战争加速了封建农奴制的崩溃，使俄国人民对沙俄专横的封建农奴制不可破除的信念产生了动摇。农民战争虽然失败了，但被压迫的人民群众表现出的非凡的英勇气概和果敢精神，及普加乔夫杰出的军事组织才能将永载史册。

主要事件

奥伦堡围攻战

时间：1773年10月5日

地点：奥伦堡要塞

人物：普加乔夫、亚·伊·比比科夫

结果：起义军被镇压

> **读一读**
>
> ●●●● 美国独立战争（1775年～1783年），又称北美独立战争，或美国革命。它是世界历史上第一次殖民地居民打败宗主国并获得独立的战争。

美国独立战争

在七年战争中，为争夺对北美殖民地的控制，英国与法国进行了长期的战争。最后，英国打败法国，控制了北美大部分地区，不过因长期的战争而导致财政困难。于是，英国政府不断地向北美各殖民地增加税收，并实行高压政策，对殖民地进行蛮横的压榨和残酷的剥削。此时，受启蒙思想影响的殖民地人民民族意识已经逐渐觉醒，对于英国的盘剥和束缚开始不满，双方矛盾日益尖锐，最终导致战争爆发。

1775年4月18日，英国驻马萨诸塞的总督托马斯·盖奇将军出动800名英军奔袭康科德，搜集殖民地民兵的武器，并意图一并拘捕该地的"通讯委员会"成员，但却被殖民地居民得悉，并通知了民兵组织"一分钟人"。一分钟人得知消息后，当晚派人驰赴列克星敦和康科德报信，并立即作出防卫。4月19日清晨5时左右，英军遭到列克星敦的民兵阻拦，英军突然开火，民兵猝不及防，死伤十多人。随后，民兵与英军正式交火，美国独立战争第一枪正式打响。

1775年6月15日，第二届大陆会议举行，会议上决定殖民地居民组建正规的大陆军，乔治·华盛顿为总司令。随之，华盛顿率大陆军采取持久作战以消耗英军的策略，与英军展开长期的斗争，北美独立战争全面展开。美国独立战争分为三个阶段。

第一阶段（1775年～1778年），为战略防御阶段，主战场在北部。1775

年 6 月 17 日，波士顿民兵在邦克山战斗中与装备精良的英国正规军展开了第一次正面交锋，显示了北美民兵惊人的战斗力，大大鼓舞了殖民地人民为独立而战的斗志。1776 年 7 月 4 日，大陆会议正式宣布脱离英国而独立。1776 年 12 月，纽约失陷，为了保存军力，华盛顿放弃纽

美国独立战争路线图

约，独立战争进入困难时期。1776 年 12 月 25 日，华盛顿率部渡过特拉华河，奇袭特伦顿黑森雇佣军兵营成功，接着又在普林斯顿重创英军，使陷入低潮的美国独立战争重新获得了活力。1777 年 7 月，伯戈率 7000 英军在萨拉托加地域遭到 1.2 万美军和游击队的围攻，5000 英军被迫于 10 月 17 日向美军投降。萨拉托加之役成了这场战争的转折点，促使法国、西班牙、荷兰先后对英宣战。形势的变化，迫使英军于 1778 年 6 月放弃费城，退守纽约。随之，北部战争出现僵持的局面。

第二阶段（1778 年～1781 年），为战略相持阶段，主战场转向南部地区。1778 年 2 月法美签订军事同盟条约，法国正式承认美国。6 月法英开战。1779 年 6 月，西班牙对英作战。1780 年，俄国联合普鲁士、荷兰、丹麦、瑞典等国组成"武装中立同盟"，打破英国的海上封锁。1780 年 12 月，荷兰加入法国方面对英作战。北美独立战争扩大为遍及欧、亚、美三大洲的国际性反英战争，英国陷入空前孤立的境地。1781 年，在吉尔福德之战中，英军伤亡惨重。在大陆军和民兵的持久消耗下，英军渐感力量不支。4 月，英军向

第三部分　近代战争　147

北退往弗吉尼亚。纳撒内尔·格林将军乘势挥师南下，在民兵游击队配合下，拔除英军据点，收复了除萨凡纳和吉尔斯顿之外的南部国土。

第三阶段（1781年~1783年），为战略反攻阶段。1781年8月，康沃利斯率7000名英军退守弗吉尼亚半岛顶端的约克敦。此时，在整个北美战场的英军主要收缩于纽约和约克敦两点上。1781年8月，华盛顿亲率法美联军秘密南下弗吉尼亚。与此同时，德格拉斯率领的法国舰队也抵达约克敦城外海面，击败了来援英舰，完全控制了战区制海权。9月28日，1.7万名法美联军从陆海两面完成了对约克敦的包围。在联军炮火的猛烈轰击之下，康沃利斯走投无路，于10月17日投降。约克敦战役后，北美大陆战事基本停止。

1782年11月30日，美国与英国的代表在巴黎签订初步停战条约。1783年9月3日，英王代表与殖民地代表在凡尔赛宫签订《巴黎和约》，英国正式承认美利坚合众国成立。

· 简　评 ·

美国独立战争的胜利，给大英帝国的殖民体系打开了一个缺口，为殖民地民族解放战争树立了范例，在很大程度上鼓舞了美洲其他殖民地的人民为独立而战，推动了其后的拉丁美洲独立战争。

美国独立战争又是一次资产阶级革命，它推翻了英国的殖民统治，创造了美利坚合众国，同时又铲除了殖民时期封建残余的长子继承法、续嗣限定法和代役税，契约奴制也基本上废除，从而解放了生产力，为美国资本主义的发展开辟了宽广的道路。

主要事件

约克敦战役

时间：1781年9月28日

地点：弗吉尼亚半岛顶端的约克敦

人物：华盛顿、德格拉斯、康沃利斯

结果：英军战败，北美大陆战事基本停止

> **读一读** 法国大革命（1789年~1799年），是法国新兴的资产阶级领导的、各阶层广泛参与、为推翻封建统治和反对外来干涉所进行的革命战争。它是世界历史上一次彻底的资产阶级革命。

法国大革命

18世纪晚期，路易十六统治的波旁王朝在政治、经济和社会意识方面都已经出现全面危机：法国社会被分成三个等级，第一等级是教士，第二等级是贵族，他们是居于统治地位的特权阶级，占人口总数不到1%，却占有全国土地数量的三分之二，且不承担任何纳税义务，资产阶级、城市平民和广大农民是第三等级却承担着国家的赋税和其他封建义务，因此阶级对立关系日益尖锐，随时都有爆发革命的可能；资本主义经济已有很大发展，纺织业、冶金业和采矿业的发展最为迅速，对外贸易也得到迅速发展，但封建政府不断提高税收、在全国各地设立关卡，资产阶级对此十分不满；资产阶级启蒙思想广泛传播，涌现出了伏尔泰、孟德斯鸠、卢梭、狄德罗等一大批思想开明的人物，天赋人权、君主立宪、三权分立、主权在民等思想日益深入人心；专制王朝已经非常腐朽，对外战争屡遭败绩，挥霍无度使得法国的财政赤字增加、负债累累……可见，封建王朝的专制统治已成为法国社会发展的障碍，其统治危机使它无可挽回地陷入了绝境，终于引来了大革命的爆发。

1789年5月5日，路易十六在凡尔赛宫召开三级会议，希望在会议中讨论增税、限制新闻出版和民事刑法问题，并且下令不许讨论其他议题。而第三等级代表不同意增税，并且宣布增税非法。6月17日，第三等级代表宣布成立国民议会，国王无权否决国民议会的决议。于是路易十六关闭了国民议会，宣布它是非法的，其一切决议无效，命令三个等级的代表分别开会。7月

巴黎市民攻占巴士底狱

9日,国民议会宣布改称制宪议会,要求制定宪法,限制王权。路易十六意识到这危及了自己的统治,立即调集军队企图解散议会。

为支持制宪议会,7月12日,巴黎市民举行声势浩大的示威游行。次日,市民与来自德国和瑞士的国王雇佣军展开战斗,在当天夜里就控制了巴黎的大部分地区。7月14日,群众攻克了象征封建统治的巴士底监狱。从此,法国大革命爆发。

随着起义的进行,代表大资产阶级和自由派贵族利益的君主立宪派(雅各宾俱乐部、科德利埃俱乐部成员)夺取巴黎市府政权,建立了国民自卫军。国王不得不表示屈服,承认了制宪议会的合法地位。8月26日,制宪会议通过《人权与公民权宣言》(简称《人权宣言》),确立人权、法制、公民自由和私有财产权等资本主义的基本原则,宣布人与人生来是而且始终是自由的,在权利方面是平等的,财产权是神圣不可侵犯的。议会还颁布法令,废除贵族制度,取消行会制度,没收并拍卖教会财产。

10月份,国王路易十六再次筹划利用雇佣军推翻制宪议会,但还是失败了,王室被迫从凡尔赛宫迁到巴黎。

1791年6月20日,路易十六乔装出逃,企图勾结外国力量扑灭革命,但中途被识破押回巴黎。广大群众要求废除王政,实行共和,但君主立宪派则主张维持现状,保留王政。君主立宪派制定了《一七九一年宪法》,召开立法会议,维护君主立宪制,反对革命继续发展。7月16日,君主立宪派从雅各宾党中分裂出去,另组斐扬俱乐部。

第一、二等级和大资产阶级取得了妥协,但和占法国人口大多数的农民和城市平民的矛盾依然没有缓和,于是巴黎人民再次起义。1792年8月10日,雅各宾派领袖罗伯斯比尔、马拉、丹敦领导反君主制运动,攻占国王住宅杜伊勒里宫,拘禁了国王、王后,打倒波旁王朝,推翻了君主立宪派统治,逮捕了国王路易十六。

巴黎人民起义后，吉伦特派取得政权。9月20日，法国军队在瓦尔密战役中打败外国干涉军。9月21日，国民公会开幕。次日，法兰西第一共和国成立。1793年1月21日，国民公会经过审判，以叛国罪处死路易十六。

吉伦特派当政以后，把主要力量用于反对雅各宾派和巴黎无套裤汉（贵族对平民的讥称，主要成分是小手工业者、小商贩小店主和其他劳动群众，也包括一些富人）。从1792年秋季起，人们不满他们的温和政策，要求打击投机商人和限制物价。代表贫苦劳动群众利益的忿激派要求严惩投机商，全面限定生活必需品价格，而吉伦特派却颁布法令镇压运动。而这时，法国军队已经打到了国外。欧洲各国非常害怕，在1793年2月，普鲁士、奥地利、西班牙、荷兰、萨丁尼亚、汉诺威、英国成立了第一次反法同盟，对法国进行武装干涉。吉伦特派无力抵抗外国军队，巴黎人民于5月31日~6月2日发动第三次起义，推翻了吉伦特派的统治，建立起雅各宾专政。

雅各宾派专政后，6月3日~7月17日颁布3个土地法令，使大批农民得到土地。6月24日，颁布《雅各宾宪法》，废除封建所有制。7月，改组并加强作为临时政府机关的救国委员会，并把投机商人处决。10月底，把吉伦特派及其支持者斩首。1793年底~1794年初，将外国干涉军全部赶出国土，国内的叛乱也基本平息。

1794年3月~4月，雅各宾派内部开始了激烈的斗争。罗伯斯比尔实行恐怖政策，马拉被暗杀，他以搞阴谋的罪名处死了雅各宾派中与他政见不和的丹东、埃贝尔等人，使雅各宾派趋于孤立。对此，人民开始反对罗伯斯比尔的独裁统治。

1794年7月27日，国民公会中反罗伯斯比尔的热月党人发动"热月政变"，推翻了罗伯斯比尔并将他斩首，并成立了新的革命政府督政府。他们清除了罗伯斯庇尔时期的革命恐怖政策和激进措施，建立了资产阶级的正常统治，维护了共和政体，在法国国内维护了资产阶级革命的成果。

但此时，法国的外患依然存在，政局仍然不稳。1799年，英国又组成第二次反法联盟，以西哀士为首的右翼势力要求借助军人力量控制局面。11月

9日（共和八年雾月18日）拿破仑·波拿巴特发动"雾月政变"，结束了督政府的统治，建立起临时执政府，自任执政。法国大革命匆匆收场。

· 简 评 ·

法国大革命摧毁了法国封建专制制度，促进了法国资本主义的发展，同时也震撼了欧洲封建体系，推动了欧洲各国的革命。

主要事件

第一次巴黎人民起义

时间：1789年
地点：巴士底监狱
人物：路易十六、巴黎市民
结果：攻克巴士底监狱，法国大革命爆发

> **读一读** 拉丁美洲独立战争（1791年～1826年），是拉丁美洲人民反对西班牙、葡萄牙等国殖民统治的解放战争。从海地独立战争开始，这场战争前后持续了36年，席卷整个拉丁美洲，在美洲以及在人类的历史上都占有很重要的地位。

拉丁美洲独立战争

自哥伦布发现美洲（1492年）后，西班牙、葡萄牙、法国等国便将拉丁美洲劫为自己的殖民地，通过政治、军事、经济和宗教机构，对殖民地人民和资源进行残酷的剥削、掠夺和镇压。

15世纪末至16世纪中叶，随着欧洲大国争霸的日趋激烈，传统强国西班牙和葡萄牙的国势日益衰落，美洲人民趁此机会开始反抗腐朽的殖民统治。最早起来反对欧洲殖民统治并取得成功的是海地人民。

海地岛于1492年为哥伦布发现，随即沦为西班牙的殖民地。1697年，海地岛的西部转归法国所有，东部仍属于西班牙。白人只有4万左右，最底层的50万黑人奴隶却一向受到最残酷的压迫。1791年8月22日，在法国资产阶级革命的影响下，海地的黑人终于举行了大规模的起义。海地起义军首先赶走西班牙殖民者，接着又在1798年10月迫使法国撤走全部侵略军。1802年，拿破仑的两万大军前来镇压起义军，结果伤亡惨重。后来，法军运用诡计，借谈判的机会逮捕了起义军领导人杜桑·卢维杜尔，并把他押送法国，最后致其死于狱中，这激起了海地人民更大的反抗。全体黑人手执武器，奋起保卫祖国。1802年底，法军连吃败战，只得龟缩到几个大城市中去，到1803年底遭到全军覆灭的命运。1804年1月1日，海地正式宣布独立，拉丁美洲第一个独立国家诞生了，它揭开了拉丁美洲独立战争的序幕。

在海地独立战争的影响下，其他各个西属拉丁美洲殖民地于1810年开始了独立战争。独立战争开始后，很快就形成了三个中心：委内瑞拉、墨西哥、阿根廷。

1810年4月19日，委内瑞拉首府加拉加斯爆发起义。7月5日，米兰达宣布成立委内瑞拉第一共和国。但是，西班牙殖民者于1812年攻占该城，共和国被绞杀。1814年1月，玻利瓦尔建立委内瑞拉第二共和国。7月，西班牙殖民者重新集结兵力，第二共和国又被摧毁。1816年，玻利瓦尔重整旗鼓，继续战斗。1818年10月，委内瑞拉第三

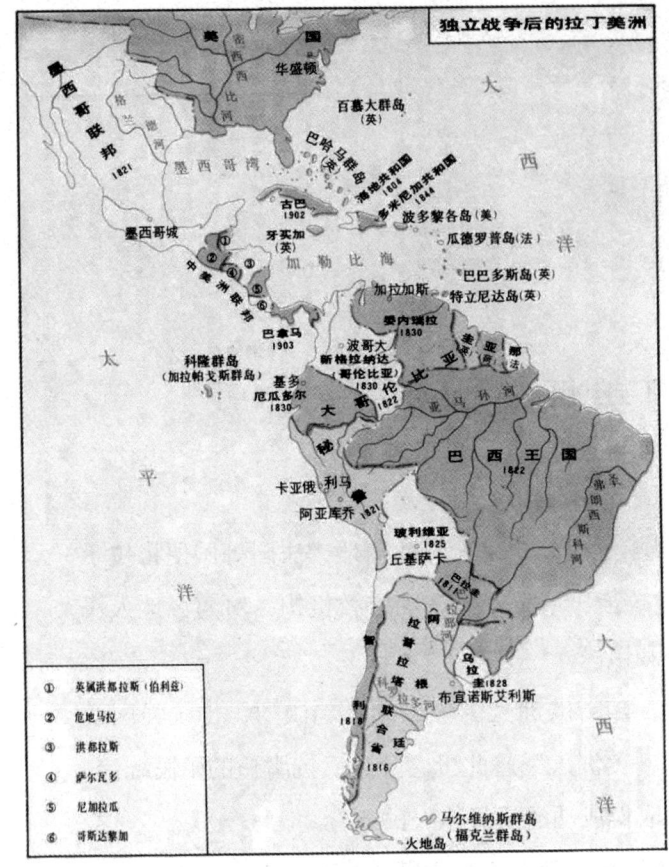

独立战争后的拉丁美洲

共和国宣告成立。1819年5月，玻利瓦尔越过安第斯山，于8月解放了波哥大。12月，大哥伦比亚共和国宣告成立，玻利瓦尔自任总统。1821年，厄瓜多尔宣布独立，加入了大哥伦比亚共和国。

1810年9月16日，墨西哥北部多洛雷斯爆发了农民起义，起义军人数达8万余人。起义军开始先占领了墨西哥中部的一些城市，随后乘胜向墨西哥城进军。1811年初，起义军遭敌人伏击受挫。3月，因叛徒出卖，领导人伊达尔哥被俘就义。伊达尔哥牺牲后，他的学生莫雷洛斯继续领导革命斗争。到1811年底，起义军解放了墨西哥南部大部分领土。1813年11月6日，解放区通过了《墨西哥主权和独立宣言》，次年10月又颁布了共和国宪法。1815年，莫雷洛斯被捕牺牲，但墨西哥人民仍然继续进行斗争。1821年，墨西哥

共和国成立。受墨西哥革命影响，中美洲其他一些地区纷纷宣布独立，并在1823年成立"中美联合省"。1822年，巴西脱离葡萄牙而独立。

阿根廷地区独立战争的杰出领导人是阿根廷民族英雄何塞·圣马丁。1817年，圣马丁带着他的远征军（其中三分之一是黑人）开始了翻越安第斯山的壮举。1818年4月5日在以沃依金斯为首的爱国军的协助下，他们在智利首都圣地亚哥大败殖民军，攻入智利。1818年，智利宣告独立。1820年8月，圣马丁为了不让敌人有喘息的机会，率军从智利经海上前往秘鲁。北上军队顺利登陆，占领秘鲁总督区首府利马。1821年7月，秘鲁独立。

秘鲁独立后，东部尚未解放，而玻利瓦尔领导解放的厄瓜多尔与秘鲁相邻，于是圣马丁主动与玻利瓦尔联系，将完全解放秘鲁的任务交给玻利瓦尔。1823年9月，玻利瓦尔进军秘鲁，于1824年6月在胡宁平原大败敌军。12月9日，在阿亚库乔的决战中，起义军取得决定性胜利。1825年8月25日，秘鲁全境解放。为纪念玻利瓦尔，秘鲁改名为玻利维亚。

1826年1月23日，西班牙军最后的残余力量无力再战，宣布投降。至此，西班牙在拉丁美洲的殖民统治全部垮台。

· 简 评 ·

拉丁美洲独立战争摧毁了西班牙在拉丁美州的殖民统治，拉丁美洲除古巴外均获得独立，开始确立共和制和代议制，沉重打击了奴隶制和封建制，为资本主义发展创造了条件。

主要事件

阿亚库乔战役

时间：1824年12月9日

地点：阿亚库乔平原

人物：玻利瓦尔

结果：西军遭围歼，秘鲁全境解放

> **读一读**
>
> 拿破仑战争（1799年~1815年），是指新兴的资产阶级法国为巩固资产阶级革命的成果，适应资本主义发展的需要，凭借大革命所造成的先进的政治、军事制度和它所组建的富有革命性及战斗力的军队，同腐朽、落后的反法联盟军队进行的一系列武装斗争。

拿破仑战争

1789年，法国大革命的爆发让欧洲各王室感受到了威胁。1792年，法国国民公会宣布：废除国王路易十六并处决，成立法兰西第一共和国。新兴的资产阶级对封建阶级的威胁是如此严重，欧洲各国于是公开出兵干涉。

1793年，奥、普、英、荷、西、撒丁、那不勒斯等国家结成第一次反法联盟，出兵进攻法国，遭法国民军顽强抵抗。1796年~1797年，拿破仑·波拿巴特率军进攻意大利，取得了蒙特诺特、洛迪、里沃利等一系列作战的胜利，迫使奥地利于1707年10月签订《坎波福米奥和约》，从而促使第一次反法联盟彻底瓦解。

1798年12月，英国联合俄、奥、葡萄牙、土耳其和那不勒斯等国，结成第二次反法联盟，企图推翻法国督政府，夺回被法国占去的领土。在联军进攻下，法军在北意大利、

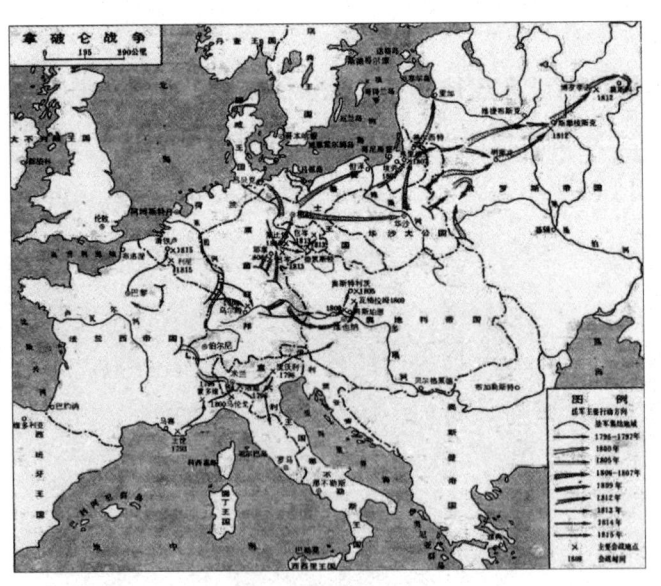

拿破仑战争路线图

荷兰与多瑙河上游等地区相继失败。次年10月，远征埃及的拿破仑·波拿巴特返回法国，于11月9日发动政变，成立以他为第一执政的执政府。从此，拿破仑·波拿巴特掌握了法国的军政大权，并发动了一系列战事，史称拿破仑战争。

1800年5月，拿破仑·波拿巴特率军攻入意大利，于6月取得马伦戈会战的胜利。12月，法军又在霍恩林登击败奥军。1801年2月，奥两国签订《吕内维尔和约》，第二次反法联盟随之解体。

1805年4月~8月，英、俄、奥、瑞典和西西里王国等国结成第三次反法联盟，商定由奥俄出兵50万，在大陆进攻法国。结果，法军大败俄奥联军，法奥签订《普雷斯堡和约》，俄军撤离奥地利，第三次反法联盟失败。

1806年9月，英、俄、普、萨克森和瑞典等国结成第四次反法联盟。10月14日，法军与普萨联军在耶拿和奥尔施泰特交战，联军惨败，法军乘胜席卷普鲁士。11月，俄国对法宣战。1807年2月和6月，法俄两军在埃劳和弗里德兰进行会战，俄军失败。随后，法国同俄、普分别签订《蒂尔西特和约》，第四次反法联盟宣告破灭。

1807年11月，法军入侵葡萄牙。1808年3月~4月，法军抢占西班牙的战略要地，并占领马德里。从此，法军开始了延续6年多的伊比利亚半岛战争。几十万法军被困在半岛人民和英国远征军的游击战火之中，直到法兰西帝国覆灭为止。

1809年1月，英国和奥地利结成第五次反法联盟。拿破仑·波拿巴特虽然开始两线作战，并在5月21日~22日的阿斯璃恩—埃斯灵会战中，遭到了自他统兵作战以来的第一次失败，但到7月5日~6日进行瓦格拉姆会战时，他又再次将奥军击败，并通过《申布伦和约》的签订，使第五次反法联盟自行解体。

1812年6月，拿破仑·波拿巴特率大军60多万人入侵俄国。战争初期，俄军被迫后撤。8月17日进行斯摩棱斯克会战后，俄军继续后退。9月14日法军进入莫斯科。10月18日，俄军开始反攻，法军被撤出莫斯科，尔后节节败退，到12月，几乎全军覆灭。拿破仑·波拿巴特的侵俄战争，以丧失50多万人的惨败告终。

1813年2月，俄普结盟。3月，普鲁士对法宣战。随后，俄、英、普、西、

比利时人在滑铁卢铸造的拿破仑像

葡和瑞典等国结成第六次反法联盟（奥地利于8月加入）。在这次抗击联盟的战争中，拿破仑·波拿巴特多处转战，虽然接连获得小胜，但却还是挡不住联军的多路逼进。3月30日，巴黎守军投降。4月6日，拿破仑·波拿巴特被迫退位，并被放逐到厄尔巴岛。

1815年3月1日，拿破仑·波拿巴特从厄尔巴岛秘密逃回法国，20日进入巴黎，重新掌握政权（史称"百日"王朝）。出席维也纳会议的俄、英、普、奥、瑞典等国代表当即结成第七次反法联盟，决定出兵70万，分5路进攻法国。6月，拿破仑·波拿巴特率法军主动出击；16日进行利尼会战，普军失利后退；18日进行滑铁卢会战，英军在普军配合下彻底击败法军。拿破仑·波拿巴特逃回巴黎，22日再次退位，被放逐到圣赫勒拿岛，直至去世。

• 简 评 •

一系列的拿破仑战争为欧洲及美洲都带来了翻天覆地的改变。这些战斗可说是自1789年法国大革命所引发的战争的延续。拿破仑战争促使欧洲各国封建秩序从根本上发生动摇，同时又推动了欧洲资本主义的发展，加速了欧洲的历史进程。但是，拿破仑战争也有侵略的一面，而且它的侵略性质到战争后期越来越明显了。

主要事件

滑铁卢会战

时间：1815年6月18日
地点：比利时小镇滑铁卢
人物：拿破仑·波拿巴特
结果：英普联军获得决定性胜利

> 读一读
>
> ●●●●● 第二次美国独立战争（1812年～1914年），也称第二次美英战争，是美国人民在独立战争后为维护国家主权和独立再一次与英国进行的战争。

第二次美国独立战争

在独立战争中获胜后，美国积极发展本国经济，并开始了拓疆运动。1803年，美国用1500万美元从法国手中购入了路易斯安那，使美国国土面积扩大了一倍。英国政府对此甚为恐慌。为了防范领土面积不断扩大、经济势力日益增强的美国，英国妄图卷土重来，使美国重新沦为自己的殖民地。

英国不断从经济、军事和政治上对美国施加压力。19世纪初，英法两国都严禁美国与欧洲其他国家通商，打击其海外贸易。拿破仑战争爆发后，英国为了加强对法国封锁，更是经常劫掠美国船只，强征美国水手，封锁美国海港。同时，英国还从加拿大给反抗美国人的印第安人部落提供武器。如此，美国虽然取得了独立，但每每受英国的压制，美国人深感不满，美英矛盾不断加剧。于是，1812年6月18日，美国向英国宣战，第二次美国独立战争爆发。这次战争分为三个阶段。

第一阶段（1812年～1813年春）：战争初期，美国鉴于英国正在忙于拿破仑战争而在北美的兵力薄弱，遂从大湖区主动进攻，企图夺取加拿大，但是由于指挥不力、美军纪律松弛、后勤供应不足、民兵不愿支援正规军作战等原因，屡遭挫败。

第二阶段（从1813年春～1814年初）：1812年底，拿破仑征俄失败，法国受到削弱，英军得以从拿破仑战争中抽身，遂转守为攻，大批英国海军赶到北美，控制了制海权。英国海军封锁了美国东海岸，并于1813年捕获了美国船只 200 多艘。美国舰船避在港内，难有作为，仅有个别美舰突破了封锁在外海作战。在地面上，英国兵力仍然不足。美军继续从大湖区进攻加拿大，控制了伊利湖，袭击了多伦多等加拿大边境城市。然而，两路美军对加拿大重镇蒙特利尔实施的分进合击却半途而废。此外，美国在这一阶段开辟了南方新战场，安德鲁·杰克逊借口西班牙在欧洲同英国并肩作战，企图夺取西属佛罗里达，同时野蛮屠杀克里克印第安人，抢占他们的土地。

第三阶段（1814 年）：拿破仑战争结束后，英国大量调集陆海军增援北美战场，从加拿大、切萨皮克湾和新奥尔良 3 个方向全面反攻。1814 年 7 月 5 日，大湖区英美两军在奇珀瓦河交战，互有胜负。25 日兰迪之战，美军遭重创，但英军亦丧失追击能力。至此，美国放弃了夺取加拿大的计划。8 月 19 日，罗斯率领英军 5400 人在奇萨比克湾本尼迪克特登陆，25 日击溃仓促集结保卫华盛顿的美军，火烧美总统府和国会大厦等建筑物。詹姆斯·麦迪逊总统被迫逃亡到弗吉尼亚，美国人士气大挫。英国的这次侵犯，激起了美国人民的爱国热情，美军士气高涨。接着，英军在进攻巴尔的摩和普拉茨堡时都受到了美国军民的强烈抵抗，遭受重创。9 月，英军一部从尚普兰湖南下纽约，因配合其行动的英分舰队被美歼灭，遂中途撤回加拿大。英军全面进攻受挫，士兵厌战情绪加深，被迫和谈。

美英双方签订《根特条约》

1814 年 12 月 24 日，美英签订《根特和约》，英国再次确认美国的独立地位。同时，美国也放弃对加拿大的领土要求。至此，第二次美国独立战争结束。美国取得胜利。

· 简　评 ·

经过第二次美国独立战争后，美国彻底摆脱了英国政治和经济的压迫，赢得了真正独立，从而为工业革命深入开展扫清了道路。但这场战争同时又包含着美国对外扩张和对印第安人进行大屠杀等消极因素。

主要事件

奇萨比克战役

时间：1814年8月19日

地点：奇萨比克湾

人物：罗斯

结果：英军胜利

> 读一读
>
> ●●●● 希腊独立战争（1821年~1830年），也称希腊革命，或称希腊民族解放革命，是希腊人民为了反抗奥斯曼土耳其帝国的统治而进行的争取民族解放的独立战争。

希腊独立战争

从拜占庭帝国（1453年）灭亡以后，希腊就长期处在奥斯曼土耳其帝国的统治下，广大人民饱受土耳其封建主的残酷压迫，他们被强迫履行各种封建义务，内心非常不满。进入19世纪之后，希腊资本主义经济获得一定发展，人民的民族解放意识加强，而这时的土耳其帝国境内暴动、反叛活动此起彼伏，统治阶级统治昏庸无能，这一切都给希腊独立战争创造了良好的时机。

1821年3月4日，侨居俄国的希腊"友谊社"总负责人依普希兰狄斯越过俄国国界，率领起义军在罗马尼亚的雅西号召希腊人民起义，国内人民纷纷响应。3月23日，起义波及伯罗奔尼撒半岛南部各区。4月7日，斯佩采岛宣布起义，支援伯罗奔尼撒半岛起义。4月22日，普萨拉宣布起义。4月28日，伊德拉岛起义军民控制科林斯地区。5月7日，阿提卡地区的武装村民冲进雅典，迫使土军退守科林斯城。至此，起义军几乎席卷整个希腊的大部分陆地和爱琴海许多岛屿。10月5日，起义军攻占伯罗奔尼撒首府特里波利斯，伯罗奔尼撒全境除少数据点外，都获得了解放。1822年1月，起义军在厄皮道尔召开首届国民议会，宣布希腊独立，成立国民政府。

面对希腊人民的胜利，土耳其政府不甘心失败，开始对起义军血腥镇压。1822年3月，土军在希俄斯岛屠杀2.3万希腊人，并将4.7万希腊人卖为奴隶。6月，土军3万人进攻伯罗奔尼撒半岛，起义军利用复杂地形设伏，几乎全歼土军。希腊起义军的胜利严重挫伤了土军的士气，土军陷入一片混乱。然而，希腊起义军领导集团内部在这时发生了分裂，军政首脑忙于权力之争，贻误了有利战机。起义军未能乘土军混乱之际，扩大战果。1823和1824年，起义军因内部纷争导致与官方政府间发生两次内战，力量严重削弱。

1825年，土耳其和埃及联军乘机卷土重来，镇压希腊革命。3月，埃及的易卜拉辛统率9万陆海军在伯罗奔尼撒半岛南端的麦索尼登陆。1826年4月，土、埃联军攻破了长期围困的战略要地迈索隆吉翁。8月，雅典陷落。至此，希腊大部国土沦丧，起义军严重受挫，但是希腊人民并未停止斗争，仍坚持游击战。

希腊独立战争仍在继续，对欧洲大国利益的影响也在加深，促使俄、英、法等国开始关注希腊。1827年7月6日，英、法、俄三国为争夺对希腊地区的控制权，签订了《伦敦三国条约》，要求土、埃撤军，但遭到土、埃的拒绝。于是，三国决定派出联合舰队攻打土、埃联军的舰队。同年10月20日，总指挥官科德林顿率领三国联合舰队

纳瓦里诺海战纪念币

与易卜拉辛的土、埃舰队进行了有名的纳瓦里诺海战，摧毁了土、埃舰队，打垮了土耳其的战争潜力，使其进入战略收缩态势，而希腊独立战争的形势重现光明。

1828年4月，俄土战争爆发。1828年~1829年，希腊军民利用土耳其陷入俄土战争无暇西顾之机，大举出击，解放了大片国土。1829年9月，俄土签订《亚得里亚堡条约》，土耳其被迫接受英法俄《伦敦三国条约》。1830年4月，土耳其正式承认希腊独立。

• 简 评 •

希腊独立战争之所以胜利，首先是希腊人民浴血奋战的结果，其次是有利的国际环境起到了一定的作用。战争始终得到欧洲进步人士的同情和支持，

尤其是随着战事的发展和变化，欧洲列强出于各自的目的参与战争，客观上牵制了土军力量，削弱了土军的战斗力，为希腊人民争取独立战争的最后胜利，创造了有利的条件。

希腊独立战争不仅为希腊赢得了独立，而且推动了巴尔干其他地区的民族解放斗争，对欧洲乃至世界产生了深远的影响。

主要事件

纳瓦里诺海战

时间：1827年10月20日

地点：伯罗奔尼撒半岛西南沿岸纳瓦里诺湾

人物：科德林顿

结果：三国联合舰队胜利

> 读一读
>
> 英缅战争（1824年~1895年），是英国为把缅甸变为英属殖民地而发起的侵略战争。

英缅战争

缅甸位于中国、印度两国之间，是连接南亚与东南亚的纽带，战略地位十分重要。18世纪中叶，英国在取得对印度的控制权后，便多次派人前往缅甸谈判，企图迫使缅甸与其签订不平等条约，并进行侦察活动，为其对缅甸殖民扩张做准备。到19世纪初，为了打通印度与马来半岛英属殖民地的联系，并打开从西南入侵中国的门户，进一步扩大对亚洲国家的殖民侵略，英国便把侵略扩张的矛头指向了缅甸。在1824年至1895年的70多年时间里，英国殖民统治者连续对缅甸发动了三次侵略战争。

第一次侵缅战争（1824年~1826年）：1824年3月5日，英国借口缅甸

仰光之战

第三部分 近代战争

威胁英属印度的安全对缅发动战争。英军凭借优势兵力，接连胜利。1826年2月，英军进占蒲甘和杨达波。2月24日，缅甸政府被迫签订《杨达波条约》。条约规定，缅甸交出1000万卢比的赔款，承认曼尼普尔、卡恰尔、贾因提亚为英国领地，把丹那沙林、阿萨姆和阿拉干割让给英国。

第二次侵缅战争（1851年~1862年）：1851年，仰光市长处罚了两名违法的英国船长。英国借口缅甸虐待英商，发动了第二次侵缅战争。同年11月17日，印度总督达贺胥侯爵派海军准将兰伯特率舰队到缅甸挑衅。1852年2月18日，达贺胥侯爵向缅甸发出最后通牒，要缅甸政府负担兰伯特舰队从印度到仰光所耗费用，并且仰光市长要向被处罚的英国船长赔礼道歉、赔偿损失。4月1日，戈德温率领的英印殖民军队向缅甸发动进攻，抢占缅甸南部沿海城市和三角洲地区，10月进占卑谬，12月推进到美荻。12月20日，达贺胥侯爵宣布下缅甸为英国殖民地。不堪忍受英国殖民统治的缅甸各族人民展开了长期顽强的斗争，英殖民当局用了5年时间才控制了这一地区。1862年，英国殖民者把阿拉干、丹那沙林和勃固三个地区合并组成"英属缅甸"，加强了对下缅甸的殖民统治。

第三次侵缅战争（1885年~1895年）1885年10月22日，英国借口缅甸政府对英资孟买缅甸贸易公司贩运柚木偷税漏税活动处以罚款是迫害英国商人，在11月14日向缅发动了进攻，仅用了14天时间就占领了曼德勒。1886年1月1日，上缅甸被宣布为英属殖民地。英国殖民者的强盗行径激起了缅甸各族人民的强烈反抗，各地抗英斗争此起彼伏，声势浩大，给侵略者以沉重打击。英军占领曼德勒以后，增兵4万人，耗费大量军费，花了10年时间，到1895年才把各地的抗英斗争镇压下去。至此，整个缅甸成为英国的殖民地，英缅战争结束。

· 简 评 ·

英缅战争对缅甸的社会历史发展产生了巨大的影响，它中断了缅甸封建专制王朝独立发展的进程，使缅甸从一个独立的国家沦为英属印度的一个省，为英国大量掠夺缅甸资源、扩大殖民侵略,打开了通路。

主要事件

仰光之战

时间:1852年4月1日

地点:缅甸南部沿海城市和三角洲地区

人物:戈德温

结果:下缅甸沦为英国殖民地

> 读一读
>
> 祖鲁战争（1838年～1870年），是荷兰后裔布尔人和英国殖民者对南非祖鲁人进行的侵略战争。

祖鲁战争

1652年，荷兰东印度公司在南非建立了第一个白人定居点。随着荷兰移民的增加，定居点发展成为开普敦，又以开普敦为中心扩大为开普殖民地。在这里，荷兰移民掠夺土著人的土地，建起了农场和牧场，驱赶黑人劳动，自己成为奴隶主。荷兰移民的后裔被称为布尔人。1785年、1806年，英国两次占领开普殖民地，1815年正式把南非据为己有，这引起了布尔的人的不满，遂与英国人发生冲突，结果导致了布尔人的一次人口迁徙。

从1836年开始，布尔人不得不向北和在东北方向寻找新的居住地，然而布尔人寻找居住地却伴随着对祖鲁人（南非土著居民南班图人的一支，居住在南非的纳塔尔、斯威士兰和莫桑比克的一些地区。19世纪初，祖鲁人在南非纳塔尔地区形成一个统一的国家）的掠夺。1837年，布尔人开进祖鲁王国，祖鲁人奋起反抗，祖鲁战争爆发。

战争初期，祖鲁军队多次打败了布尔人的进攻，士气大振。接着，祖鲁人又打败了布尔人的两支援军，以及英国援军。布尔人遭到殖民远征以来最严重的损失，实力减少十分之一，领导层出现分裂，布尔人四外逃散。但是在取得初战胜利后，祖鲁国王丁干没有乘胜追击，而是过早地偃旗息鼓，为布尔人卷土重来提供了机会。

1838年12月15日，布尔人领袖比勒陀利乌斯率领一支由464人、57辆牛车、2门火炮组成的军队在恩康姆河上向祖鲁人发起强大攻势。祖鲁人在丁干领导下,用长矛抗击枪炮的进攻,经过艰苦奋战,在恩康姆一战中终被击败,祖鲁人损失惨重,伤亡3000多人。现在,南非统治者把12月16日定为固定的休假日,以庆祝白人在这一战中的胜利,而南非民主力量则把它定为"丁干日",把它看作非洲人民英勇抗击外来侵略的象征。此后,因双方力量对比悬殊,祖鲁人连遭失败。最后,布尔人侵占了从图格拉河以北直到黑乌姆福齐河之间的大片土地,祖鲁王国只剩下纳塔尔最北部的土地。布尔人在占领的祖鲁人土地上建立了纳塔尔共和国。但是,布尔人好景不长。1843年,布尔人的共和国便被英国殖民者吞并。

19世纪50年代,祖鲁王国经历了一场内战。经过战斗,反对卑躬屈膝的卖国政策的南非祖鲁人的杰出领袖克特奇瓦约执掌国政。执政后,他重整国力,实行严格的军事制度,建立起了一支有40万人、装备几百条枪、善于骑射的强大军队。此时,正值英国殖民者扩大对南非侵略的时期。在1871年侵占金刚石产地西格利夸兰、1877年吞并德兰士瓦后,英国殖民者把下一个目标瞄向了祖鲁王国。

1879年1月,英国切尔姆斯福德勋爵率领约1.3万英军分三路向祖鲁进犯。祖鲁国王克特奇瓦约统率3万军队迎战英军。1月22日,克特奇瓦约在伊桑德尔之战中重创英军主力,歼其1600余人,但未乘胜反攻。3月,英国增援部队到达。7月4日,英军集中兵力向祖鲁首都乌隆迪发动进攻。祖鲁人顽强抗击,终因装备落后,力量对比悬殊而失败,克特奇瓦约投降。战后,祖鲁被英国殖民当局分割成13个小酋长国。1887年,祖鲁正式被英国吞并。

◆ 简 评

祖鲁战争的结果虽然是祖鲁王国灭亡,英国确立了对南非的殖民统治,但祖鲁人所表现出来的前仆后继、英勇顽强抵抗外族侵略的民族精神赢得了世界人民的称赞,在南非人民反抗殖民侵略的斗争史上谱写了可歌可泣的篇章。

> **主要事件**
>
> **恩康姆战役**
>
> 时间:1838年12月15日
> 地点:恩康姆河
> 人物:勒陀利乌斯、丁干
> 结果:祖鲁人惨败

> **读一读**
>
> 英国阿富汗战争（1839年~1919年），是英国殖民者出于与沙俄争夺对中亚控制权的战略需要，企图将阿富汗纳入自己的势力范围，对其进行的侵略战争。

英国阿富汗战争

阿富汗是南亚西北端的一个内陆国家，东南接南亚次大陆，可下印度洋；西北邻中亚和西亚，能抵地中海。全国五分之四的面积为山地和高原，平均海拔3500多米的兴都库什山横陈境内，是中亚与南亚间的重大障碍。阿富汗特殊的地理位置和地形，使其成为南亚与中亚和西亚的交通要冲，战略地位十分重要，历来是兵家必争之地。

19世纪初，英国殖民者为建立从北非到印度的势力范围带，把矛头指向了阿富汗。而野心勃勃的沙俄为南下印度洋，夺取暖洋出海口，也对阿富汗垂涎三尺。南北两大势力不断在阿富汗发生碰撞。英国殖民者为与沙俄争夺对中亚地区的控制权，不惜三番五次出兵阿富汗，从1839年至1919年连续对阿富汗发动了三次侵略战争。

第一次侵略战争（1839年~1842年）：1839年4月，为了推翻多斯特·穆罕默德领导的亲俄阿富汗政府，建立傀儡政权，英军3万多人进军阿富汗。英军很快就攻占了坎大哈和加兹尼，兵临喀布尔城下。多斯特·穆罕默德向俄求援遭拒，只好逃到布哈拉避难，英国随即在喀布尔建立傀儡政权。

为回击英国侵略军，阿富汗人民揭竿而起，展开抗英游击战争。1841年11月2日，喀布尔爆发起义，各地游击队举行联合反攻。起义军英勇作战，势不可当，当晚就占领了喀布尔全城。随后，起义军攻占了喀布尔至巴拉·喜萨尔要塞间的全部据点，后又击毙英国公使麦克诺顿，英军被迫同意从喀布尔撤军。此后,游击队又包围了贾拉拉巴德和坎大哈,收复了加兹尼,英傀儡政权彻底垮台。

英国殖民者不甘心失败,增调援军,首先解了贾拉拉巴德和坎大哈之围,尔后从东、南两个方向大举进攻喀布尔。1842年9月,经浴血奋战,阿军终因力量悬殊,主动撤离了喀布尔。但阿富汗人民并没有屈服,抗英斗争更加高涨。英军唯恐再遭惨败,在救出人质后,慌忙于10月12日撤回印度。以后30多年,英国殖民者未敢再向阿富汗发动侵略战争。

第二次侵略战争(1878年~1881年):19世纪70年代,英俄两国在阿富汗南北两翼不断进行侵略扩张,将边界向前推进直接与阿富汗领土接壤,对阿构成新的直接威胁。阿富汗为寻求庇护,接受了沙俄提出的包括出兵援阿等条款的条约草案,拒绝了英国使团来访。英国殖民当局不能容忍阿与俄结盟,便以使团遭拒为借口出兵侵阿。

1878年11月,英军3.5万人分3路入侵阿富汗。因阿富汗统治者一心指望俄国援助,采取不抵抗政策,而这时沙俄的战略重点在欧洲,不愿在阿与英国摊牌,于是英军便很快占领了坎大哈、贾拉拉巴德等城。1879年5月

阿富汗河阿(对君主的称呼)亚库布向英军投降,随后签订《甘达马克条约》

26 日,阿富汗被迫同英国签订了丧权辱国的《甘达马克条约》,阿成为英国的附属国。

《甘达马克条约》的签订激起国内一片义愤。9 月 8 日,喀布尔再次爆发人民起义,愤怒的士兵和群众包围了殖民者官邸,杀死了英国总督。10 月 12 日,英军再度占领喀布尔,对爱国者和广大市民进行疯狂报复。各地抗英武装没有屈服,以加兹尼为基地,给英军以重创。

1880 年 7 月 27 日,抗英军 2.5 万人在坎大哈附近与英军打响了著名的迈万德会战。战斗开始后,抗英军首先以炮火压制敌两翼的炮兵和骑兵,掩护步兵前进。尔后,步、骑兵紧密配合,乘势发起猛攻,使英军溃不成军,只是援军赶到才免遭全歼。今天,当人们从查曼沿着乔迪梅旺德大街西行,有一个东方市场,市场中心的迈万德塔,是为纪念阿富汗的一位爱国女英雄而建的。在这次战斗中,阿富汗姑娘玛拉莱挺身而出,号召全村男子保家卫国,与阿军合击敌人,终于取得辉煌胜利。玛拉莱的英雄事迹传颂一时,她是阿富汗历史上第一位杰出的女性。

到了 12 月,10 万起义大军在喀布尔包围英军,英殖民当局调来大量增援部队才把抗英军镇压下去。

在阿富汗人民的英勇抗击下,英殖民当局被迫同阿富汗统治者签订妥协性协定,同意阿内政自主,但外交受英控制。1881 年 4 月,英殖民军放弃了侵占阿富汗的打算,全部撤出阿富汗。

第三次侵略战争(1919 年~1921 年):1919 年 2 月,阿富汗改革派控制政权后,宣布阿富汗独立,不承认任何外国特权,并采取联苏抗英的政策。英殖民者拒不放弃它在阿享有的特权,在阿边境集结兵力,准备发动新的侵略战争。

5 月 3 日,英国侵略军 3.4 万人分为 3 路入侵阿富汗。阿富汗人民为独立自由而战,奋起抗争,并得到了印阿边境少数民族起义军的大力支援。阿军的英勇抗击使英侵略军处境困难,被迫放弃了原来作战的计划。6 月 3 日,双方停火,进行谈判。1921 年 11 月 22 日,英阿签订和约,英国承认阿富汗独立。至此,阿富汗人民抗英战争取得了彻底胜利。

• 简 评 •

　　在英国、阿富汗战争中，世界上最强大的殖民帝国居然一次又一次地被一个弱小落后的国家击败，这在世界历史上实属罕见。它雄辩地证明，任何强国要想以武力征服一个生命力旺盛、民族意识强烈、反抗精神顽强的民族，都是注定要失败的。

主要事件

迈万德会战

时间：1880年7月27日

地点：迈万德地区

人物：玛拉莱

结果：英军溃不成军

> 读一读
>
> 鸦片战争（1840年~1860年），是指外国列强为瓜分中国而对中国发动的侵略战争。

鸦片战争

19世纪30、40年代，西方资本主义国家凭借工业革命使得国家竞争力迅速发展壮大。为了扩大商品市场、争夺原料产地，欧美列强加紧了征服殖民地的活动，中国的周边国家和邻近地区已经陆续成为它们的殖民地或势力范围。

中国是一个幅员辽阔、拥有丰富自然资源的国家。这时，清王朝的封建专制发展到了极点，腐朽不堪，人民群众的反抗斗争此起彼伏。于是，中国顺理成章地成为了殖民主义者侵略扩张的下一个目标。从1840年到1860年，帝国主义列强为瓜分中国发动了两次大规模战争。因为战争由鸦片贸易而起，所以史称鸦片战争。

第一次鸦片战争（1840年~1842年）：长期以来，中国对英国的贸易一直处于出超的位置。为了改变这种不利的贸易局面，英国向中国大量走私特殊商品——鸦片，毒害中国人民。1838年，道光帝派林则徐到广州查禁鸦片。1839年，林则徐收缴鸦片237万斤，在虎门海口尽数销毁。这就是历史上有名的"虎

虎门销烟

门销烟"。此事引起英国强烈不满。1840年6月，英军舰船47艘、陆军4000人在海军少将懿律及驻华商务监督义律率领下，陆续抵达广东珠江口外，封锁海口。鸦片战争自此开始。

英军在封锁了广州、厦门等海口后，接着沿海北犯。6月，英军攻占浙江定海（今舟山市）。8月，英军抵达天津大沽口外，要挟清政府谈判。道光帝被迫罢免林则徐，改任琦善为钦差大臣，赴广州议和。

1841年1月7日，英军不满谈判的进展，发起虎门之战。2月26日，英军又出动海陆军，攻破虎门各炮台和大虎山炮台，进逼广州。5月24日，英军对广州发起进攻，炮击广州城。清军敌不过英军，接受英方条件，纳银600万元，换取英军撤出广州地区。

为了进一步扩大侵略，英舰船37艘、陆军2500人在濮鼎查率领下于8月21日攻占福建厦门、鼓浪屿后，北犯浙江。随后，英军攻占定海、镇海和宁波。1842年3月，清军曾试图收复失地，但均遭失败。此后，道光帝已无心再战，派耆英赴江南，准备与英媾和。英军认为清政府诚意不够，不理照会，一路北上。7月27日，英舰队驶抵南京江面，清军已无力再战，全部接受英国侵略要求。

8月29日，耆英与濮鼎查签订了外国侵略者强加给中国的第一个不平等条约——《南京条约》。条约规定割让香港，开辟广州、厦门、福州、宁波、上海等五处为通商口岸，赔款2100万两。这次战争后，中国开始走向半殖民地、半封建社会。

第二次鸦片战争（1856年～1860年）：第一次鸦片战争后，西方资本主义列强相继侵入中国。但是，它们不满足已经取得的特权和利益，蓄意加紧侵犯中国主权，进行经济掠夺。

1856年10月8日，英国借口"亚罗"号船是英国船，以该船曾在香港英国当局注册（但已过期），中国水兵曾侮辱悬挂在船上的英国国旗（捏造），广东水师曾在船上逮捕了几名海盗和涉嫌水手为由，闯入虎门，攻占珠江沿岸炮台，炮轰广州城。

为了扩大侵略战争，英国政府于1857年3月任命前加拿大总督额尔金为全权代表，率领一支海陆军来中国。同时，英国向法国政府提出联合出兵的要求。法国政府以"马神甫事件"（又称"西林教案"，是指法国天主教神甫马赖违法进入中国内地活动，胡作非为，于1856年2月在广西西林县被处死一案）为借口，任命葛罗为全权代表，率军来华协同英军行动。

12月，英法侵略军5600余人（法军1000人）在珠江口集结，准备大举进攻。美国公使列卫廉和俄国公使普提雅廷也到达香港，与英、法合谋侵华。28日，英法联军炮击广州，并登陆攻城。当时，清政府正以全力镇压太平天国和捻军起义，对外国侵略者采取"息兵为要"的方针，没战多久便弃城投降。

广州陷落后，四国侵略者合谋继续北上。1858年4月，英、法、俄、美四国公使率舰陆续来到大沽口外，分别照会清政府，要求指派全权大臣进行谈判。俄、美的照会表示愿意充当"调停人"。英、法侵略者则以此拖延时间，加紧军事准备。

5月20日，英法军舰炮轰大沽炮台。因守将谭廷襄等毫无斗志，加以炮台设施陈陋，大沽很快失陷。26日，英法军侵入天津城郊，并扬言要进攻北京。清咸丰皇帝慌忙派大学士桂良、吏部尚书花沙纳为钦差大臣，赶往天津议和。6月26日、27日，桂良等分别与英、法订立中英、中法《天津条约》。

《天津条约》签订后，咸丰帝认为条约内容太过苛刻，要求换约。美、俄先后与清政府进行了换约，但是英、法政府远不满足从《天津条约》攫取的种种特权，蓄意利用换约之机再次挑起战争。

1860年2月，英、法当局分别再度任命额尔金和葛罗为全权代表，率领英军1.5万余人，法军约7000人，扩大侵华战争。4月，英法联军占领舟山。5月~6

圆明园

月，英军攻占大连湾，法军攻占烟台。7月，俄国公使伊格纳季耶夫和美国公使华若翰赶到渤海湾，再次以"调停人"为名，配合英、法侵华战争。

8月21日，大沽失陷。24日，侵略军占领天津。清政府再派桂良等到天津议和。英、法提出，除须全部接受《天津条约》外，还要增开天津为通商口岸，增加赔款以及各带兵千人进京换约。清政府予以拒绝，谈判破裂。随后，侵略军从天津向北京进犯。侵略军一路烧杀抢掠。其间，侵略军还放火烧了圆明园。

10月24日、25日，清政府被迫与额尔金、葛罗交换了《天津条约》批准书，并订立不平等的中英、中法《北京条约》。另外，俄国也趁机以"调停"有功为名，逼迫清政府订立中俄《北京条约》。至此，第二次鸦片战争结束。

简 评

鸦片战争后，中国丧失了更多的主权和领土，中国社会半殖民地化程度大大加深了。这使得中国的社会矛盾更趋激化，也促使有先进思想的中国人不断觉醒，走上救亡图存的道路。

主要事件

炮击广州城

时间：1841年5月24日

地点：广州

人物：懿律、义律

结果：广州城失守

> 读一读
>
> 美墨战争（1846年~1848年），是美国为了扩张领土、称霸美洲而对墨西哥发动的侵略战争。

美墨战争

美国独立后，便在北美大陆大肆扩张。1823年，总统詹姆斯·门罗提出"美洲是美洲人的美洲"的口号，确立了扩张领土、称霸美洲的基本国策。很快，美国政府的侵略目光便落到了近邻大国墨西哥身上。

1835年，墨西哥得克萨斯和加利福尼亚的美国移民奴隶主发动武装叛乱，墨西哥政府出兵镇压，美国竟直接出兵干涉，并支持得克萨斯于次年宣布独立。1845年7月，美国总统詹姆斯·波

波尔克

尔克正式宣布把得克萨斯并入美国的版图。对美国这种侵犯内政的行为，墨西哥非常不满，与美国的矛盾加剧，两国之间爆发了一些小冲突。借此，波尔克下令扎卡里·泰勒将军带兵进入得克萨斯。泰勒渡过纽埃西斯河，不顾墨西哥提出的撤军要求，一直进军到格兰德河畔并开始在那里建筑布朗堡。于是，冲突爆发。1846年4月24日，墨西哥骑兵进攻并俘虏了一支美国在格兰德河附近的部队。1846年5月13日，美国政府向墨西哥宣战，5月23日墨西哥向美国宣战，美墨战争正式开始了。

战争爆发后，美军企图以海军封锁墨西哥湾，以陆军兵分两路向墨西哥北部和西部进攻，夺占墨西哥首都，迫其政府就范。1846年5月18日，泰勒

美军进入墨西哥

将军率领6000名美军从得克萨斯南下,越过格兰德河向墨西哥北部进攻。阿里斯指挥的墨军对入侵的美军进行了节节抵抗。经过激战,美军于9月和11月先后占领了蒙特雷和萨尔蒂约。在此期间,由卡尼指挥的1600名美军于6月从得克萨斯西进,经过长途跋涉和零星战斗,顺利地攻占了新墨西哥和加利福尼亚。1847年1月13日,在圣费尔南多,墨西哥残余武装力量向美军投降。至年底,墨西哥大部分国土沦入美国之手。

从1847年2月开始,美国再次向作战前线大量增派兵力,企图攻下墨西哥城,控制整个墨西哥。3月9日,美国陆军总司令斯科特将军亲率美军1.3万余人在韦拉克鲁斯实施美国战争史上首次大规模的两栖登陆作战。美军登陆成功后,迅速向墨西哥城逼进。墨军集中3万兵力,在圣安纳总统指挥下,先后在墨西哥城外围的塞罗戈多、孔待雷拉斯、丘鲁武斯科、莫利诺德尔雷伊、查普特佩克等地,抗击美军进攻达数月之久。与此同时,民兵和游击队也不断袭扰美军的后方和补给线。9月14日,墨西哥城最后还是陷入了美军之手。

墨西哥城沦陷后,英勇不屈的墨西哥人民与美军展开了大规模的游击战。无奈之下,美军调集2万人专门同游击队作战,残酷镇压墨西哥人民的反抗。墨西哥政府本来可以抓住机会组织反攻,转败为胜。但墨西哥统治者一味妥协,还解除了圣安纳的总统职务,成立了以培尼亚为临时总统的新政府。培尼亚上台后,立即呼吁与美国举行和谈。1848年2月2日,美墨双方签订《瓜达卢佩·伊达尔戈条约》。条约规定,墨西哥正式割让得克萨斯、新墨西哥和加利福尼业共230万平方千米的土地给美国。至此,美墨战争结束。

· 简 评 ·

　　美墨战争是美国大陆扩张史和西进运动史上一次具有关键意义的战争，它使美国获得了西南部广阔肥沃的土地和丰富的资源，推动了西进运动的发展，有利于经济大国的布局，并加快了工业化的进程，美国从此一跃成为地跨大西洋和太平洋的大国。

　　但是，美墨战争对美国国内政治特别是围绕奴隶制的争论产生了重大影响，因为领土在西南扩张，南部奴隶主怀有在政治上维护和扩张奴隶制的意图，北方资产阶级则力图限制和反对奴隶制的扩张。于是，在这场奴隶制限制、反限制的斗争激化情况下，终于导致了美国内战的爆发。

主要事件

墨西哥城血战

时间：1847年

地点：墨西哥城及附近地区

人物：斯科特、圣安纳

结果：墨西哥城失陷

第三部分　近代战争

> **读一读** 匈牙利民族解放战争（1848年~1849年），是匈牙利人民为反对奥地利封建专制统治和民族压迫、争取民族独立而进行的资产阶级革命战争。

匈牙利民族解放战争

1699年，奥地利帝国打败土耳其，兼并了匈牙利的全部领土。从此，匈牙利便成了奥地利哈布斯堡王朝的附庸国。到19世纪，随着世界资本主义的不断发展和奥地利资本主义势力对匈牙利的渗透，匈牙利的资本主义也逐渐发展起来。匈牙利人民强烈要求摆脱奥地利帝国的统治，消灭封建农奴制度，建立一个由匈牙利人管理的，符合匈牙利资产阶级利益的统一国家，来保证匈牙利资本主义的充分发展。但是，哈布斯堡王朝和匈牙利的大贵族地主却千方百计地阻挠匈牙利资本主义的发展，实行极端专制的统治。于是，奥地利和匈牙利的民族矛盾、封建主义和人民大众的矛盾越来越尖锐化，造成了革命运动的兴起。

1848年3月15日，在匈牙利首都佩斯的匈牙利民族博物馆前，匈牙利民族民主革命的旗手、伟大的诗人裴多菲冒着大雨向集中在广场上的1万多名起义者高声朗读了他的《民族之歌》。群众跟着他高呼"我们宣誓，我们宣誓，我们永不做奴隶"，举行起义，从而揭开了匈牙利民族解放战争的序幕。

裴多菲

起义当天，起义军就控制了首都佩斯城。很快，革命的浪潮便波及到了全国。3月17日，奥地利被迫同意成立匈牙利责任内阁，但暗地里却在加紧调集军队。次日，匈牙利议会通过法令，宣布匈牙利在军事、财政上的独立自主和废除农奴制等措施。

9月11日，4万名奥军向匈牙利大举进攻。以科苏特为首的匈牙利国防委员会组织国民自卫军奋勇抵抗。29日，自卫军同奥军决战，一举击溃了奥军。10月7日，自卫军又包围了赶来救援的奥军并迫使他们投降，再次取得胜利。继而，自卫军将奥军逐出了国境。

12月中旬，奥地利不甘心失败，又出动11万人从四面八方同时向匈牙利发起疯狂进攻。面对来势汹汹的奥军，总司令戈尔盖企图妥协，进行消极抗战，致使多瑙河以西的国土陷入奥军手中。1849年1月5日，佩斯陷落，匈牙利国防委员会被迫迁至德布勒森。

3月4日，奥地利通过新宪法宣布，将匈牙利划为奥地利的一个行省。此举大大激起了匈牙利人民的普遍不满，坚守在东部和北部山区的自卫军积极开展游击战争。4月初，自卫军转入反攻，相继收复大片国土。4月14日，匈牙利议会通过了匈牙利独立宣言，废黜哈布斯堡王朝的统治，宣布匈牙利独立，科苏特被当选为国家元首。5月21日，自卫军光复佩斯。

匈牙利民族解放战争的巨大胜利，使国际反动派大为震惊。无力镇压匈牙利革命的奥皇急忙请求沙皇派兵援助，沙皇俄国竭力主张镇压匈牙利革命。5月29日，沙皇尼古拉一世派兵14万余人进攻匈牙利。匈牙利自卫军腹背受敌，处境非常危险。7月7日～11日，自卫军在科马罗姆与俄奥联军进行决战，遭惨败。7月31日，在吉格尔什瓦尔战役中，贝姆率领的外国志愿军被击败，裴多菲也在此役中英勇牺牲。8月11日，在戈尔盖等投降派的胁迫之下，科苏特交出了政权，流亡土耳其。13日，戈尔盖率领自卫军余部2万余人投降。9月27日，科马罗姆要塞陷落，自卫军向俄军投降。匈牙利民族解放战争最终失败。

· 简 评 ·

匈牙利民族解放战争虽然失败了,但它具有全欧意义和深远的历史意义。它沉重打击了奥地利和匈牙利的封建制度,推动了匈牙利资本主义的进一步发展,为被压迫民族的解放斗争树立了光辉的榜样。

主要事件

吉格尔什瓦尔战役

时间:1849 年 7 月 31 日

地点:吉格尔什瓦尔

人物:裴多菲

结果:俄奥联军胜利,裴多菲牺牲

> **读一读** 意大利独立战争（1848年~1870年），是意大利人民为争取民族独立、国家统一而与奥地利进行的战争。

意大利独立战争

意大利是古罗马帝国的核心，文艺复兴运动的发源地，欧洲资本主义的摇篮。但从中世纪起，它就长期陷入四分五裂、内乱不息的局面。从16世纪起，西班牙、奥地利和法国先后入侵意大利。到1815年维也纳会议后，意大利被肢解为八个封建邦国和地区，除撒丁王国外，均直接或间接受奥地利统治。为争取民族独立和国家统一，意大利人民进行了长期的武装斗争。

第一次独立战争（1848年~1849年）：1848年1月，西西里岛首府巴勒莫人民爆发起义，揭开了意大利独立战争序幕。3月18日，米兰人民发动起义，解放了米兰城。3月23日，撒丁国王阿尔伯特对奥宣战。4月，其他邦国相继参战。6月，奥军得到增援后转入反攻。7月，奥军重占米兰并围攻威尼斯城。8月9日，撒丁王国同奥地利签订停战协定，将伦巴底、威尼斯、帕尔马和莫德纳等地割让给奥地利。

反奥战争失败后，以马志尼为首的资产阶级民主共和派再次举行起义。8月11日和23日，威尼斯和托斯卡纳人民先后建立资产阶级共和国。11月15日，罗马爆发大规模起义，并于1849年2月宣布成立共和国。1849年3月12日，撒丁王国在日益高涨的反奥浪潮推动下，再次对奥宣战。23日，10万撒丁军队与7万奥军在诺瓦拉再次交锋，但遭惨败，又一次被迫与奥议和。4~8月，罗马共和国和其他共和国也在奥、法、西班牙等国军队联合进攻下，相继被颠覆。至此，意大利第一次独立战争失败。

加里波第

第二次独立战争（1859年~1861年）：进入19世纪50年代后，意大利民族独立战争再度高涨，大资产阶级和自由派贵族企图借助法国收复被奥占领的领土，以实现国家统一。法皇拿破仑三世则以"解放"意大利为借口，企图实现其领土野心。1858年6月，撒丁王国出于独立战争的需要与法国缔结了反奥军事同盟。1859年5月底，撒法联军先后在蒙特贝洛和马真塔地域战胜奥军。6月24日，两军决战于维罗纳附近的索尔弗里诺村，奥军再败，损失2.2万人，被逐出伦巴第。至此，奥军败局已定。与此同时，在意大利各地掀起了人民起义浪潮，托斯卡纳、帕尔马、摩德纳和教皇国等邦国的起义已将君主政权推翻。这时，爱国志士加里波第指挥的志愿军，也在敌后连战皆捷，解放了大片地区，力量不断壮大，有力地牵制了奥军作战行动。

意大利民族解放运动日益高涨，拿破仑三世很是震惊。于是，法国在7月11日单独同奥地利缔结停战协定。停战协定规定，奥地利同意将伦巴第交由法国转让给撒丁，但仍占威尼斯，并从法国得到恢复托斯卡纳等邦君主政权的保证。11月10日，撒丁迫于法国压力与奥地利签订和约，承认法奥协定条款。意大利人民对此极为愤慨，意大利中部诸邦人民纷纷开展武装斗争，抵制君主政权复辟，推进国家统一。1860年3月，中部各邦举行公民投票，正式并入撒丁王国。4月，西西里首府巴勒莫再次爆发起义。加里波第率志愿军增援西西里，至7月解放全岛，8月回师意大利本土，9月解放那不勒斯。10月，南意大利举行公民投票，并入撒丁王国。1861年3月，意大利王国宣布成立。至此，除威尼斯仍由奥地利统治、罗马处于依附法国的教皇统治之下外，意大利基本实现了统一。

第三次独立战争（1866年~1870年）：1866年4月，为收复威尼斯，并获得普鲁士1.2亿马克的援助，意大利与普鲁士结成反奥联盟。6月17日，普奥战争爆发。20日，意大利对奥宣战。24日，意军在维罗纳西南库斯托扎与阿尔贝特大公指挥的奥军激战，因指挥有误遭惨败，损失8000余人，余部越过米兰平原向西败退。奥军虽获胜，但因对普作战失利，无力追击意军。与此同时，加里波第指挥的志愿军在亚平宁山区，解放南蒂罗尔。但意大利政府迫于普鲁士俾斯麦政府压力令其撤军，南蒂罗尔再度为奥军所占。奥军在普奥战争中战败，决定了奥意战争的结局。8月10日，意、奥签订停战协定，10月3日签订《维也纳和约》，威尼斯地区归并意大利。

1870年，普法战争爆发，意军和加里波第志愿军乘机进占罗马。10月，罗马举行公民投票，并入意大利，教皇避居梵蒂冈。至此，意大利最后完成统一。

简 评

在意大利独立战争中，虽然资产阶级民主派和自由派之间始终存在着矛盾和斗争——民主派主张"自下而上"的道路，自由派主张"自上而下"的道路——最后以"自上而下"道路的胜利而结束，因此意大利保存了大量的封建残余（君主制及农村半封建制度），但意大利统一还是一个进步的历史事件。意大利独立战争的胜利使意大利结束了长期受外族压迫和分裂割据的局面，为资本主义发展扫除了障碍，大大推动了历史的进步。

主要事件

索尔弗里诺战役

时间：1859年6月24日
地点：维罗纳附近的索尔弗里诺村
人物：拿破仑三世
结果：撒法联军胜利

> **读一读**
>
> 印度民族大起义（1857年~1859年），被西方称为"雇佣军兵变"或"士兵起义"，是由印度雇佣兵发动、广大下层群众参加、爱国封建主领导的一场反英的大规模武装起义。这次大起义是英国入侵印度后民族矛盾的总爆发。

印度民族大起义

19世纪上半叶，英国为加快国内工业资本主义发展，对印度进行更加疯狂的殖民掠夺和奴役，给印度人民，特别是广大农民和手工业者等社会下层带来了深重的灾难，同时也损害了部分印度封建王公的利益，使印度各阶层同英国殖民者的矛盾十分尖锐。此外，在英印军队中，给英国殖民者当兵的大多数是印度士兵，他们受着英国殖民者严加控制，英国殖民者干涉他们的信仰，触犯他们的种姓，削减他们的薪饷，激起了广大士兵的强烈不满。这样，反抗英国殖民统治的民族起义在全国酝酿起来。

1857年初，英殖民当局用牛油和猪油做润滑油涂在子弹上。当时在装子弹之前，士兵必须用牙齿咬破子弹的弹壳，印度教徒和伊斯兰教徒顾忌用嘴接触禁忌动物的脂肪，这种明显带有种族、宗教歧视的要求，严重伤害了广大信仰印度教和伊斯兰教士兵的感情，军队哗变事件由此不断发生。3月29日，第34团一名叫潘迪的士兵怀着对殖民者的满腔怒火，开枪打死3名英国军官，被处绞刑。这一事件加速了民族起义的大爆发。5月10日，驻密拉特的3个骑兵团起义，杀死英国军官，随后向德里进发，揭开了印度民族大起义序幕。

5月11日，起义军很快占领了德里，拥戴早已名存实亡的莫卧儿皇帝巴哈杜尔·沙二世为印度皇帝，皇子米尔扎任总司令，同时成立由10人组成的领导机构"扎尔萨"（行政院）。广大群众和士兵纷纷响应参加起义，对英国统治者心怀不满的贵族和僧侣也参加起义队伍，起义军初步形成了一个包括各阶级、各种族力量的反英战线。英国殖民者急忙从各地调兵围攻德里，4万起义军英勇战斗，不断出击，连挫英军。

德里起义的重大胜利沉重地打击了英殖民者，有力地推动了各地反英斗争，起义烽火很快遍及印度的北部、中部和南部。北方，那那·萨希布在勒克瑙、坎普尔起义

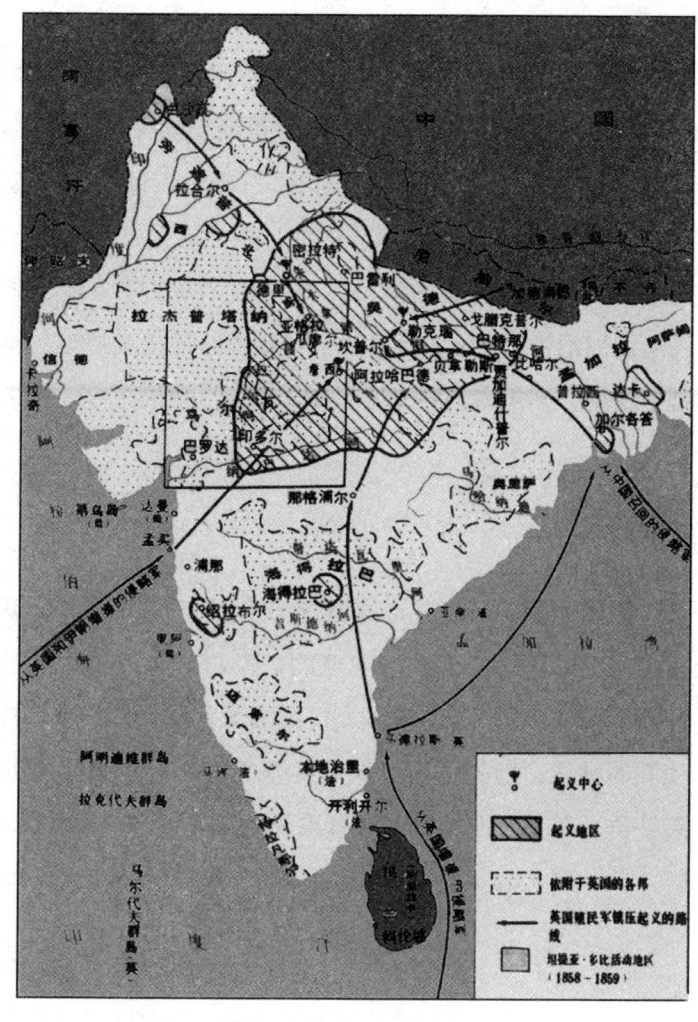

印度民族大起义作战路线图

中取得胜利，对从东南方向进攻德里的英军造成很大威胁；中印度的詹西起义军由女王拉克希米·巴伊率领，攻占了市区，恢复了女王王位；印度南部唐底亚·托比领导的海德拉巴和孟买起义也取得了胜利。

然而，起义军在挫败英军进攻后，没有乘胜出击，而在战略上采取守势。随着斗争的日趋严峻，混进起义队伍的封建王公贵族阴谋叛变，地主富商哄抬物价，他们还私通英军，内外勾结，严重地削弱了起义队伍的力量。趁此机会，英殖民当局立即展开反扑，匆忙从各地调集军队进行镇压。9月19日，德里陷落。1858年3月21日，起义军撤离勒克瑙。4月5日，詹西城失陷，

第三部分　近代战争　189

詹西女王在 6 月的一次战斗中牺牲。

德里、勒克瑙、詹西等起义中心相继陷落后，起义军化整为零，分散到乡村与英军展开游击战。英军疲于奔命，损失惨重。面对难以应付的新局面，英国女王于 1858 年 11 月发布诏书，千方百计拉拢印度封建主。在城镇多为敌有的情况下，许多参加起义的上层封建主放下武器，背叛了起义。起义部队中的离队者也日益增多，兵力锐减。1859 年 1 月，那那·萨希布率残余人马退走尼泊尔。4 月，唐底亚·托比被叛徒出卖遇难。至此，印度民族大起义基本结束，到年底，各地零星的游击战也都停止了。

· 简 评 ·

轰轰烈烈的印度民族大起义在英国殖民者的残酷镇压下虽然失败了，没有达到推翻英国殖民统治的目的，但它却给英国殖民者以沉重打击，使英国消耗战费 4000 多万英镑，大批英国军官和士兵毙命，打破了英国殖民者不可战胜的神话，增强了印度人民斗争的信心，也间接促进了其他亚洲国家的反英斗争，在亚洲近代史上占有重要地位。

主要事件

德里起义

时间：1857 年 5 月 10 日

地点：德里

人物：潘迪

结果：英军挫败，失去德里城

> 读一读
>
> ●●●● 法越战争（1858年~1884年），是法国为对越南进行殖民奴役而连续发动的3次侵略战争，法国最终征服了越南，获取了对越南的"保护权"。

法越战争

19世纪50年代是法国的极盛时期，拿破仑三世（路易·拿破仑·波拿巴）统治下的法兰西第二帝国为了开辟新的市场，对外疯狂地实行掠夺扩张政策，一面出兵突尼斯，一面又把黑手伸向了印度支那。印度支那的越南、老挝、柬埔寨三国蕴藏有丰富的矿产资源，在亚洲南部具有重要的战略地位。如果法国控制了印度支那，就可以此地为跳板，入侵中国南部。此时，越南阮朝封建统治集团在战胜西山之后，倒行逆施，竭力维护封建生产关系，扼杀刚刚出现的资本主义萌芽，使国内阶级矛盾日益尖锐复杂。于是，利用这有利时机，法国开始了侵越战争。从1858年起至1884年，法国对越南发起的战争主要有三次。

第一次法越战争（1858年~1862年）：1858年9月1日，法国海军上将里戈·德热努亚率领法国和西班牙联军侵占了土伦（岘港）要塞和港口，拉开了法越战争的序幕。1859年2月18日，法军攻占了越南南部重镇西贡。1860年，法国因参加侵华战争，其远征军基本兵力被调往中国战区，在越南南方仅留下一支不足1000人守备部队据守西贡和

拿破仑三世

堤岸两市之间的筑垒地域。而这时拥有 2.5 万人的越军却没有利用这一有利时机对法军发起攻势。

侵华战争结束后，1861 年 1 月，一支新的法国和西班牙远征军（8000 多人、70 多艘战舰、80 艘运输船、500 火炮）开进西贡。至 1862 年夏，法西远征军占领了嘉定、定祥、边和、永隆四省，以及美荻、巴嘉等大城市。

在法军不断扩大侵略的时候，越南北方发生了农民武装起义，越南统治者害怕这场起义发展成为社会革命，力图尽快与法国缔结和约。此时，法国正准备进行墨西哥远征，也无心在印度支那继续扩大侵略范围。1862 年 6 月 5 日，越南代表在西贡签署了《同法国和西班牙友好条约》。根据这一条约，法国获得了嘉定、定祥、边和三省和昆仑岛。越南承诺，未经法国同意，不能将领土割让给其他强国；为法国贸易开放湄公河及其支流和 3 个港口；允许基督教传教士在越南境内自由传教。此外，越南需向法、西两国赔款 2000 万法郎。

第二次法越战争（1873 年～1874 年）：在第一次侵越战争后，法国殖民者进一步推行侵略扩张政策，在巩固了对越南南部东三省控制的基础上，又先后侵占了西三省，越南投降派代表潘清简不战而降，把整个南部割让给了法国。为了打开中国西南大门，法国殖民者于 1873 年开始向越南北方扩张。法军很快就攻占了河内城堡，随后又在红河三角洲一带攻城掠地，控制了越南北方的大部分重要城镇。

刘永福

在这次战争中，被占领地区的越南军民展开了轰轰烈烈的游击活动，缴获法军船只，烧毁亲法基督教城镇。法军加尼尔将军也在 1873 年底的一次战斗中毙命。此外，在越南北部边境地区活动的中国农民起义军黑旗军受越南政府邀请，由刘永福率领千余人配合越南军民抗战。1873年12月21日，黑旗军在河内近郊击毙法国侵略军头目安邺，大获全胜。

然而，腐败的越南统治者害怕抵抗的胜利招致法军更大的报复，急于求和。1874年3月15日，双方签订了第二次《西贡条约》。条约规定：法军将在阮朝的统治区内维持治安；越南承认法国对交趾支那（越南语，意思是"南部"）享有无可争辩的控制权；允许法国人利用红河作为与中国西南经商的通道。

第三次法越战争（1882年~1884年）：1883年5月19日，中国黑旗军再次接受越南政府邀请与越南军民一起击退法军的侵略野心。在河内城西纸桥一战中，中越军民伏击法军的一个分队，歼敌100余人，击毙李威利等军官30多人，迫使法军残部龟缩河内。法国以此为借口，再次宣战。

1883年8月，法军分兵两路，一路沿红河进攻黑旗军，一路由海上进攻越南首都顺化。8月19日，法国人攻占位于红河三角洲的海阳城。8月20日，法军从海上进攻越南首都顺化的一支分舰队，占领掩护首都的顺安要塞。这时，越南统治集团内部出现分歧，最终投降派胜利。1884年6月6日，越法在顺化签订了《顺化条约》。从此，越南南方各省沦为法国殖民地，中部各省获得被保护国地位，北方的主权形式上仍归越皇所有，但与中部不同，北方受法国官员控制。不难看出，保护条约使法国完成了把越南变为殖民地的法律程序。

· 简 评 ·

在法越战争中，越南屡屡失利，究其原因，除了法军船坚炮利外，关键在于越南社会落后，政治腐败。首先，越南阮氏封建王朝对内血腥镇压人民革命，扼杀资本主义萌芽，使国内阶级矛盾十分尖锐，统治集团陷入严重孤立的境地。这种缺乏人民战争基础的单纯防御，是无法抵住殖民侵略者的进攻的。其次，越南统治集团在政治上软弱无能，为保住自己的利益，在敌人进攻面前不敢抗战而避战求和、委曲求全，使投降主义占了上风，结果助长了侵略者的气焰，使其更加肆无忌惮，步步深入，最终使越南沦为法国的"保护国"。

主要事件

河内之战

时间：1873年12月21日

地点：河内附近

人物：刘永福

结果：黑旗军大胜

> **读一读**
>
> 普奥战争（1866年），是普鲁士和奥地利为争夺德意志的领导权而进行的王朝战争，因战争只延续了7个星期，故又称为"七周战争"。由于这场战争是德意志内部夺权的战争，所以也称德意志内战、德意志战争或兄弟之战。

普奥战争

拿破仑战争结束后，根据1815年维也纳会议的决议，德意志的土地上建立了以奥地利为首的德意志联邦，包括34个封建君主国和4个自由市。其中，奥地利和普鲁士是该邦联中最大的两个国家，它们为争夺在德国的领导地位长期在进行斗争。

1861年，普鲁士威廉一世登上王位。为实现兼并全德的野心，威廉一世立即大肆扩充军备，任命具有新思想罗恩为军政部长，毛奇为总参谋长，着手进行军事改革。接着，他任命以拥护帝制闻名的俾斯麦为首相兼外交大臣，推行铁血政策，欲以强权和武力统一德国。

经过全面战争准备，到1866年上半年，普鲁士可以说是万事俱备，只欠东风，即寻找战争借口。1866年6月，普鲁士以有权共同占有石勒苏益格—荷尔斯泰因为由，出兵奥地利控制的荷尔斯泰因，从而挑起战争。随后，双方各自形成自己的阵营，意大利和一些北德的中小邦加入普方；巴伐利亚、汉诺威、萨克森等加入奥方。

6月17日，奥地利首先发表宣战书；18日，普鲁士对奥宣战。这场战争在南、西、北三个战场同时展开，以北线波希米亚为主战场。

南线意大利战场：6月20日，意大利对奥宣战。24日，两军在库斯托查交战，意军惨败，无力再战。在意大利获胜后，奥军没有继续发展攻势，放弃了威尼斯，只留少量兵力驻防，而将大部分兵力迅速调回多瑙河沿线，以

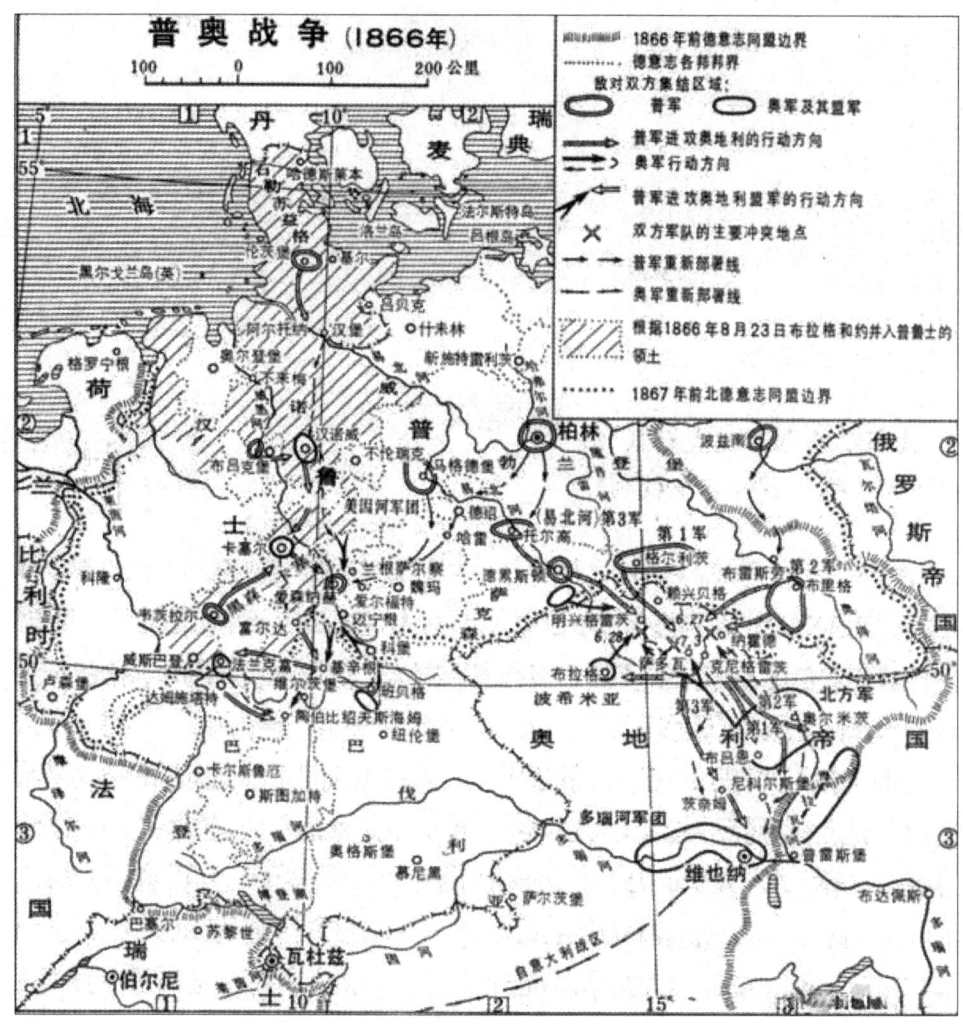

普奥战争路线图

支援形势紧迫的北战场作战。

西线德意志战场：宣战后，普军迅速开进奥地利的盟邦汉诺威、萨克森等毗邻国家。在普军的强大威势下，萨克森军队被迫撤至摩拉维亚地区，并与奥地利的军队会合，并入贝奈德克将军指挥的北方军团。6月29日，冯·法尔肯施泰因率领普军大败汉诺威军队，迫使汉诺威王奥格尔格投降。

北线波希米亚战场：1866年7月3日，普奥两军相会在柯尼希格莱茨附近的萨多瓦村，进行了决定性的会战。奥方兵力约23.8万，普方兵力为29.1

万。结果,贝内德克指挥的奥军被毛奇率领的强大普军击败,死伤 4.3 万人,普军仅损失 9000 人。此役决定了整个战争的命运,奥地利军队已无力再战。

8月23日,普奥签订《布拉格和约》。条约规定:奥地利退出德意志邦联;把汉诺威、黑森、拿骚、法兰克福、石勒苏益格、荷尔斯泰因等地并入普鲁士;威尼斯归还意大利。至此,普奥战争结束。

· 简 评 ·

德意志在普奥战争取得胜利,是其统一德国的关键,为统一事业奠定了牢固的基础,并奠定了其在德意志邦国中的领袖地位。

主要事件

萨多瓦会战

时间:1866 年 7 月 3 日

地点:柯尼希格莱茨附近的萨多瓦村

人物:贝内德克、毛奇

结果:奥军大败,无力再战

> 读一读
>
> 戊辰战争（1868年～1869年），是日本明治维新政府与旧幕府之间为争夺权位进行的战争。因1868年为夏历戊辰年，所以称戊辰战争。

戊辰战争

19世纪50年代，日本沦为西方列强的殖民地，百姓苦不堪言，腐朽的德川幕府已无力挽救民族危机。于是，开国、尊皇、攘夷、佐幕、倒幕等各派势力纷纷兴起，欲要推翻德川幕府，建立新政权。为此，它们之间展开了激烈的斗争。

1867年，日本孝明天皇去逝，明治天皇即位。12月19日，倒幕派在明治天皇的支持下发动宫廷政变，实行"王政复古"，即天皇从幕府收回统治权，下令剥夺德川家的将军之职，废除幕府制度。紧接着，倒幕派要求德川将军"辞官纳地"，交出统治地区。但幕府不甘灭亡。1868年1月1日，德川幕府以清君侧为名向倒幕派宣战。次日，幕府军由大阪出发进军京都。戊辰战争爆发。

为迎击幕府军，明治新政府派萨摩、长州两藩的部队前往京都附近的鸟羽、伏见等地交战。经两天激战，幕府军被打败，退至江户（今东京）。

3月3日，明治天皇下令以有栖川富炽仁亲王为东征大都督，率兵5万进行东征。该军一路连胜，至4月初进抵江户城郊。在

明治天皇

新政府军的强大压力下,幕府将军德川庆喜被迫于5月3日献城投降。

幕府倒台后,近畿以西的中立各藩宣布效忠新政府。但是,东北地区的会津、庄内两藩结成同盟,继续与新政府对抗。后来,他们又得到仙台、米泽、新发田、长冈等31个藩的支持,并于6月结成"奥羽越列藩同盟"。

9月,4.3万新政府军分三路进击会津等地。激战两个多月,终于将奥羽越列藩同盟军队摧毁。但是,幕府海军指挥官榎本武扬率舰艇8艘逃往北海道,建立了武士共和国,继续抵抗。到1869年6月,新政府军终于攻克榎本武扬的最后据点五棱郭,迫其投降。

至此,戊辰战争宣告结束,德川幕府覆亡。

德川庆喜

• 简 评

戊辰战争使得腐朽落后的幕府封建统治灭亡,为日本建立统一的近代国家奠定了基础。

尤其是,它为明治天皇实行维新改革提供了条件。

主要事件

江户战役

时间:1868年4月

地点:江户城郊

人物:有栖川富炽仁亲王、德川庆喜

结果:幕府军失败

> 读一读
>
> 美国南北战争（1861年~1865年），是美国北方资产阶级与南方种植园奴隶主之间进行的战争。由于这场战争是美国内部力量之间的战争，所以也称美国内战。

美国南北战争

林肯

美国取得独立后，南方和北方沿着两条不同的道路发展。北方实行先进的资产阶级自由劳动制度，工业资本主义迅速发展；南方实行的则是落后的种植园黑人奴隶制度，严重阻碍美国资本主义的进一步发展。于是，南北矛盾和斗争日趋激烈。

起初，南北斗争主要围绕西部土地展开。北方要求在西部地区发展资本主义，限制甚至禁止奴隶制度的扩大；南方则力图在西部甚至全国扩展奴隶制度。双方矛盾到19世纪50年代在局部地区已酿成武装冲突。在奴隶主的进逼面前，北方人民发起了声势浩大的"废奴运动"，南方黑奴也不断展开暴动。在人民斗争的推动下，北方资产阶级开始主张废除奴隶制度。1854年，共和党成立。1860年11月，反对奴隶制扩张的共和党人林肯当选为总统，使奴隶主占优势的民主党人丧失了联邦政权。于是，南部11个州先后退出联邦，并于1861年2月宣布成立"南部同盟"，另立以种植园奴隶主戴维斯为总统的政府，定都蒙哥马利（后迁里士满），造成国家分裂局面。4月12日，南部同盟军首先炮击并占领了联邦军驻守的萨姆特堡要塞，挑起了内战。4月15日，林肯发布讨伐令，并征召志愿兵7.5万人，镇压南部叛乱，随后又宣布对南部沿海实行封锁，战争正式展开。这场战争分为两个阶段。

第一阶段（1861年~1862）：攻下萨姆特堡后，南军迅速占领哈珀斯费里和诺福克海军基地，继而进占了铁路枢纽马纳萨斯城，威胁联邦首都华盛顿。在强大舆论压力下，林肯决定在华盛顿与里士满之间的马纳萨斯地区与南军决战。

1861年7月21日，北军3.5万人向里士满进军。南军2.2万人在铁路枢纽马纳萨斯列阵相迎。战争开始，北方麦克道尔将军认为南军不堪一击，向南军发起猛烈攻击，没想南军指挥官是名将托马斯·杰克逊，击退了北军5次冲锋。不久，南军9000援军赶到，发起反攻。缺乏训练的北军一触即溃，丢下大批枪支弹药逃回华盛顿。

马纳萨斯之战惨败，促使联邦议会授权总统征召50万志愿兵，使联邦兵力增至80万人。1862年初，林肯命令50万联邦军在东西两线发动全面攻势。

在西线方面，北军节节胜利，几乎打通了南北大动脉密西西比河。海军也攻克了南方最大港口新奥尔良。

但在东战场，北军又连遭惨败。北军司令麦克莱兰拥有重兵10万，却几个月按兵不动，因为他把敌人的5万人马当成了15万。后在林肯催促下，他才发动半岛战役，企图攻占里士满。6月25日至7月1日，罗伯特·李率南军迎击，展开七日会战，以机动寻找战机，调动北军，然后寻找北军薄弱环节发起进攻，把北军逐出了里士满附近的半岛，取得保卫首都的胜利。接着，罗伯特·李乘胜北上，于8月底与北军进行第二次马那萨斯会战。他以小部队把北军主力吸引到阵地上，主力机动，从侧翼和后方发起进攻，然后正面、侧面夹击，一举击溃了北军。直到9月，北军才在安提塔姆会战中顶住了南军攻势。在海战方面，虽然北方海军占压倒优势，但南方的装甲战舰也给北方带来很大麻烦。

第二阶段（1863年~1865年）：联邦军在战场上的连续失利和各阶层人民的强烈要求，促使林肯政府认识到必须采取强硬的革命方式进行斗争，下决心解决黑人和奴隶制这一核心问题。1862年9月22日，林肯毅然发表了

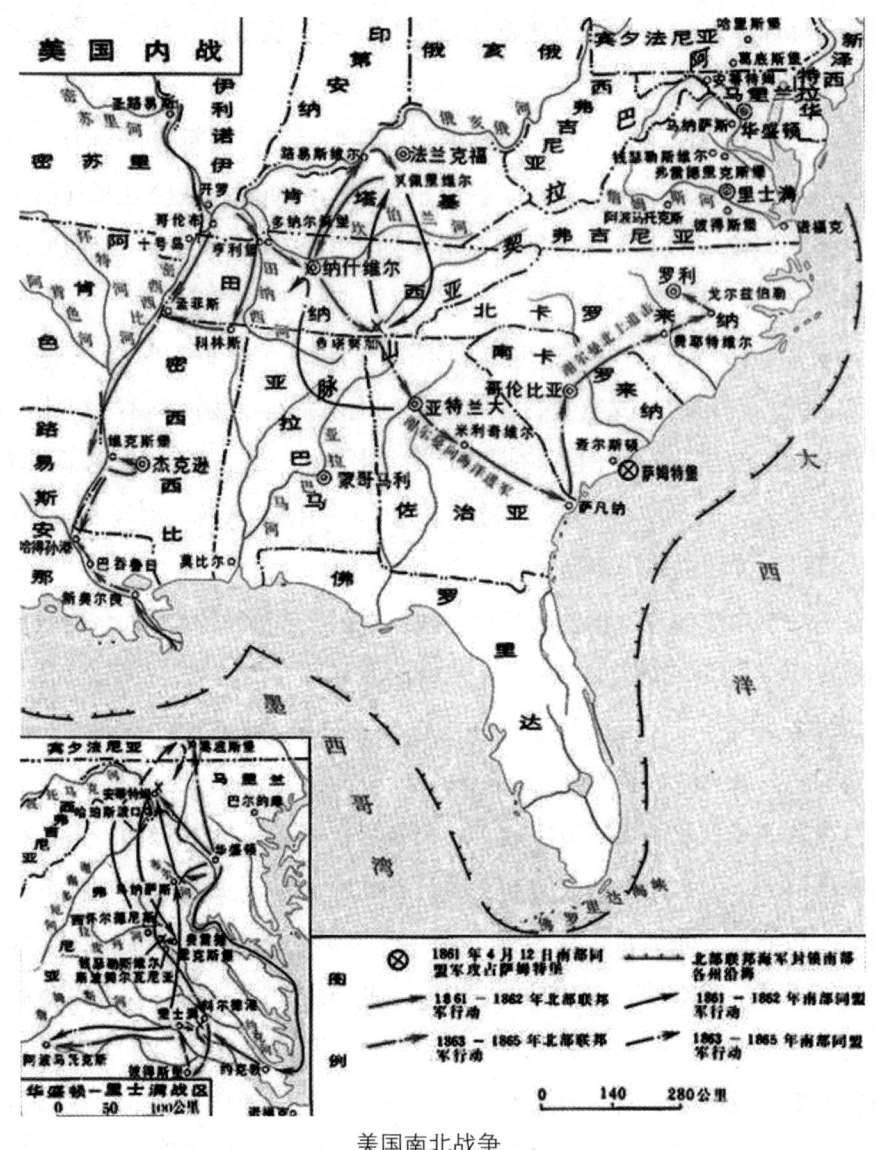

美国南北战争

《解放宣言》，宣布从1863年1月1日起美国400万黑人奴隶获得解放。同时，林肯还实行了一系列革命政策，如颁布《宅地法》，把西部土地分给人民；武装黑人；实行征兵制；改组军事指挥机构，撤换了同情奴隶主、作战消极的麦克莱兰，任命格兰特为总司令，向富人征累进所得税，镇压"铜头蛇"反革命分子……这些措施极大地调动了北方广大人民的积极性，有近百万人踊跃参军，其中有23万黑人士兵，从而使战争步入了新阶段。从1863年起，北方军队采取了主动进攻的战术，双方进行了三次大战。

西洛维尔战役

1863年4月～5月，北军胡克率领的波托马克军团13万人同罗伯特·李指挥的南军6万人在昌西洛维尔激战。罗伯特·李克服兵力上的劣势，以少量兵力正面牵制北军主力，亲率主力迂回包抄北军，从侧翼和背后袭击北军，一举将北军击溃，北军损失了1.7万人，南军损失1.2万人。这是南方取得的最后一次战役的胜利。

葛底斯堡战役

1863年6月，罗伯特·李率军8万攻入宾夕法尼亚州，北方告急。林肯急召波托马克军团11万人迎击。这次，北军已由悍将米德指挥。米德率军9万人在交通枢纽葛底斯堡堵住南军，激战3天，歼灭南军2.8万人，取得胜利。这一仗扭转了东线战局，从此北方完全掌握了主动权。

维克斯堡战役

维克斯堡是控制密西西比河和西部铁路网的战略要地，南军在此严密设防，号称"南方的直布罗陀"。从1863年2月开始，格兰特率3个军团7万多人围攻此堡。因敌工事坚固，几次进攻受挫。格兰特便采取围困战术，切断了敌军所有的供应线。经过几个月围困，堡内敌军弹尽粮绝，北军又连续47天炮轰，迫使南军于7月4日投降。此战，北军共俘敌3.7万，内有15名将军，缴获大炮172门。至此，北方控制了密西西比河，将南方领土一切两半。

三次大战后，南军气数已尽，北军士气越来越高，不断发起强大攻势。1863年11月，北军又取得查塔努加战役胜利，击溃南军4.6万，从而取得了向南部进军的前进基地。1864年，北军向南方发起三路攻势。在东战场，格兰特经荒野战役、冷港会战，使南军主力消耗殆尽。在西线，谢尔曼指挥10万大军插入南方腹地，9月攻占南方最大工业城市亚特兰大。11月15日起，谢尔曼又挑选 6.2 万精兵，发起"向海洋进军"，一个多月大军长驱 300 多英里，所到之处，实行"三光"政策，烧毁种植园、城镇和村庄，摧毁工厂企业。南方到处火光冲天，一片废墟。12 月 21 日，大军攻占了萨凡纳，完成了摧毁南方后方的任务。在海上，北方海军对南方实行"窒息式封锁"，完全切断了南方对外联系。

南方已山穷水尽，濒临崩溃的边缘，北军发起最后攻势。1865 年 1 月，谢尔曼配合格兰特南北夹击南军。4 月 2 日～3 日，格兰特率兵先后攻占彼得斯堡和里士满。9 日，罗伯特·李率残部 2.8 万人在阿波马托克斯向格兰特投降。26 日，约翰斯顿也率部向谢尔曼投降。至此，历时 4 年的南北战争宣告结束。

· 简 评 ·

美国南北战争是美国历史上第二次资产阶级革命，北方资产阶级在战争中的胜利，确立了其在全国的统治地位。虽然联邦军在这场战争中伤亡人数超过 60 万，但较好地解决了农民的土地问题，维护了国家统一，为美国资本主义的加速发展扫清了道路，并为美国跻身于世界强国之列奠定了基础。

主要事件

葛底斯堡战役

时间：1863 年 6 月

地点：宾夕法尼亚州的交通枢纽葛底斯堡

人物：林肯、罗伯特·李、米德

结果：北军取得胜利，北方掌握了南北战争的主动权。

> **读一读**　古巴独立战争（1868年~1898年），也称古巴三十年解放战争，是指古巴人民反对西班牙殖民统治、争取民族独立的革命战争。

古巴独立战争

古巴岛地处大西洋、加勒比海通向墨西哥湾的咽喉要道，战略意义十分重要，是欧洲列强肆意掠夺的重点对象。16世纪初，古巴岛沦为西班牙的殖民地，古巴人民饱受殖民者的剥削和压制。正因为此，古巴反殖民统治、争民族独立的战争便一直不断地进行着。到19世纪末叶，古巴人民与西班牙殖民者的较量进入高潮，在古巴全岛掀起了反殖民统治、争民族独立的解放战争。这场战争先后经历了第一次独立战争（又称十年战争）和第二次独立战争两个阶段。

第一次独立战争（1868年~1878年）：1868年9月，西班牙国内爆发革命，古巴人民乘机发动争取独立的斗争。10月10日，以著名律师卡洛斯·曼努埃尔·德·塞斯佩德斯为首的爱国人士，在东部奥连特省亚拉甘蔗种植场举行起义，建立"芒比军"。卡马圭和拉斯维加斯等省爱国人士纷纷响应，相继发动起义。至年底，起义军增至2.6万人，先后攻克亚拉、拜雷、希瓜尼和巴亚莫等城镇，逼近东部重镇圣地亚哥。

1869年1月，殖民当局派兵前往镇压，实施"绝灭战"，企图逐一歼灭。4月10日，起义军在卡马圭省瓜伊马罗召开制宪会议，通过宪法、选举塞斯佩德斯为共和国第一任总统。针对殖民当局的作战策略，共和国军政当局决定分散作战，扩大活动范围，迫使敌分散兵力；开展游击战，在运动中打击敌人；尽力将战争向西扩展。迫于殖民当局的追剿，起义军被迫转入丛林、山区，分散活动。

经过1871年1年的交战，起义军分散出击，严重打乱了殖民当局的战略部署。1871～1873年，起义军在各地开展游击活动，四处反击殖民军，消灭敌人有生力量。1874年2月，塞斯佩德斯在作战中阵亡，新总统西斯内罗斯重新部署作战计划，解放战争进入一个新阶段。

1875年1月初，起义军挥师西进，攻入拉斯维加斯省，与当地起义军会合，作战连连告捷。但起义军进入拉斯维加斯省后，西进计划因保守派阻挠受挫，陷入消极防御的被动地位。

1877年初，西班牙当局派坎波斯率援军2.5万人抵达古巴，以当地保守势力为依托，对起义军发动强大攻势，并以各种手段分化革命队伍，使起义军陷入困境。1878年2月，起义军中的妥协派同坎波斯签订了《桑洪条约》，第一次独立战争失败。

第二次独立战争（1895年～1898年）：《桑洪条约》签订后，西班牙殖民政府不仅拒不履行关于改革的承诺，反而进一步加强对古巴的掠夺和统治，以致社会矛盾更加激化。流亡国外的古巴爱国领袖马蒂和第一次独立战争领导人戈麦斯、马塞奥、加西亚等人，认真总结上次独立战争失败的教训，积极组建革命政党，制定战争纲领和策略，拟制新的起义计划，为进行第二次独立战争作准备。

1895年2月24日，圣地亚哥、巴亚莫等地爆发起义，点燃了第二次独立战争的烈火。3月25日，马蒂和戈麦斯在多米尼加发表《蒙特克里斯蒂宣言》，号召古巴人团结战斗。4月，马塞奥、马蒂和戈麦斯先后返回古巴领导起义。5月5日，革命领导人在圣地亚哥附近作出了建立新政府和向西部进军的战略决策。5月19日，马蒂在多斯里奥战役中不幸牺牲。9月，古巴宣布独立，组成共和国政府，由贝坦科特任总统，戈麦斯和马塞奥分任革命军正副司令。10月22日，马塞奥率领起义军4000余人从古巴东端的巴腊夸港开始"西征"战略，于1896年1月22日抵达西端的曼图亚市。这次"西征"历时3个月，行程2360千米，作战27次，攻克城镇22座，击败了装备精良的11万西班牙殖民军，创造了战争史上以少胜多的奇迹，成为独立战争的转折点。

1896年2月，西班牙政府派魏勒尔出任古巴总督，推行"集中营制度"，并派兵5万围剿拉斯维加斯起义军大本营。同年12月7日，马塞奥在圣彼得罗附近的作战中不幸阵亡。起义军在戈麦斯领导下继续坚持游击战争，最终取得了反围剿的胜利。西班牙当局被迫召回魏勒尔，并于1897年11月25日宣布古巴自治。1898年初，起义军已增至5万多人，解放了全国近三分之二的土地，西班牙殖民统治开始土崩瓦解。

此时，美国为取代西班牙控制古巴，于1898年4月出兵古巴，导致美西战争爆发。美军进入古巴后，与起义军配合，彻底打败了西班牙军。12月10日，美西两国在巴黎签订和约，西班牙放弃对古巴的主权，并立即撤军，由美国实行占领。1902年3月，美国迫使古巴接受《普拉特修正案》，规定了美国在古巴的许多特权。古巴人民通过第二次独立战争，终于推翻了西班牙的殖民统治，但又沦为美国的保护国。

· 简 评 ·

在古巴独立战争中，古巴与西班牙的矛盾，西班牙与美国及欧洲列强之间的矛盾，决定了这场战争的长期性、复杂性和艰难性。这场战争的结局，让我们看到了美国积极向外扩张的野心，也标志着古巴人民争取民族独立、维护国家主权的斗争进入一个新的时期。但我们有理由相信，古巴虽然终因美国的介入未能赢得最后的独立解放，但广大人民群众在战争中表现出的高昂的革命精神、坚强的战斗意志和顽强的战斗作风必将使他们最终取得独立解放战争的胜利。

主要事件

"西征"战略

时间：1895年10月25日

地点：巴腊夸港、哈瓦那省、曼图亚市等地

人物：马塞奥

结果：击败11万西班牙殖民军

> **读一读**
>
> ●●●● 普法战争（1870年～1871年）是普鲁士王国为统一德意志，并与法国争夺欧洲大陆霸权而爆发的战争。这场战争发生在德法两国，因此也称为德法战争。

普法战争

在普奥战争结束之后，普王威廉一世又趁胜进攻，陆续吞并北部4个支持奥地利作战的邦国，并于次年组建了以普鲁士为首的北德意志联邦，辖22个邦国和3个自由市，3100万人口。至此，普鲁士确立了其在德意志的统治地位。不过，德国的统一还没有最后完成，因为巴伐利亚、巴登、维尔腾堡和黑森达姆斯塔德等西南四邦仍保持着独立地位。这四邦紧邻法国，拿破仑三世不愿德国强大，极力施加影响，不让四邦统一于德国。于是，威廉一世决心借助武力解决同法国的纷争。

1870年，流亡巴黎的西班牙女王伊莎贝拉二世宣布退位，西班牙政府想请威廉一世的堂兄去当国王。因害怕普西联合，腹背受敌，所以法国对此事表示强烈反对，于同年7月13日严词命令威廉一世不要让自己的堂兄去当国王。对这种无礼态度，威廉一世甚是不满。于是，他把此事告知首相俾斯麦，商量对策。随后，俾斯麦以

普法战争路线图

西班牙王位继承问题制造争端,并在报纸上公布"埃姆斯密电"——以后普王将无视于法国。这下,拿破仑三世被激怒了。7月19日,法国向普鲁士宣战,普法战争爆发。

宣战后,拿破仑三世自以为力量强大,一心计划着集中兵力先敌出击,企图抢先越过莱茵河向法兰克福推进,迫使德意志各邦国脱离普鲁士保持中立,然后联合奥地利取道耶拿去进攻柏林,最后击败普鲁士。可是,在宣战后为时两周的动员阶段,由于组织计划不周和后勤保障混乱,法国军队集结迟缓,到7月底仅在边境地区集结8个军约32万人,8月初才临时编成2个军团并任命指挥官,而作为法军总司令的拿破仑三世,也迟迟没有走上前线。而多年来一直励精图治的普鲁士在总司令普王威廉一世和总参谋长毛奇将军的统领下,则早已制定了周密的动员计划和作战方案。法国宣战以后,普军利用普遍义务兵役制的优势,充分发挥铁路运输的机动能力,很快就在边境地区集结47万人马,并按预先编成的3个军团展开,迅速进行反击作战。

8月2日,法军窜入普境并首先发动进攻。在兵力数量和作战指挥两方面都占巨大优势的普军立即迎头痛击,很快把法军击退,随之实行分割围剿,迫使法军1个军团退守梅斯要塞,另1个军团逃回腹地夏龙。紧接着,普军发起追击,把逃到夏龙的法国军团压向北面,最后将其围困于色当城。

9月1日,两军在色当城决战。上午,普军占领符里济、栋舍里等地,切断了法军由色当经梅济埃尔西撒的铁路,进而插到法军侧后的圣芒若和弗累涅一带,堵住了法军向比利时撤退的通路。中午,普军完成了对夏龙军团的合围,并开始进行猛烈的炮击。下午,法军数次突围失败,拿破仑三世自知已无力挽回败局,于下午4时半下令挂起白旗。2日,拿破仑三世率领1位元帅、39名将军和8.3万余法军,向普王威廉一世投降。可是,力图争夺霸主地位的普王并没有就此罢休,而是挥军直扑巴黎。

9月4日,巴黎爆发革命,推翻第二帝国,成立第三共和国,组成了以特罗胥将军为首的国防政府。但国防政府并不想组织抗敌,而是一成立就阴谋镇压人民起义,策划投降。9月19日,普军包围巴黎。法国各地人民奋起抗敌,广泛展开游击战,袭击普军后勤供应线,但在困守梅斯要塞的法军投降后，主力丧失，法国陷入无力反击的混乱之中。1871年1月5日，普军开始炮击巴黎。法军数次突围均未奏效。1月18日，普王威廉一世在凡尔赛宫加冕为皇帝，宣布成立德意志帝国。

1月22日，法国政府镇压巴黎人民起义后，同德军指挥部进行了最后的谈判，于1月26日签订巴黎投降的条约，1月28日在凡尔赛普军大本营签订了停战三周的协定。2月26日，双方草签《凡尔赛和约》。和约缔结后，资产阶级政府勾结民族敌人向巴黎工人发动进攻，于是爆发了伟大的巴黎公社起义。3月18日，巴黎人民起义成功，巴黎公社宣告成立。5月10日，法国外交部长茹尔·法夫尔与德意志帝国首相俾斯麦在德国美因河畔的法兰克福城签订了正式和约，规定法国割让阿尔萨斯和洛林予德国，并赔款50亿法郎。普法战争至此正式结束。

· 简 评 ·

普法战争的胜利使德国的统一终告完成，成为欧洲第一大国。但由于德法两国矛盾进一步加剧，欧洲大陆变得更加动荡不定。两国在这次战争中的结怨，为日后的第一次世界大战的爆发埋下伏线。

主要事件

色当决战

时间：1870年9月1日
地点：色当城
人物：拿破仑三世、威廉一世、毛奇
结果：普王威廉一世投降

> 读一读
>
> ●●●● 巴黎公社起义（1871年），是法国巴黎工人和其他劳动人民为推翻资产阶级统治、建立无产阶级专政而举行的武装起义。

巴黎公社起义

普法战争爆发后，法军由于指挥原因连遭惨败。法军的惨败致使巴黎人民发动革命，推翻了法兰西第二帝国，建立了法兰西第三共和国。但革命果实却被资产阶级篡夺，组成了以特罗胥为首的"国防政府"。"国防政府"执政后，压制人民群众的抵抗运动，谋求与普鲁士议和，人民群众非常不满。

1870年9月19日，普鲁士当局决心将战争继续下去，派兵向巴黎进军，将包围巴黎。巴黎人民纷纷拿起武器，建立194个国民自卫军新营，由瓦尔兰、杜瓦尔、布朗基、弗路朗斯等工人运动活动家担任指挥官。"国防政府"先后两次镇压人民起义，加紧投降活动，于1871年1月28日同德意志帝国政府签订停战协定。

2月13日，法国新国民议会召开。17日，梯也尔出任政府首脑。26日，法德草签和约，法国割让阿尔萨斯和洛林大部，赔款50亿法郎。3月1日，和约得到法国议会批准。与此同时，梯也尔政府取消国民自卫军薪金，封闭进步报纸，并准备解除国民自卫军武装。政府的丧权辱国行径激起人民群众极大愤慨。3月18日晨，梯也尔政府军袭击蒙马特尔高地和梭蒙高地，企图抢夺国民自卫军大炮，从而引发武装起义，巴黎公社起义遂爆发。

在蒙马特尔高地，国民自卫军战士立即集合起来，包括许多妇女、儿童和老人在内的人民群众也随同一起拥向高地。这时，政府军士兵发生哗变，与人民群众联合行动，逮捕了反动军官、警察和宪兵。偷袭梭蒙高地的政府军也未能迅速把大炮拖走，很快就被赶到的国民自卫军击溃。政府军的偷袭失败了。

打败政府军后，国民自卫军和人民群众自动拿起武器，建筑街垒，布置岗哨，派出巡逻队，集中分散的大炮，然后便由防御转入进攻，开始越出

巴黎公社宣告成立

本区，向巴黎市中心挺进。起义由防御转入进攻。21时，起义军控制了万多姆广场，政府军和宪兵闻风丧胆，逃往凡尔赛。22时，起义军进入市政厅，掌管了巴黎全城，国民自卫军中央委员会成为革命临时政府。

但是，起义军没有乘胜追击，而忙于内部的民主选举活动。3月26日，巴黎工人阶级和劳动人民以及国民自卫军组织进行了分区选举，选出公社委员86人；28日，宣告成立巴黎公社。公社为新的政府机构，它打碎了资产阶级的国家机器，采取了一系列民主的保护劳动人民利益的措施。

梯也尔跑到凡尔赛后，手下仅剩1万多残兵败将。为向巴黎无产阶级反扑，他一方面纠集反动军队的散兵游勇，另一方面请求德国释放战俘，重新拼凑和整顿了军队。4月初，梯也尔政府军在普鲁士军队的支持下开始向巴黎

巴黎公社墙

反扑。公社组织还击，但因城池被围、没有外援而不断失利。5月中旬，梯也尔政府调动10万大军围攻巴黎，21日进抵城区。困守巴黎的公社社员和广大群众，同敌人展开了浴血奋战，遭到了疯狂屠杀。5月28日，政府军最后攻占了整个巴黎城，巴黎公社覆灭，起义失败。

• 简 评 •

　　巴黎公社起义虽然仅进行了 72 天，但这却是一个划时代的伟大革命，是无产阶级推翻资产阶级统治，建立无产阶级国家政权的第一次伟大尝试。它丰富和发展了马克思主义关于阶级斗争和社会主义的学说，为无产阶级国际共产主义运动提供了丰富而宝贵的经验。

　　由于当时的政治经济条件所限，资本主义正处于上升和大发展时期，而无产阶级则刚刚兴起，所以这次起义无法推翻资本主义统治，实现科学社会主义的愿望。但是，作为一次壮举，它使我们明白：无产阶级在革命胜利后，必须坚决实行进攻，及时摧毁反革命政权，消灭反革命武装，夺取全国胜利，巩固革命成果；在对敌斗争中，必须坚决果断，严厉镇压反革命分子；实行统一指挥，加强内部团结；没收资产阶级银行财产，供应军需；加强与农民的联系，争取农民的同情与支持。

主要事件

巴黎之战

时间：1871 年 3 月 18 日
地点：巴黎城
人物：梯也尔
结果：政府军失败，起义军掌管巴黎城

> 读一读
>
> ●●●● 中日甲午战争（1894年~1895年），又称第一次中日战争、清日战争、清日甲午战争，日方称日清战争，是清光绪二十年（甲午年）间，中国和日本为争夺朝鲜半岛控制权而进行的一场战争。

中日甲午战争

日本对中国的侵略战争，蓄谋已久。早在1868年，日本明治天皇登基伊始，便极力鼓吹军国主义，实行对外扩张的基本国策，即以侵略中国为中心的"大陆政策"——第一步是攻占台湾，第二步是吞并朝鲜，第三步是进军满蒙，第四步是灭亡中国，第五步是征服亚洲，称霸世界，实现所谓的"八纮一宇（意思是天下一家）"。为此，明治政府抓紧改革军制，推行近代军事教育和训练，积极扩军备战，伺机出兵中国。

1894年春，朝鲜爆发东学党领导的农民起义，宗主国清政府应附庸国朝鲜请求派兵入朝协助镇压。清政府派直隶提督叶志超、太原镇总兵聂士成率淮军2500人赴朝。日本以此为借口也出兵朝鲜，随后侵占仁川至汉城一带战略要地。6月21日，日军攻占朝鲜王宫，成立以大院君李昰应为首的傀儡政权，强迫其废除中朝间一切商务条约，并授权日军驱逐清军。当天，日本联合舰队发动丰岛海战，袭击中国运兵船及护航舰。23日，日本陆军进攻移驻成欢的清军叶志超部，迫使清军败退平壤。8月1日，中日政府同时宣战，中日甲午战争开始。这场战争持续近9个月，主要经历了三个阶段。

第一阶段（1894年7月25日~9月17日）：这一阶段战争分陆战与海战双向进行，陆战主要是在朝鲜半岛上的平壤之战，海战主要是黄海海战。

8月16日，日军第一集团军第5师及第3师一部约1.6万余人分三路进攻

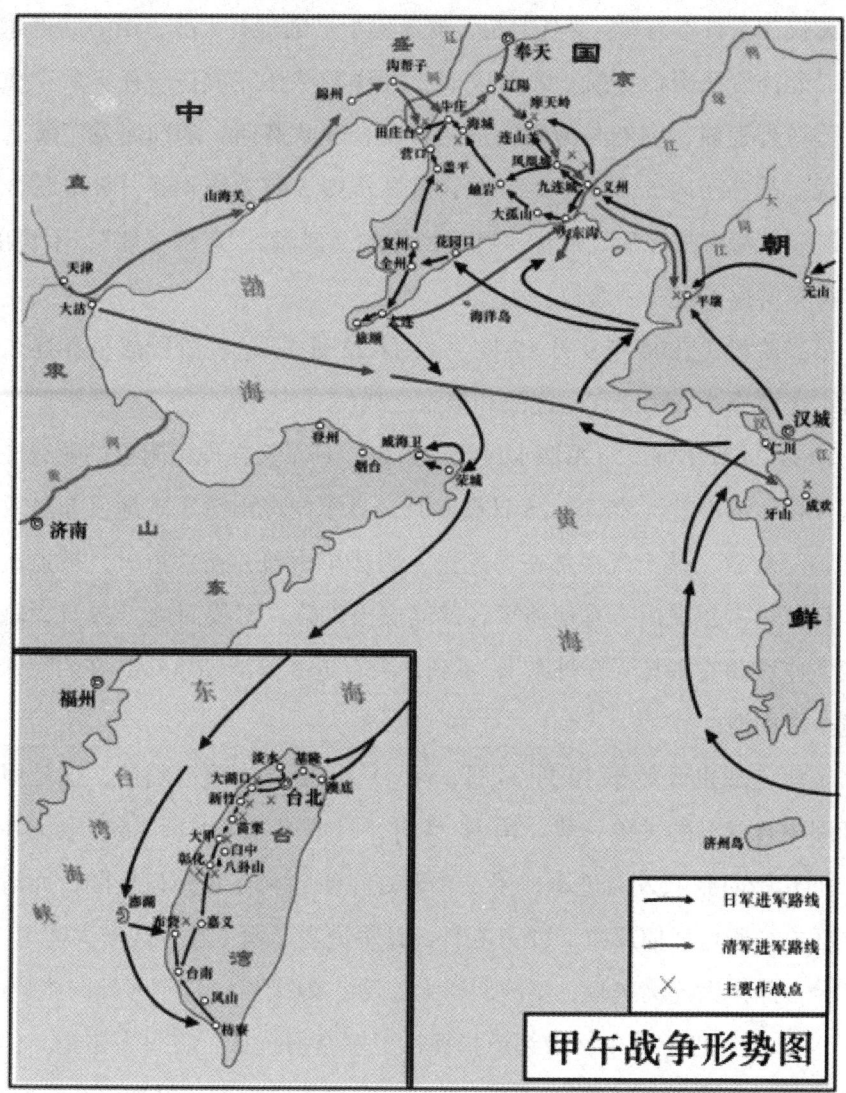

中日甲午战争形势图

平壤。提督叶志超率各部清军1.3万人据守,虽经官兵英勇奋战,终因战守无方,内部心志不齐,仅半日激战,玄武门即告失守,叶志超等弃城率军而逃,至26日全部退至鸭绿江以北中国境内。

在陆军争夺朝鲜半岛的同时,日本海军联合舰队也前出至黄海西部,甚至闯到威海卫和旅顺军港挑战,企图寻机与北洋舰队进行主力决战。北洋舰队在丰岛海战后因为"保船制敌"之令,主要巡弋于威海、旅顺之间,将黄

第三部分　近代战争　215

海制海权让给日本海军。9月上旬，清廷鉴于平壤将有大战，由海路迅速运兵赴援，北洋舰队奉命护航。9月17日，北洋舰队在完成护航任务后正准备由大东沟口外返航，突然与搜索前进的日联合舰队遭遇，随即爆发了著名的黄海海战。战斗历时5个多小时，北洋舰队沉毁5舰，伤4舰，日本联合舰队伤5舰。黄海海战以后，北洋水师退回旅顺、威海，"避战保船"，不再出战，日本海军掌握了黄海制海权。

第二阶段（1894年9月17日～11月22日）：这一阶段战争在辽东半岛进行，主要战斗有鸭绿江防之战和金旅之战。

10月24日午前，日军泅水过江。当夜，日军又在虎山附近的鸭绿江中流架起浮桥，清军竟无察觉。25日晨6时，日军向虎山清军阵地发起进攻。清军守将马金叙、聂士成率部奋勇还击，因势单力孤，伤亡重大，被迫撤出阵地，日军遂占领虎山。其他清军各部闻虎山失陷，不战而逃。26日，日军占领了九连城和安东县（今丹东）。不到3天，近3万清朝重兵驻守的鸭绿江防线竟全线崩溃。

金旅之战也开始于10月24日，至11月22日旅顺口陷落，这是甲午战争期间中日双方的关键一战。10月24日，日本第二集团军2.5万余人在日舰掩护下开始向旅顺方向进军，用了8天时间便顺利在花园口登陆，而清军竟听之任之，未作任何反应。11月6日，日军进占金州（在今辽宁大连）。7日，日军分3路向大连湾进攻，不战而得大连湾。10天后，日军开始向旅顺进逼。18日，日军进犯土城子，徐邦道指挥拱卫军奋勇抗御，将日军击退，但清军总办龚照玙竟乘鱼雷艇逃往烟台。22日，日军占领旅顺口并血洗全城。从此，渤海门户洞开，使中日战局急转直下。

第三阶段（1894年11月22日～1895年4月17日），这一阶段战争在山东半岛和辽东两个战场进行，主要战斗有威海卫之战和辽东之战。

1895年1月20日，日本第二军开始在荣成龙须岛登陆。30日，日军集中兵力进攻威海卫南帮炮台。由于兵力众寡悬殊，南帮炮台终被日军攻占。2月3日，日军占领威海卫城，丁汝昌坐镇指挥的刘公岛成为孤岛。日本联合舰队司令伊东祐亨致书丁汝昌劝降，遭丁汝昌拒绝。5日凌晨，旗舰定远中雷

中日签订《马关条约》

搁浅，仍做水炮台使用，继续搏战。10日，定远弹药告罄，刘步蟾下令将舰炸沉，以免资敌，并自杀与舰共亡。11日，丁汝昌在主降将领的胁迫下，拒降自杀。12日，由美籍洋员浩威起草投降书，伪托丁汝昌的名义，送至日本旗舰。14日，威海营务处提调牛昶暎与伊东祐亨签订《刘公岛降约》，规定将威海卫港内舰只、刘公岛炮台及岛上所有军械物资交给日军。17日，日军在刘公岛登陆，威海卫海军基地陷落，北洋舰队全军覆没。

在辽东战场，日军在突破鸭绿江清军防线后，连克凤凰城（今辽宁凤城）、岫岩、海城等地。清军数次组织反攻海城，均受挫。2月28日，日军从海城分路出击，连占中庄（今海城西北）、营口、田庄台（今大洼南），仅10天时间，清军6万余人在辽东即溃不成军，节节败退。

清军接连失败，清廷求和之心急切，遂派李鸿章为全权大臣，赴日议和。4月17日，《中日马关条约》签字，中日甲午战争结束。

· 简　评 ·

甲午战争胜利后，日本既占台湾，又获2.3亿两白银的战争赔款，日本在一夜之间变成了战争暴发户，财力雄厚，国力增强，在战后的十年间，日本资本主义经济迅速发展，并进一步扩军备战，开始成为远东的主要战争策源地。

甲午战争失败后，中国半殖民地化速度进一步加快，民族危机日益深重，同时也促使中华民族日益觉醒，资产阶级维新运动和义和团反帝爱国运动迅速高涨。清政府也在更加艰难的处境下，开始变革军事制度，中国近代军事改革开始进入实质性阶段。

主要事件

威海卫之战

时间：1895年1月30日

地点：刘公岛

人物：丁汝昌

结果：北洋舰队全军覆没

> 读一读
>
> 菲律宾独立战争（1896年~1906年），是菲律宾人民为推翻西班牙殖民统治和反抗美国侵略、争取民族独立的进行的战争。它是亚洲第一次资产阶级民族民主革命。

菲律宾独立战争

自1565年菲律宾沦为西班牙殖民地以来，菲律宾人民便不断进行各种反抗斗争。在西班牙入侵菲律宾300年间，平均每年发生5次起义，规模较大的起义有102次之多。在战争中，菲律宾人民的争取民族独立的意识越来越强烈。到19世纪末期，菲律宾人民为推翻西班牙殖民统治、争取民族独立，展开了一场大规模的民族独立解放战争。

1892年，安得列斯·波尼发秀成立资产阶级激进派政治秘密团体"卡蒂普南"，主张依靠人民和暴力争取民族的独立，得到了人民的广泛支持，成为了独立革命战争的武装核心。1896年8月，波尼发秀在巴林塔瓦克发动起义，各地纷纷响应，菲律宾独立战争开始。

在1896年8月~12月期间，菲律宾全民奋起，起义达到高潮。巴林塔瓦克、吕宋、棉兰姥和苏禄等地相继爆发了武装起义。菲律宾地主和资产阶级保守派的代表艾米利奥·阿奎那多也响应波尼法秀的号召，于8月31日在甲米地发动起义，打败了西班牙军，占领甲米地全境。9月，起义军击溃了西班牙阿吉雷指挥的军队。11月，起义军在诺维莱塔和比纳卡扬击溃了总督布兰科指挥的增援部队。这些胜利，极大地振奋了人民的斗志，各地起义军加紧进攻，几乎占领了吕宋岛全境，并包围了马尼拉。

在1897年~1898年期间，菲律宾独立战争遇到了暂时挫折。西班牙当局为了加紧镇压菲律宾革命，从国内调来大批援军，并在菲组建立由当地人组成的"忠诚志愿兵营"。1897年2月,西军分兵三路向甲米地发起进攻。结果,起义军因力量对比悬殊,被迫撤退,西军占领了起义军的若干据点。

正当战争对起义军不利时,起义队伍内部发生了分裂。以阿奎那多为首的地主、资产阶级害怕农民革命会危及到自己的利益,为阻止革命深入发展,于1897年5月10日杀害了波尼法秀,篡夺了革命的领导权,并取消了"卡蒂普南",起义阵营受到严重削弱。随后,革命力量因分裂元气大伤,在殖民军反扑之下节节败退。12月,阿奎那多政府被迫和殖民当局签订了《破石洞条约》,阿奎那多从西班牙人处得到80万比索,同意缴械投降,解散政府,然后流亡香港。但是,菲律宾人民争取民族独立斗争并未停止。起义军中不愿投降的将领马卡布洛斯等人率军反攻,解放了菲律宾中部的广大地区。

正当菲律宾人民同西班牙殖民者进行艰苦战争之时,美西战争爆发了。美国为了夺取西班牙属地菲律宾,插手菲律宾独立战争,战争似乎向有利于菲律宾人民方向转变。1898年5月2日,美国海军在马尼拉湾歼灭西班牙舰队。不久,阿奎那多由美国军舰护送返回菲律宾,重新领导战争,他利用美西战争的有利时机迅速扩大了战果。6月2日,他在甲米地发布《独立宣言》。1899年1月,《马洛洛宪法》颁布,菲律宾共和国成立,阿奎那多当选总统。

然而,共和国刚成立,美国便开始大举入侵菲律宾。1899年2月4日,美军向马尼拉市郊的菲军突然发动进攻。2月5日,菲律宾共和国向美国宣战。1901年3月,在美军的镇压下,菲律宾南部各岛先后被美军占领。3月21日,在菲律宾首都帕拉南失陷后,阿奎那多被俘投降。至此,菲律宾第一共和国失败,作为有组织的统一领导抗美战争告一段落。

此后,菲律宾人民斗争仍未止息,给美国造成了惨重的代价,但是并没有撼动美国对菲律宾殖民统治的结果。1906年,美国正式宣布菲律宾战争全部结束。菲律宾变成了美国的殖民地。

● 简 评 ●

菲律宾独立战争最终虽然失败了,但菲律宾人民不畏强暴、争取独立的英雄业绩永为世人传颂。这场战争大大唤起了菲律宾人民的民族意识,同时,它揭开了20世纪初亚洲资产阶级民族民主革命的序幕。

主要事件

甲米地起义

时间:1896年8月31日

地点:吕宋岛南部甲米地

人物:艾米利奥·阿奎那多

结果:起义军占领甲米地全境

> **读一读**
>
> 美西战争（1898年），是指美国为夺取西班牙属地古巴、波多黎各和菲律宾而发动的战争。它是列强重新瓜分殖民地的第一次帝国主义战争。

美西战争

19世纪末，美国进入了帝国主义时期。美国垄断资本财团迫切需要开辟新的市场、投资场所和原料产地，于是美国开始准备实施对外扩张。这时，世界已经被英、法等殖民大国瓜分完毕，美国还无力抵抗，而老朽帝国西班牙已是日薄西山，昔日的庞大帝国仅剩下古巴、波多黎各和亚洲的菲律宾，于是美国决定首先拿西班牙开刀。与此同时，西属殖民地菲律宾和古巴先后爆发了反对西班牙殖民统治的武装起义，这为美国争夺殖民地创造了非常有利的环境。美国抓住这一"天赐良机"，大造战争舆论，于1898年4月25日正式向西班牙开战。

美国宣战后，战斗首先在菲律宾打响。1898年，菲律宾起义军已解放了全国大部分国土，包围了马尼拉。美国趁此机会，以支援菲律宾人民的名义，出兵参战。4月27日，杜威率领早已在香港待命两个月的美国亚洲舰队启航驶往菲律宾。5月1日晨，双方在马尼拉湾展开了激烈的海战。战至中午，7艘西舰全被击沉，西军伤亡381人，美方仅轻伤8人。马尼拉湾海战决定了西班牙在菲律宾的结局。

7月底，麦里特率领美远征军第八军1.5万人从美国赶来。此时，马尼拉已被2.5万菲律宾起义军包围。为独占马尼拉，美军私下与西班牙总督达成了秘密协定，在不许菲军入城的情况下，西班牙把马尼拉转让给美国。8月13日，美军向马尼拉发起假总攻。西军略作抵抗后，便缴械投降。战斗刚一结

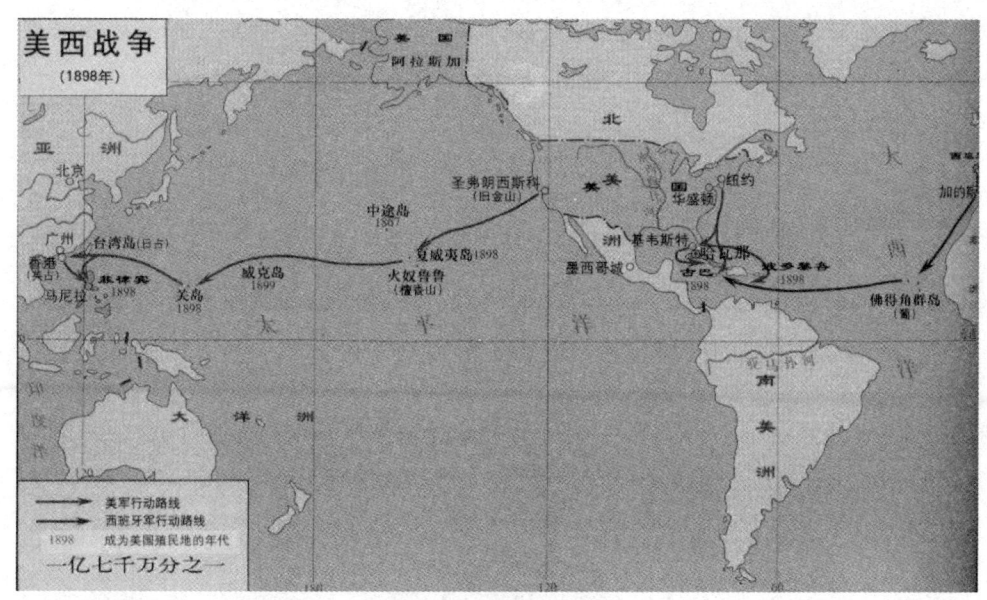

美西战争

束，杜威便以武力逼起义军撤至郊区。美军建立了军政府，独占了马尼拉。

古巴是美西战争的主战场。5月底，美舰艇24艘对古巴海岸形成了严密的封锁。随后，美军出动陆军开往古巴。6月22日，美第五军近1.7万人在海军炮火掩护下，在圣地亚哥以东顺利登陆。此时，古巴起义军已解放大部分国土，并包围了圣地亚哥。美军在与古巴起义军经过会谈后，开始协同作战。至7月3日，美军攻占了圣胡安山，埃尔卡内也被攻占。同日，双方舰队在圣地亚哥湾展开了激烈的海战。经4小时激战，西舰队全军覆灭。随后，美军和古起义军围攻圣地亚哥。7月16日，西军弹尽粮绝，2.4万军队放下了武器。但是，美军又同在菲律宾一样单独与西班牙谈判，禁止起义军入城，美军又独享了胜利果实。

在菲律宾、古巴作战过程中，美军还夺取了其他一些战略要点。6月20日，美军攻占了太平洋上的重要战略岛屿关岛。7月4日，美军又占领威克岛。7月25日，纳尔逊·迈尔斯指挥3000美军登陆波多黎各，建立了军事基地。8月，美国又增兵1万，分四路围攻波多黎各首府圣胡安。在付出50人的伤亡后，美军攻占了波多黎各全岛。

1898年12月10日，美西两国签订了《巴黎和约》。西班牙把菲律宾、波多黎各和关岛割让给了美国。至此，美西战争以美国的胜利而告终。

• 简 评 •

美西战争大大助长了美国的侵略气焰。美国把加勒比海变成了内湖，在太平洋获得了重要的战略基地，这为美国后来积极参与列强对远东及太平洋地区霸权的角逐提供了重要的砝码。

主要事件

马尼拉海战

时间：1898年5月1日

地点：菲律宾马尼拉湾

人物：杜威

结果：美军取得在菲律宾作战的决定性胜利

> 读一读
>
> 英布战争（1899年~1902年），也称南非战争、布尔战争，是英国人和荷兰人的后裔布尔人双方为争夺南非领土和地下资源而进行的一场战争。

英布战争

19世纪下半叶，在荷兰人的后裔布尔人居住的奥兰治河畔和德兰士瓦境内，先后发现了蕴藏量十分丰富的金刚石矿和金矿。于是，欧洲大批淘金者和找钻石者纷纷涌入南非。在这些人中，数英国人最多。在短短几年里，英国人便掌握了大部分采矿权，组织了数个大公司，其中最大的是塞西尔·罗得斯的三个大公司。此外，德国人也在该地区建立了强大的经济和政治势力。英、德展开了激烈的角逐。

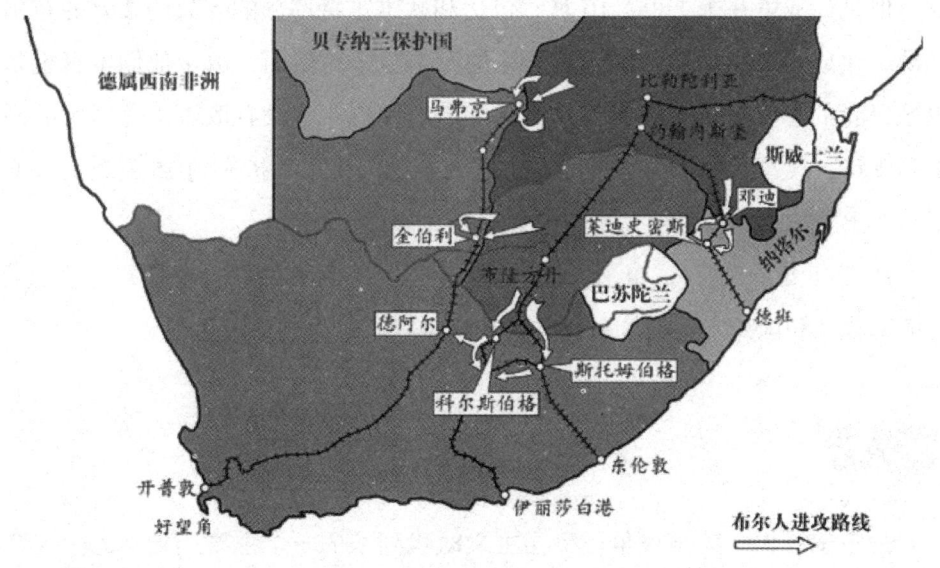

英布战争路线图

第三部分　近代战争　225

为了控制所有矿区，英国力图占领德兰士瓦，吞并布尔人建立的奥治兰自由邦和德兰士瓦省的南非共和国。1899年秋，英国开始在两个布尔族共和国边境附近集结军队。为防止英国入侵，布尔人靠拢德国，对抗英国，于1899年10月11日对英宣战。

战争初期，布尔人处于攻势。皮埃特·茹贝尔指挥布尔军队先后攻克了纽卡斯尔和格论科两个城市，包围了莱迪史密斯、马弗京和金伯利。12月的最后一周，在科伦索、斯托姆贝赫和马格斯方丹3条战线上，布尔军击退了英军解围部队的进攻，先后占领了莱迪史密斯、金伯利和马弗京城，英军损失惨重。这一战败消息被当时伦敦报纸称之为"黑色星期"，欧洲新闻界将英国在南非的失败作为紧急消息来报道。大英女王政府很是震惊，准备反击。维多利亚女王派出两名经验丰富的殖民地统帅负责远征部队：罗伯茨勋爵为指挥官，基钦纳勋爵任参谋长。

1900年1月，大批援军集结南非，英军已拥有20余万人。2月，罗伯茨将军率领英军转入反攻。2月28日，英军攻破了莱迪史密斯；3月31日，英军占领金伯利；同月，英军占领奥治兰自由邦；5月底，英军占领德兰士瓦首都比勒陀利亚。时至此，布尔人的败局已定。

但是，战争并未结束。10月，包达和狄维难特率领的人数约2万的布尔军队，化成小股突击队，展开了顽强的游击战争。然而，由于他们本身也是以殖民者的态度对待当地黑人，所以他们的反英斗争没有取得土著居民的同情和支持。英军指挥部为了摧毁游击队的抵抗，将军队扩充到25万人，采取了"焦土"战术，广泛建立了筑垒发射点（碉堡）配系。

1902年5月31日，布尔人被迫签订和约，承认奥治兰自由邦和德兰士瓦省的南非共和国并入英国。至此，英布战争以布尔人的失败告终。

• 简 评

列宁曾经说，英布战争是帝国主义时代到来的一个主要历史标志。在帝国主义时代里，各列强首先对已分割的殖民地要求重新分割，继之以战争手段，进行疯狂的争夺。在他们获得了预定殖民目标之后，便是将各种手段相结合，对殖民地进行残酷搜刮和盘剥，攫取一切可以获得的利益。

英布战争后，南非的大量黄金和钻石便成了英国的囊中之物。除此之外，西方列强由于长期对南非实行政治、经济控制，实行不等价的货物贸易，使得南非长期蒙受着经济损失，从而使得南非人民长期处于贫困线上，忍受着非人的灾难。

> **主要事件**
>
> **"黑色星期"之战**
>
> 时间：1899年12月
> 地点：莱迪史密斯城、金伯利城、马弗京城
> 人物：皮埃特·茹贝尔
> 结果：布尔军大胜

> **读一读**
>
> 八国联军侵华战争（1900年~1901年）是指英、法、德、美、日、俄、意、奥等国派遣的联合远征军为镇压中国北方义和团运动而入侵中国所引发的战争。

八国联军侵华战争

中日甲午战争后，中国国际地位一落千丈。从此，西方列强更是对中国这块肥肉垂涎三尺。随着战争赔款的加深，人民不堪重负，终于引起了义和团运动，清政府内忧外患，无力抵抗。因此，西方列强更加放肆，趁火打劫，妄图吞霸中国。

义和团，又称义和拳，本来是"反清复明"的秘密组织，但是当看到列强对中国领土的大肆掠夺以及对中国人民带来的灾难，仇恨情绪陡增，朴素的爱国意识迅速升起。于是，在忠君思想的影响下，义和团提出了"扶清灭洋"的口号，将斗争的目标转向外国侵略者。这时，慈禧太后因为各国同情支持康有为、梁启超等人的变法维新活动，再加上列强企图瓜分中国，也增长了仇外情绪。于是，慈禧便利用义和团抵抗外国列强。

从1900年初起，义和团开始进入北京城内。团民沿途到处斩杀洋人、教徒，烧教堂、拆电线、毁铁路。到5月，义和团运动在直隶和京津地区迅猛发展，各国公使要求清廷取缔义和团，但未获回应。

5月28日，大英帝国、法兰西第三共和国、德意志帝国、奥匈帝国、意大利王国、大日本帝国、俄罗斯帝国、美利坚合众国八国在各国驻华公使会议上正式决定联合出兵镇压义和团，以"保护使馆"的名义调兵入北京，清政府被迫同意。

6月11日，以英国海军中将西摩尔为首的八国联军2000多人强占火车，由天津驶往北京。帝国主义的野蛮侵略，激起义和团坚决抵抗。6月12日，义和团与清军董福祥、聂士成部联合作战，切断侵略军与天津的联系。6月14日至18日，侵略军被义和团群众包围在廊坊、落岱、杨村一带。经过激战，义和团打死打伤敌军300余名，西摩尔溃不成军，被迫退回天津，粉碎了八国联军进犯北京的计划。

八国联军进入紫禁城

6月中旬，侵华联军海军进攻大沽口炮台，遭到清军坚决抵抗。但是在激战中，守将罗荣光不幸中弹牺牲，清军失去指挥，大沽炮台失守。21日，清政府被迫向各国"宣战"。

大沽口失陷后，俄、英、德、美援军对天津城及其外围发动猛攻，义和团奋起投入天津保卫战。最终，联军在付出伤亡900余人的代价，并发射毒气炮后，攻陷天津。

8月4日，联军2万余人由天津进犯北京。次日，联军再次施放毒气，攻占北京。13日，联军进至北京城下，进攻东便门、朝阳门、东直门。英军率先由广渠门破城窜入。14日，北京失陷。次日晨，慈禧太后和光绪皇帝仓皇出逃。

联军入城后，解除了义和团对东交民巷和西什库教堂的围攻，义和团被迫退出北京，转往外地坚持抗击侵略者。慈禧太后在流亡途中，指定李鸿章为与列强议和的全权代表，发布彻底铲除义和团的命令。

八国联军占领北京后，公开大肆抢劫，清宫无数文物珍宝被洗掠一空，大批群众惨遭杀戮。此外，各国又派兵四处攻城略地，扩大侵略。9月，俄军在侵占秦皇岛、山海关同时，集中庞大兵力，分五路对东北地区实行军事占领。10月中旬，德军统帅瓦德西率兵3万来华，攻占保定、张家口等地。由于武器装备差、兵力有限等原因，清军和义和团在战斗中接连败退。

1901年9月7日，清廷被迫与帝国主义签订了丧权辱国的《辛丑条约》。

第三部分 近代战争

条约规定：中国赔银 4 亿 5 千万两；北京使馆区及北京至山海关铁路沿线交由外国驻军；禁止中国人民组织反帝组织等。《辛丑条约》保住了清政府权位，但清政府从此却成为了帝国主义列强的傀儡。

· 简　评 ·

八国联军侵华战争是帝国主义争夺和瓜分中国极端恶劣的表现，造成了中国空前严重的民族危机。这种危机感促使人们觉醒，救亡图存成了当时最紧迫的要求。

主要事件

大沽口保卫战

时间：1860 年 6 月

地点：天津大沽口炮台

人物：罗荣光

结果：大沽口炮台失守

> 读一读
>
> ●●●● 日俄战争（1904年~1905年），是日本和沙俄为争夺中国东北和朝鲜，进而称霸远东而进行的帝国主义战争。

日俄战争

中日甲午战争之后，日本军国主义的侵略野心更大了，日本更是肆无忌惮地推行侵略中国、吞并朝鲜的"大陆政策"。这样，日本同沙皇俄国推行的侵略中国、吞并朝鲜、独占亚洲、称霸太平洋的"远东政策"发生了尖锐矛盾。尤其是，《马关条约》规定割让辽东半岛给日本，这更加引起了沙俄的不满。于是，沙俄为获得不冻港旅顺，控制中国东北地区，联合法、德对日施压，最后中国给日本白银3000万两作为"赎辽费"赎回辽东半岛，史称"三国干涉还辽"。逼日还辽不久，沙俄便以"还辽有功"为借口，攫取了在中国东北修筑中东铁路及其支线等特权。同时，沙俄还以"保护铁路"为名出兵中国东北，进而向朝鲜渗透。后来，沙俄又强行向中国政府租借旅顺和大连。

在"三国干涉还辽"之后，日本一直不甘心退出辽东半岛，准备以武力迫使俄国让步。

1903年，日俄瓜分中国东北和朝鲜的谈判破裂。1904年2月6日，日本宣布断绝日俄外交关系。2月8日，日军偷袭旅顺口，对俄国不宣而战。2月9日，俄国对日宣战，2月10日，日本正式对俄宣战。

2月，日本黑木第一军6万人在仁川登陆，迅速北上。5月初，日军强渡鸭绿江，击败沙俄沿江守军3万余人，攻入中国境内，占领重要据点九连城、凤凰城，取得对俄陆上作战的第一个胜利。

5月5日，奥保巩第二军5万人在貔子窝附近登陆，进攻沙俄金州守军。

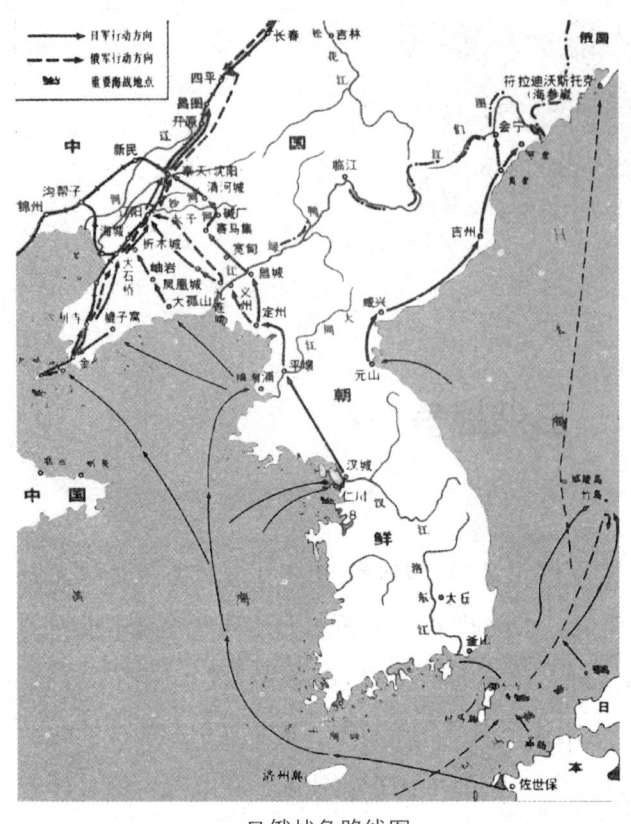

日俄战争路线图

双方经激战后，俄军后撤，日军夺取大连，取得重要补给基地，并切断旅顺俄军与辽阳俄军主力的铁路交通。辽阳俄军奉命救援旅顺，双方在瓦房沟交战，俄军战败。野津第四军接着又在大孤山登陆，与第二军分道北上，会合第一军进攻辽阳。

6月初，乃木希典率第三军进攻旅顺，7月占领营口。

8月，日海军在旅顺港附近摧毁俄国太平洋舰队主力，夺得黄海、日本海域的制海权，旅顺俄军陷入重围。与此同时，日军在总司令官大山岩指挥下，一、二、四军会攻辽阳，取得重大胜利。

10月7日，俄军渡沙河企图包围日军，日军全线出击，大举反攻。至16日，俄军撤至奉天，双方大规模战斗暂停，呈现胶着状态。

1905年1月，日军攻陷俄军控制的海军要塞旅顺口。3月，日俄双方共投入55万兵力，在奉天（今沈阳）展开决战，结果俄军遭到惨败，伤亡和被俘9万余人，日军伤亡7万人。奉天之战后，俄军退守四平一线。5月27日~28日，日本海军在对马海峡几乎全歼了由波罗的海舰队主力编成、前来远东增援的俄太平洋第2、3分舰队。此时战争胜负已定。随后，日军又占领了库页岛的一部分。至此，大规模军事行动停止。

9月5日，日俄两国经美国斡旋，结束战事，在美国签订了《朴次茅斯和约》，背着中国擅自在中国东北划分"势力范围"。根据条约，俄国将过去所霸占我国的库页岛南半部（北纬50度以南）及其附近一切岛屿割让给日本，将旅顺、大连及附近领土领海的租借权让给日本，俄国还承认朝鲜为日本的"保护国"。至此，日俄战争以日胜俄败而告终。

•简 评•

　　日俄战争促成了日本在东北亚取得军事优势，并取得在朝鲜、中国东北驻军的权利，令俄国在远东的扩张受到阻挠。

　　对于中国来说，腐败无能的清政府竟在日俄战争中置国家主权和人民生命财产于不顾，听任日俄两国铁蹄践踏中国，使中国东北人民在战争中遭受了巨大的损失和人身伤亡。这在很大程度上刺激了中国知识分子的神经，让他们从中看出专制国（俄国）无法战胜立宪国（日本）的道理，从而促进了中国的立宪民权运动，客观上加速了清王朝的灭亡。

主要事件

奉天之战

时间：1905年3月

地点：沈阳

人物：大山岩

结果：俄军惨败

> **读一读**
>
> 意土战争（1911年~1912年），是意大利为夺取奥斯曼土耳其帝国北非属地的黎波里塔尼亚和昔兰尼加而发动的侵略战争。因为战争发生在利比亚境内，所以又称利比亚战争。在战争中，意大利开创了使用飞机完成军事任务的首例。

意土战争

的黎波里塔尼亚和昔兰尼加（奥斯曼土耳其帝国属地），今属利比亚，是北非的一片荒漠，经济价值有限，但战略地位重要。它与西西里岛对峙，可控制地中海中部较狭窄的海面。因此，欧洲列强对这两个地区早有觊觎，意大利更是将占领该地区作为争夺地中海霸权、向北非扩张的重要步骤。

1911年9月28日，意大利政府以在的黎波里塔尼亚和昔兰尼加的意大利人受到不公正待遇为借口，先发制人，抢在土耳其出兵北非之前侵犯为借口，向土耳其发出最后通牒，要求土耳其同意其军队进驻的黎波里塔尼亚，遭拒绝，于是次日向土宣战，意土战争开始。

9月29日~30日，意大利海军除对的黎波里塔尼亚、胡姆斯等地实施炮击外，还对土耳其伊庇鲁斯地区的海岸城市普雷韦扎（今属希腊）进行了炮击，击沉土鱼雷艇数艘。

飞机第一次参战

10月3日~5日，意大利海军登陆部队炮击并攻占了的黎波里塔尼亚和图卜鲁格。11日，意军3.5万人进驻的黎波里塔尼亚；另有意军在胡姆斯德尔纳和班加西等地登陆。这次战争，意大利首次动用飞机,有 9 架飞机、11 名飞行员参战。这些飞机装箱于 10 月 15 日海运到的黎波里塔尼亚海湾。23 日,皮亚扎上尉驾驶一架布莱里奥Ⅺ飞机飞往的黎波里与阿齐齐亚之间土军阵地上空进行了一个多小时的侦察,从此揭开了飞机参战的序幕。至月底,意军占领利比亚重要滨海城市,但遭到阿拉伯部落军队和来自埃及、突尼斯等地阿拉伯志愿军有力抵抗,向腹地的进攻暂时受阻,进展迟缓。

1912 年 5 月,意军 10 万人,飞机 35 架、飞艇数艘加强进攻,发动大规模进攻,取得了一些局部胜利。同时,海军也占领佐泽卡尼索斯群岛。由于军事上不断失利,加上巴尔干战争爆发的威胁,土耳其只好对意让步。1912 年 10 月 18 日,双方签订《洛桑条约》,土耳其被迫将的黎波里塔尼亚和昔兰尼加割让给意大利。

· 简 评 ·

意土战争归根到底是由意大利殖民扩张野心恶性膨胀引起的,暴露了帝国主义的侵略本质。同时,这也是一场所谓"先进"的国家运用人类文明制造出的最新式武器,对"落后"的阿拉伯人民进行的大杀戮。

主要事件

的黎波里塔尼亚登陆战

时间:1911 年 10 月

地点:的黎波里塔尼亚海湾

人物:皮亚扎

结果:意军进攻暂时受阻,进展迟缓

> **读一读**
>
> 辛亥革命（1911年~1912年），是中国民族资产阶级为推翻清朝的专制统治，挽救民族危亡，争取国家的独立、民主和富强而进行的革命运动。因这场战争发生于宣统三年，旧历干支为辛亥年，所以史称辛亥革命。

辛亥革命

《辛丑条约》签订后，清政府成了"洋人的朝廷"。为换取帝国主义支持，清统治者不惜卖国求荣，对人民大肆进行压榨，人民的不满情绪不断增长，纷纷起来反抗。为了镇压革命运动，清政府加紧编练新军。

伴随着各地反抗运动的兴起，中国资产阶级开始登上历史舞台，各地革命党人纷纷组织革命团体。1905年，兴中会、华兴会和各省革命分子联合在日本东京成立中国同盟会，选孙中山为总理，黄兴为庶务（负责本部日常

孙中山

工作），提出了"驱除鞑虏，恢复中华，建立民国，平均地权"（不久又阐释为民族、民权、民生三大主义）的革命纲领，树起了武装革命的旗帜。在同盟会的领导和影响下，从1906年起，各地革命党人先后组织多次武装起义。起义分为两种，一种是以运动会党为主，一种是以运动新军为主。但起义均遭失败。

起义连连受挫，引起一部分会员不满，他们组织了同盟会中部总会，意在开展长江中下游的革命运动。湖北革命团体文学社、共进会从运动新军入

人民英雄纪念碑浮雕：武昌起义

手，积聚了雄厚的革命力量。

　　1911年5月，清政府以铁路国有之名，将已归民间所有的川汉、粤汉铁路筑路权收归"国有"，马上又出卖给英、法、德、美4国银行团，激起湘、鄂、粤、川等省人民的强烈反对，掀起了保路运动。运动在四川省尤其激烈。为扑灭四川的人民起义，清政府派大臣端方率领部分湖北新军入川镇压。

　　10月10日，乘清政府调湖北新军入川镇压保路运动之机，湖北革命党人在吴兆麟指挥下在武昌发动起义，一举攻下了武昌。湖广总督瑞澂打破督署后墙，从长江坐船逃走。接着，革命军占领汉阳、汉口。武昌起义成功后，革命党人成立了军政府，推新军第21混成协统领黎元洪为鄂军都督，并发表宣言，改国号为中华民国，号召各省起义。

　　清政府得知武昌起义消息后，急派陆军大臣荫昌率新建第一军、海军提督萨镇冰率舰队前往镇压。接着，清政府又起用袁世凯为钦差大臣接替荫昌，命冯国璋为第一军总统镇压革命党人。这时，黄兴赶赴前线，率领革命军抗击清军的进攻。激战40余日，汉口、汉阳相继失守。但汉口、汉阳保卫战为各省响应武昌起义赢得了时间。在短短一个多月的时间里，湖南、陕西、山西、云南、江西、上海、贵州、江苏、浙江、四川、广西、福建、安徽、广东等省相继宣布独立，给清王朝以沉重打击。

第三部分　近代战争　237

10月12日，江苏、浙江、上海的革命军联合拔除了清廷在江南的最后一个据点——南京。清政府这时已无力镇压革命。1912年1月1日，中华民国临时政府在南京成立。2月12日，清帝宣布退位。

• 简 评 •

辛亥革命是中国历史上一次伟大的资产阶级民主革命。它推翻了清朝统治，结束了中国两千多年的君主专制制度，使广大人民在精神上获得了空前的大解放，为以后革命斗争的发展开辟了新的道路。

主要事件

武昌起义

时间：1911年10月10日
地点：武昌
人物：吴兆麟、瑞澄
结果：起义成功

> **读一读**
> 巴尔干战争（1912年~1913年），是指巴尔干半岛各国、欧洲列强为争夺奥斯曼土耳其帝国在巴尔干半岛的属地而发生的两次战争。

巴尔干战争

巴尔干半岛位于欧洲的东南部，地处欧、亚、非三大洲的汇合处，既控制着地中海和黑海的门户，也控制着通往印度洋的航路，战略地位十分重要。自古以来，巴尔干地区就是各大国觊觎的对象，被称为"反复爆炸的火药桶"。

14世纪后，巴尔干地区一直处于奥斯曼土耳其帝国殖民统治和奴役之下，巴尔干各族人民迫切要求摆脱土耳其的奴役，建立独立的民族国家。到了19世纪末~20世纪初，随着土耳其帝国的日益衰落，尚未被瓜分的土耳其及其统治下的巴尔干半岛，又成为奥匈帝国、俄罗斯帝国等国家瓜分的重要目标。所以，这里一直存在着错综复杂的矛盾，既有帝国主义列强之间的矛盾，也有巴尔干各族人民与帝国主义矛盾，还有巴尔干人民同土耳其封建统治者的矛盾，以及巴尔干各国和各民族之间的矛盾。所有这些矛盾、特别是列强之间的矛盾使巴尔干半岛地区经常发生纠纷、冲突和战争。

1912年3月至8月间，已经独立的保加利亚、塞尔维亚、希腊和门的内哥罗4国先后结成反土同盟，即巴尔干同盟。随后，帝国主义各国出于自己的侵略目的，都插了进来。俄、英、法站在巴尔干同盟一边，德、奥则支持土耳其。这样巴尔干的局势更加复杂化。

10月9日，门的内哥罗首先对土耳其采取战争行动。随后，巴尔干同盟各国先后对土耳其宣战，第一次巴尔干战争全面爆发。10月22日，门的内哥罗军队与塞尔维亚伊巴尔部队共同对色雷斯北部和阿尔巴尼亚北部的土军进攻，保加利亚军队越过保土边界向南推进。10月24日，塞尔维亚各集团军向马其顿的土军发起总攻。11月1、2两日，希腊军队向萨洛尼卡展开进攻，同时在海上实施夺取爱琴海诸岛屿的战役。巴尔干盟军势如破竹，各路土军皆被粉碎。11月28日，阿尔巴尼亚宣布独立。

巴尔干同盟的胜利引起了欧洲列强的不安。俄国担心保军占领君士坦丁堡，影响其实现对黑海海峡的控制；德国和奥匈帝国则因利益所在不愿看到土耳其覆灭。为此，欧洲列强开始插手巴尔干战争，或阻止、或调解巴尔干同盟对土耳其的战争，防止土耳其帝国覆灭。在各大国压力下，保加利亚、塞尔维亚与土耳其于1912年12月签订停战协定。1913年5月30日，土耳其被迫与巴尔干同盟签订《伦敦和约》，几乎丧失在欧洲地区全部领土。

第一次巴尔干战争后，巴尔干同盟因战果分配不均而矛盾激化。保加利亚企图独占马其顿；塞尔维亚没有得到亚得里亚海出海口，要求在马其顿得到补偿；希腊企图扩大在马其顿的占领区；罗马尼亚要求从保加利亚获得南多布罗加。欧洲列强则利用巴尔干各国矛盾，加紧对该地区的争夺。俄、法支持塞、希，奥匈支持保加利亚。

斐迪南一世

1913年6月29日，保加利亚突然向驻马其顿的塞、希军队发起攻击。7月初，塞、希军队发起反攻，迫使保军撤退。7月10日，罗马尼亚对保宣战，占领多布罗加，并向索菲亚进军。7月21日，土耳其乘机攻占阿德里安堡，保加利亚军队全线溃退，国王斐迪南一世被迫投降求和。8月10日，主要交战双方签订《布加勒斯特和约》。9月29日，保、土又签订《君士坦丁堡和约》。根据条约，保加利亚丧失在第一次巴尔干战争中获得的大部分土地。

至此，巴尔干战争结束。

· 简 评 ·

  巴尔干战争结束后，巴尔干半岛各国人民摆脱了土耳其的长期封建统治，使巴尔干地区力量重新组合：罗马尼亚、塞尔维亚和希腊接近协约国；保加利亚、土耳其则接近德奥同盟。这种力量分化导致的结果是：巴尔干各国在战后矛盾也进一步加深，为帝国主义大国继续干涉和控制巴尔干提供了可乘之机。战后，列强对巴尔干的争夺日益加剧，从而加速了第一次世界大战的爆发。

主要事件

阿德里安堡战役

时间：1913年7月21日

地点：阿德里安堡

人物：斐迪南一世

结果：保加利亚投降

> 读一读
>
> 第一次世界大战（1914年~1918年），简称一战，是两个对立的帝国主义集团，即德国和奥匈等同盟国与英、法、俄等协约国，为了重新瓜分世界和争夺霸权而在世界范围内进行的一场国际性战争。

第一次世界大战

19世纪末20世纪初，各大列强为增强本国国际上的势力，缓和国内阶级矛盾，积极推行对外扩张和侵略政策，在世界各地以武力争夺殖民地。这时，老牌殖民帝国英、俄、法占据了世界绝大部分殖民地，而德、日、美等新兴的帝国主义国家所拥有的殖民地却相对很少，这种不均衡导致帝国主义国家之间的矛盾尖锐起来，新兴的帝国主义国家强烈要求瓜分老牌的帝国主义国家的殖民地。为此，各国纷纷扩军备战、寻找同盟。

早在1882年5月，德国、奥匈帝国和意大利在维也纳签订同盟条约，形成了侵略性的军事政治集团——同盟国。1892年~1907年，俄、法、英三国先后签订协约，逐步形成了与同盟国相对立的协约国。两大军事集团的对立，加速了双方扩军备战和争夺战略要地的步伐。巴尔干半岛和地中海成为双方争夺的焦点。

1914年6月，奥匈帝国皇位继承人斐迪南被塞尔维亚族青年用手枪打死，成为第一次世界大战的导火线。7月28日，奥匈帝国以此事为借口向

萨拉热窝事件

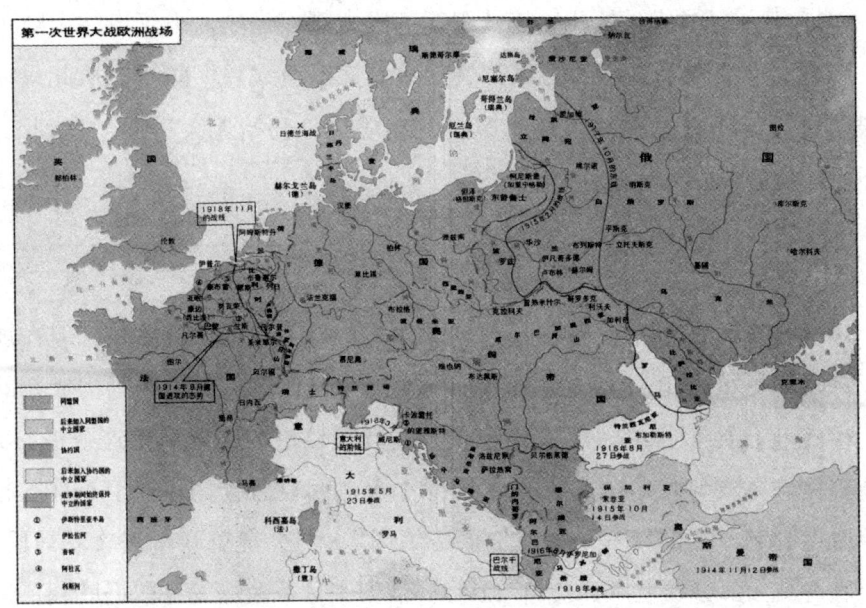

第一次世界大战欧洲战场形势图

塞尔维亚宣战。8月1日，德国对俄宣战；同月3日，德国对法宣战；同月4日，英国对德宣战。从此，大战全面展开，先后卷入战争的达33国，总人口达15亿。这场战争主要分为西线战场、东线战场、巴尔干战场和意大利四个战场。

西线战场，主要是英、法、比军同德军作战。

1914年8月，德军发起闪电式进攻，在法比边境击败英法联军，分5路攻入法国。9月，英法组织马恩河会战，击退德军，粉碎了德军的速战速决战略，德军退至埃纳河一线。至此，西线大部分地段转入持久的阵地战，双方形成僵持局面。

1916年，德军将作战重点转回西线，与法军爆发凡尔登会战。结果，在激战7个多月后，德军仍不能攻取凡尔登。7月初，英法联军在索姆河西岸与德军爆发索姆河战役，战况更为惨烈。英军虽然在这场战争里首次使用坦克，但战事仍未有重大突破，西线再次变为胶着对峙状态，不过协约国开始掌握战争的主动权。

1917年，德军从3月开始连续组织5次大规模进攻，不仅未能击败英法军，反而大量消耗了自己的力量，最后只得撤退至兴登堡防线，从此只能作消极防御。英法联军也从4月起多次发动攻势，开始无大进展，直到8月，才在亚眠战役中取得决定性胜利。

东线战线，主要是俄军同德、奥军作战。

1914年8月，俄军首先发起进攻，在东普鲁士战役中遭惨败，但在加利西亚打败了奥军。10月，土耳其参加同盟国一方作战，对协约国构成新的威胁。1915年，德军将主力集中到东线，连续发动进攻，俄军接连败退，到9月才抗住德军攻势。1916年，俄军乘德军重点回攻西线之际，于6月发起进攻，取得胜利，并促使罗马尼亚加入协约国。8月，奥德联军进攻罗马尼亚，至年底占其大部分领土。1917年11月，俄国十月革命爆发并取得胜利，建立了苏维埃政府和第一个社会主义国家。次年3月，苏俄与德国签署《布列斯特—立陶夫斯克条约》，并宣布退出世界大战。

巴尔干战场，主要奥军同塞军作战。

1914年8～12月，奥军3次攻入塞尔维亚，都被塞军赶出国境。德军被迫分兵增援。次年10月，保加利亚加入同盟国，出兵协助德奥军作战，并一起攻占了塞尔维亚。

意大利战场，主要是意大利同奥军作战。

由于意大利与奥匈帝国之间存在着尚未收复的达尔马提亚问题，意大利于1915年加入协约国一方，对德国和奥匈帝国宣战。6月～12月，意军发动多次进攻，但进展不大，双方转入阵地战。1917年5月～8月，意军连续发动进攻，迫使奥军向德国求援。10月，德奥军组织卡波雷托战役，击败意军。12月，意军得到英法军支援，挡住了德奥军的攻势。此后，意军重新充实调整，到1918年10月发起维托里奥威尼托战役，大败奥军，迫使奥匈帝国投降。

其他战场，主要海上战场、远东战场等。

在海上，1916年5月，英德双方进行了战中最大规模的日德兰海战。最终，舍尔海军上将率领的德国公海舰队以相对较少吨位的舰只损失击沉了更多的英国舰只，从而取得了战术上的胜利；杰利科海军上将指挥的皇家海军本土舰队成功地将德国海军封锁在了德国港口，使得后者在战争后期几乎毫无作为，从而取得了战略上的最终胜利。

在远东，日本参战后，除派兵强占中国山东外，还夺占了德国在南太平洋的岛屿殖民地。

俄国退出战争后，德国得到了片刻喘息之机，但德国的各盟国——奥斯曼土耳其帝国、保加利亚帝国和奥匈帝国却因持续作战，致使经济崩溃，国内各民族发生起义，无力再战。

1918年9月26日，英法美联军发动总攻，同盟国土崩瓦解。9月29日，保加利亚投降；10月30日，土耳其投降；11月30日，奥匈投降。11月初，德国十一月革命爆发，德皇威廉二世退位，社会民主党组成临时政府，宣布成立共和国。11月11日，《贡比涅森林停战协定》签订，德国投降。至此，历时4年零3个月的第一次世界大战以协约国的胜利告终。

简评

在第一次世界大战中，协约国虽然胜利了，但是元气大伤，尤其是英国和法国的势力受到了很大削弱。在战争中牟取暴利的是美国和日本，尤其是美国一跃成为经济强国。对于俄国来说，第一个社会主义国家苏维埃建立，它推动了世界各国无产阶级革命运动，使殖民半殖民国家的民族解放事业蓬勃兴起。

主要事件

日德兰海战

时间：1916年5月

地点：日德兰半岛附近北海海域

人物：舍尔、杰利科

结果：战术上德国胜利，战略上英国胜利

第四部分　现代战争

现代战争，指以俄国十月社会主义革命为开端至今发生的战争。

> **读一读**
>
> 俄国十月社会主义革命（1917年~1918年），也称布尔什维克革命、俄国共产革命，是以列宁为首的布尔什维克党领导广大工人、农民和士兵，以及被压迫民族进行的武装起义。因为这场革命发生在俄历10月25日，故被称为"十月革命"。

俄国十月社会主义革命

在第一次世界大战爆发之前，腐朽、反动的俄国沙皇专制统治已经陷入深刻的危机，国内反抗沙皇专制统治的革命浪潮此起彼伏。大战爆发后，俄国社会矛盾更加尖锐，人民的反抗斗争革命进入高潮。1917年2月，俄国人民在以列宁为首的布尔什维克党的领导下，推翻了沙皇专制统治，史称"二月革命"。起义成功后，起义的工人和士兵成立了"工兵代表苏维埃"。但是，俄国资产阶级却窃取了二月革命的胜利果实，成立了以克伦斯基为首的临时政府。

资产阶级临时政府成立后，继续推行沙皇俄国所参与的第一次世界大战的战争政策，并组织军队镇压在"二月革命"中推翻沙皇专制制度的广大工人和士兵武装，取缔和残害各地的工兵代表苏维埃和农民代表苏维埃，实行资产阶级的专制统治。于是，布尔什维克党被迫转入地下活动。

7月，布尔什维克党领导劳动群众举行了"七月示威"，推动了全国革命形势的发展。8月，布尔什维克党在彼得格勒（今圣彼得堡）召开第六次代表大会，确定以武装起义推翻资产阶级临时政府和建立无产阶级专政的方针。到10月间，俄国革命形势迅速发展，工人的罢工斗争几乎遍及全国各地，有些地区的农民掀起夺地抢粮斗争，前线的士兵开始公开抵制临时政府的命令，武装夺取政权的条件日趋成熟。10月下旬，从芬兰秘密回到彼得格勒的列宁，直接领导武装起义。

冬宫

"阿芙乐尔号"巡洋舰

1917年11月7日（俄历10月25日），俄国首都彼得格勒（圣彼得堡）的工人赤卫队和士兵在列宁及布尔什维克党领导下首先举行武装起义。7日晚，起义军以停泊在涅瓦河上的"阿芙乐尔号"巡洋舰的炮声为信号，向冬宫发起攻击。至8日凌晨，起义军攻入冬宫，逮捕了临时政府成员，克伦斯基逃亡。

在起义队伍攻打冬宫之时，全俄工兵代表苏维埃在斯莫尔尼宫召开第二次全俄苏维埃代表大会，宣布临时政府被推翻，中央和地方全部政权已转归苏维埃。第二天，列宁在大会上作报告，大会通过了《和平法令》和《土地法令》，组成了以列宁为主席的第一届苏维埃政府——人民委员会，世界上第一个社会主义国家宣告诞生。

彼得格勒武装起义的胜利和全俄苏维埃政府的成立，标志着俄国历史新篇章的开始。

从1917年10月到1918年2月，革命扩展到俄国各地。待到1918年3月，俄国境内各地纷纷建立了苏维埃政权。

· 简 评 ·

俄国十月革命的胜利，开辟了人类探索社会主义道路的新时代，使马克思列宁主义传遍世界，极大地震撼了资本主义世界。它在人类历史上第一次消灭剥削和压迫的不平等社会，第一次尝试建设公平正义共同富裕的美好社会。同时，它为世界各国无产阶级革命、殖民地和半殖民地的民族解放运动开辟了胜利前进的道路。

> **主要事件**
>
> **彼得格勒武装起义**
>
> 时间：1917年11月7日
> 地点：圣彼得堡
> 人物：列宁、克伦斯基
> 结果：布尔什维克党胜利

> **读一读**
>
> 苏俄内战（1918年~1920年），又称苏联国内战争、对苏干涉战争，是苏维埃俄国（简称苏俄）为保卫新生的革命政权，同国内反革命武装和外国干涉军进行的战争。

苏俄内战

1918年，苏维埃俄国成立。它给世界无产阶级、被压迫人民与民族的革命斗争带来了希望，同时也引起国内外反革命势力的仇恨和反抗。

十月革命胜利后，被推翻的剥削阶级和代表其利益的各个党派在边疆各地区，尤其是南部和东部边疆地区结成了反苏维埃政权的统一阵线，组织反革命武装，发动反革命叛乱。1918年3月3日，苏维埃俄国与德、奥、保、土四国同盟签订《布列斯特和约》，退出第一次世界大战。这让英、法、日、美等协约国非常不高兴，他们不愿看到新生的苏维埃政权，于是乘苏俄内乱之际进行武装干涉，扶植俄国反革命势力发动武装叛乱。

1918年3月，英、法、美干涉军先后在摩尔曼斯克登陆。4月，日、英、美干涉军在符拉迪沃斯托克（海参崴）登陆。4月~5月，德国和土耳其违背《布列斯特和约》，侵占克里木和南高加索。5月底，捷克斯洛伐克军团发动叛乱，占领了伏尔加河中游、乌拉尔、西伯利亚和远东地区。在此期间，国内的克拉斯诺夫、邓尼金、高尔察克和尤登尼奇等反革命势力，依靠外国干涉军的扶植，纷纷在各地建立傀儡政权，发动反对苏维埃政权的武装叛乱。至1918年夏，苏维埃共和国的领土已丧失四分之三，四面受敌。

为了保卫苏维埃政权，战胜国内外反革命武装的进攻，苏维埃政府于1918年初颁布组建工农红军和工农红海军的法令，3月成立最高军事委员会，统一指挥全国武装力量。随后，苏维埃政府组建了东方面军、南方面军、北方面军、西方面军和里海—高加索方面军。1918年夏至1919年初，苏维埃红军队从东、西、南、北四条战线发起进攻，取得了初步胜利。在东线，红军打败叛变的捷克斯洛伐克军团，收复了伏尔加尔河沿岸和乌拉尔；在南线，红军抗击克拉斯诺夫和邓尼金的进攻，胜利地保卫了察里津；在北线，红军粉碎了英、美干涉军；在西线，红军收复了乌克兰、白俄罗斯和波罗的海沿岸地区。

从1919年3月到1920年底，在协约国的支持和策划下，俄国反革命势力连续发动3次大规模进攻。

邓尼金

第一次进攻：1919年3月，西伯利亚的高尔察克白卫军为主力部队，从东线实施突击；尤登尼奇和邓尼金从西、南两个方向配合，目标指向莫斯科。4月底，红军击退高尔察克和尤登尼奇白卫军的进攻；7月底，红军消灭高尔察克主力；年底，红军收复西伯利亚大部分地区。

第二次进攻：1919年7月3日，邓尼金下令攻占莫斯科，从顿河西岸到伏尔加河分兵三路北犯。10月初，红军南方面军和东南方面军转入反攻，在奥廖尔、沃罗涅日和库尔斯克等地重创邓尼金军，夺得战略主动权。1920年1月，红军消灭了邓尼金主力，红军取得决定性胜利。

第三次进攻：1920年4月，弗兰格尔白卫军（邓尼金残部）配合波兰军队从西、南两个方向，向红军发动进攻。5月7日，波军占领基辅。5月下旬，红军西方面军转入反攻，收复基辅。8月16日，波军反扑，红军被迫退却。10月12日，波苏签订停战协定。11月，红军消灭弗兰格尔匪军。

至此，苏俄内战和外国武装干涉基本结束，国家开始转入和平建设。

● 简 评

苏维埃政权之所以在苏俄内战中取得胜利，除了战争本身具有的人民性和防御性外,主要是建立了一支有战斗力的军队,以其严格的集中领导和灵活的指挥。这次胜利,使刚刚成立的苏维埃政权得以站稳脚跟,为以后的发展奠定了基础。

主要事件

莫斯科战役

时间:1919年7月

地点:莫斯科

人物:邓尼金

结果:苏维埃红军胜利

> 读一读
>
> 土耳其独立战争（1920年~1923年），是奥斯曼帝国在第一次世界大战战败之后，土耳其人民为抵抗协约国各国瓜分奥斯曼帝国进行的一场政治及军事对抗。

土耳其独立战争

1918年10月30日，奥斯曼土耳其帝国签订《摩德洛斯停战协定》，承认了战败。随后，英、法、意等协约国开始实施一战期间缔结的瓜分奥斯曼帝国的秘密协议。1918年11月23日，协约国军队占领了伊斯坦布尔。1919年5月，亚美尼亚民主共和国入侵卡尔斯。1919年5月15日，希腊军队占领伊兹密尔。数日后，意大利军队在安塔利亚登陆。奥斯曼政府被协约国控制，国家领土和主权遭受凌辱，土耳其人民与协约国的矛盾加剧，纷纷起来反抗斗争，要求独立。在民族英雄阿塔土克领导下，土耳其人民展开了民族解放运动。

在日益高涨的民族独立运动的压力下，苏丹政府被迫于1920年1月在伊斯坦布尔召开奥斯曼国会，阿塔土克派议员占据了多数席位。1月28日，国会通过了阿塔土克派制订的《国民公约》，规定土耳其拥有民族自决和平等权利。这一公约被誉为土耳其的"独立宣言"。

1920年4月23日，阿塔土克等人在安卡拉召开新的国会——大国民议会，随后成立了国民政府，阿塔土克担任临时总统兼国民军总司令。这个新政权决意抵抗苏丹政府，驱除外国列强。因此，革命军与苏丹政府军队、英军等帝国主义军队进行了多次战争。

1920年6月14日，双方在伊兹密尔附近交火。战斗开始，苏丹政府军及英军的优势明显压倒起义军。结果，在英军利用空中优势投下炸弹的情况下，起义军被迫撤退。战后，阿塔土克吸取教训，加紧训练军队，购买新式武器，力求建立一支有效的武装军队。

1920年8月10日，协约国强迫苏丹政府签订《色佛尔条约》。条约规定，奥斯曼帝国的欧洲领土除伊斯坦布尔周围的一小块外都被割掉；安那托利亚东部将出现独立的亚美尼亚和库尔德斯坦；伊兹密尔归希腊管理；土耳其海峡非军事化。从此，奥斯曼帝国作为一个多民族国家的历史宣告结束。《色佛尔条约》的签订引来了革命者的普遍不满，他们强烈反对苏丹政府的求辱行为，各地要求国家统一、民族的独立运动再次燃烧。这次独立战争主要包括土亚战争、希土战争、法土战争等三次战争。

土亚战争（1920年）：《色佛尔条约》刚签订不久，卡兹姆·卡拉贝克尔便率起义军把亚美尼亚军赶出了奥尔图，并且反攻亚美尼亚，迫使亚美尼亚签署了停火协议。1920年11月28日，艾纳特里·海克率红军越过阿塞拜疆苏维埃社会主义共和国进入亚美尼亚，仅一个星期，亚美尼亚便被打败，此后不再对土耳其民族独立战争构成威胁。

希土战争（1920年~1922年）：希腊军占领伊兹密尔后，遭到土耳其人民和革命军的不断攻击，于是以此为借口驱军深入土耳其，进行疯狂报复。最终，土耳其革命军将希腊军队驱赶出了伊兹密尔。1922年10月3日，停火会谈在穆丹雅展开，双方签署了穆丹雅停战协定。

法土战争（1921年）：希腊及英国军队在希土战争中受挫后，法国利用亚美尼亚人在南部对抗土耳其人的策略亦告失败。亚美尼亚藉法国军团不能按计划联合当地的亚美尼亚人对抗民族主义军队。多数当地的亚美尼亚人只得跟随法国军队迁移。法国要求阿塔土克的土耳其政府赔偿150万枚金币，但被拒绝。

由于与革命军的战争接连受挫，而阿塔土克领导的革命军又节节胜利，成为国际间公认的一个强大的力量，并且有些国家承认他们是真正的土耳其政府，于是协约国各方企图以谈判的方式结束双方之间的战争。

1923年7月24日，土耳其与协约国集团签订了《洛桑条约》，废除了丧权辱国的《色佛尔条约》，保持了领土完整，维护了民族独立。1923年10月

23日，土耳其新政府宣布定都安卡拉。10月29日，阿塔土克当选为总统，伊斯美特出任总理，土耳其共和国正式成立。

· 简 评 ·

土耳其独立战争沉重打击了帝国主义的殖民体系，首次打破了凡尔赛——华盛顿体系，赢得了民族独立，为世界其他受列强欺压国家争取民族独立解放运动的胜利树立了典范。

主要事件

伊兹密尔战役

时间：1922年

地点：伊兹密尔附近

人物：阿塔土克

结果：革命军胜利

> **读一读** 第二次世界大战（1939年~1945年）简称二战，是以德国、意大利、日本法西斯轴心国等国为一方，以美国、苏联、英国、法国、中国等反法西斯同盟国为另一方进行的第二次全球规模的战争。

第二次世界大战

第一次世界大战结束后，帝国主义时代所固有的各种基本矛盾一个也未解决，而又增加了战胜国与战败国的矛盾以及帝国主义战胜国之间的矛盾。如战败国德国对《凡尔赛和约》的严厉惩罚和约束怀恨在心；战胜国意大利因未能获得英、法许诺的领土而不满；战胜国日本扩张要求日益强烈等等。由于德、日、意等国的实力很快得到恢复和加强，他们要求重新瓜分世界，成为英、法、美等国的对手。随着1929年~1933年世界资本主义经济危机的爆发，帝国主义制度的各种基本矛盾重新尖锐化并愈演愈烈，终于发展到诉诸战争。德、意、日三国相继发动了局部侵略战争，包括日本侵占中国东北三省、日本对苏联的战争挑衅、意大利侵略埃塞俄比亚、德、意武装干涉西班牙内战、德国吞并奥地利和肢解捷克斯洛伐克等战争，最后终于导致了第二次世界大战的爆发。

轴心国首脑

国家	人物	职务	政党
德国	阿道夫·希特勒	德意志第三帝国元首兼任德国总理	德国民族社会主义工人党（纳粹党）
意大利	贝尼托·墨索里尼	意大利王国首相	意大利国家法西斯党
日本	裕仁	日本天皇	大本营·日本皇室
	近卫文麿、东条英机	日本首相	
匈牙利	霍尔蒂	匈牙利领导人	不详

保加利亚	鲍里斯三世	保加利亚沙皇	无
罗马尼亚	米哈伊一世	罗马尼亚国王	无

同盟国首脑

国家	人物	职务	政党
澳大利亚	孟席斯	澳大利亚总理	统一党
	柯廷		工党
波兰	拉茨凯维茨	波兰流亡政府总统	无（任总统时）
荷兰	威廉明娜	荷兰女王	无
美国	富兰克林·罗斯福	美国总统（第三十二任、第三十三任）	民主党
	哈里·杜鲁门		
英国	乔治六世	英国国王	无
	温斯顿·丘吉尔	英国首相	保守党
	克莱门特·艾德礼		工党
中国	蒋介石	中国国民党总裁、国民政府主席、军事委员会委员长	中国国民党
苏联	约瑟夫·斯大林	苏联共产党中央委员会总书记、苏联人民委员会主席	苏联共产党
加拿大	麦肯齐·金	加拿大总理	加拿大自由党
自由法国	夏尔·戴高乐	自由法国领袖、法国临时政府总统	无（战时）

1939年9月1日，德国进犯波兰，第二次世界大战由此开始。这场战争分为四个阶段。

第一阶段（1939年9月～1941年6月）：德国向波兰开战后，英、法先后发出照会，要求德国停止进攻，从波兰领土撤出一切军队，德国置之不理。3日，英、法政府对德宣战。但是，英、法宣而不战。9月28日，波兰被迫停止抵抗。

英国首相温斯顿·丘吉尔（左）
美国总统富兰克林·罗斯福（中）
苏联第一书记约瑟夫·斯大林（右）

占领波兰后，德国回师进军西线，于1940年在西欧发动闪电攻势：4月，攻占丹麦、挪威；5月，入侵荷兰、比利时、卢森堡，绕过马奇诺防线攻入法国。6月，英、法联军战败，法国投降，英军被迫撤出西欧大陆。与此同时，意大利对英法宣战，出兵北非。1941年6月，在德军支援下，意大利夺取英、法在北非和地中海的殖民地。

另外，在这一阶段，日本帝国主义对中国的侵略也进一步扩大了。日军开始向中国内地进攻，占领华南地区，并侵占了法属印度支那北部。

第二阶段（1941年6月～1942年11月）：1941年6月22日，苏德战争爆发。苏德战争初期，德军凭借优势兵力和闪击攻势，占领苏联大片领土。苏联军民在苏联共产党和斯大林领导下，对德军进行顽强抵抗，在1941年9月至次年4月的莫斯科会战中，首次挫败德军，粉碎其"闪击战"计划。

1941年12月7日，日军奇袭美海军基地珍珠港，太平洋战争爆发。次日，美、英对日宣战。接着，中国、荷兰、澳大利亚、新西兰等国对日宣战；德、意对美宣战。此后，中国战场成为亚洲战场的主战场，也成为了世界反法西斯战场的重要战场，中国军民顽强抗击了日本陆军的主力，有力地支援了太平洋盟军和东南亚人民的抗日斗争。1942年5月，美军在中途岛海战中挫败日军，初步掌握了作战海域的主动权。

第三阶段（1942年11月～1943年12月）：在1942年7月至次年2月的斯大林格勒会战中，苏军歼灭德军150万，取得了第二次世界大战的转折性胜利。随后，苏军又取得库尔斯克会战、第聂伯河会战的胜利，完全掌握了战争主动权。1942年11月，英、美军在北非登陆，于次年5月将德、意军逐出北非。1943年7月，英、美军在西西里岛登陆；9月，意大利投降。由此，法西斯集团开始瓦解。在亚洲，中国人民在日军的反"扫荡"中取得重大胜利。同时，美军在太平洋战场上转入反攻。

第四阶段（1944年1月～1945年9月）：1944年，苏军对德军连续发动10次突击，解放全部国土，并在东欧、南欧和北欧不断与德军交战。同年6月，英、美盟军在诺曼底登陆，开辟欧洲第二战场，使德军陷入三面包围之中。1945年初，苏军和英、美军攻入德国本土。5月2日，苏军攻克柏林；8日，德国投降。

同时，亚洲和太平洋战场的对日作战也不断胜利发展。中国战场继1944年局部反攻后，1945年相继发起更大规模的春季攻势和夏季攻势。太平洋战场上，到1945年6月，美英军全部摧毁了日本本土的外围防线。8月6日和9日，美军在日本广岛和长崎投下了原子弹。加速了日本侵略战争的失败。

8月8日，苏联对日宣战，9日进军中国东北，围歼日本关东军。15日，日本投降。9月3日，日本签署投降书，第二次世界大战宣告结束。

· 简 评 ·

第二次世界大战给人类造成了空前灾难，使世界各国人民饱受战争之苦。战后，殖民地半殖民地纷纷获得了独立。

主要事件

斯大林格勒会战

时间：1942年7月
地点：斯大林格勒会战
人物：斯大林、希特勒
结果：德国战败

> 读一读
>
> ●●●● 大西洋战争（1939年~1945年），是指在第二次世界大战中，美、英两国与德国为争夺大西洋及其邻近诸海的海上交通线而进行的战争。

大西洋战争

第二次世界大战爆发后，大西洋海上交通线成为英国输入战略物资、工业原料和粮食的"生命线"，所以，英国在军事计划中把夺取大西洋战区的制海权作为最主要的任务之一。为迫使英国屈服，德国从大战开始便以海军和空军破坏英国海上交通线。于是，双方展开了一场以潜艇战与反潜战为主要作战样式的大西洋海上争夺战。1939年9月3日，德海军指挥官邓尼兹派出U–30号潜艇击沉英邮轮"雅典娜"号，大西洋战争拉开序幕。大西洋战争分为三个阶段。

第一阶段（1939年9月~1941年6月）：开战初期，德国由于海军力量

潜艇

远不如英国海军强大,尤其是大型水面舰只少得可怜,因此德国除以 1~2 艘袖珍战列舰组成水面小编队,把商船改装成袭击舰与英海军正面交火实行破袭战外,还展开潜艇战,以单艇对英国航运实行"打了就跑"的战术。到 1940 年 3 月 1 日为止,德国潜艇共击沉英船只 199 艘,达 70 余万总吨位;两艘袖珍战列舰也击沉了 5.7 万总吨位的船只。1940 年 8 月,德国实行无限制潜艇战,并开始实施"狼群战术",即多艘潜艇协同作战,一但发现盟国护航舰队,便由一艘搜索追击,并用无线电引导其余潜艇到场集合,抢占护航队上风,然后在水上连续数日夜袭,直到歼灭猎物为止。从 1941 年 6 月起,德国主要以潜艇作为破坏大西洋交通线的兵力。

第二阶段(1941 年 7 月~1943 年 5 月):1941 年 7 月,美军登陆冰岛,接替英军守卫该岛。随后,美国又担负起在冰岛以西护送运输船队的任务。美国参战后,德国将无限制潜艇战作战范围扩大到西大西洋,以潜艇群在北美外海袭击同盟国商船。为对付德国的潜艇战,英、美组建以护航航空母舰为核心的特遣舰队,并从 1942 年 7 月开始装备厘米波和分米波搜索雷达、磁探仪、新式声纳、深水炸弹等武器装备,使反潜战能力有了明显提高。1943 年初,英、美加大反潜兵力投入,由消极防御转为积极进攻,迫使德国于同年 5 月将剩余潜艇撤离大西洋。从此,大西洋战争出现转折。

第三阶段(1943 年 6 月~1945 年 5 月):德国为扭转不利态势,再次出动潜艇群进入大西洋。英、美则抽调更多的兵力投入反潜艇潜战,基本掌握了大西洋上的制海、制空权,使德国潜艇难以有所作为。另外,盟军对德国工业尤其是潜艇制造业基地的轰炸,尤其是 1944 年 6 月艾森豪威尔将军率领的同盟国军队在法国西北部进行的诺曼底战役等,摧毁了德军在比斯开湾的重要基地配系,并空袭各潜艇基地,将潜艇封锁在基地内,使德国潜艇的作战效果显著下降,潜艇的损失急剧上升,难以有效补充。1945 年 5 月 24 日,邓尼兹下令潜艇撤离北大西洋,大西洋潜艇战就此告终。

● 简 评 ●

由大西洋战争可以看出,海上破交战和保交战在现代战争中具有重要战略地位。正如丘吉尔在《第二次世界大战》所写："大西洋战役自始至终一直是整个战争的主导因素。我们一刻都不能忘记，不论在陆地、在海洋、在天空或其他任何地方发生的一切都最终与大西洋战役的结果息息相关。"

主要事件

诺曼底战役

时间：1944年6月
地点：法国西北部诺曼底
人物：艾森豪威尔
结果：盟军胜利

> **读一读**
> 苏德战争（1941年~1945年），是指二战期间，苏联反抗法西斯德国及其盟国侵略的战争，也称苏联卫国战争。

苏德战争

1941年春，德军侵占巴尔干半岛后，便开始在东欧集结兵力，加紧完成对苏联的作战部署。德国对苏作战计划——"巴巴罗萨"方案确定：集中优势兵力沿三个战略方向实施闪电式进攻，把苏军主力消灭在苏联西部地区，然后长驱直入进抵阿尔汉格尔斯克、伏尔加河、阿斯特拉罕一线，使用空军摧毁乌拉尔工业区，最终击败苏联。

1941年6月22日，德军按照"巴巴罗萨"方案分三路以闪电战的方式突袭苏联。7月3日，斯大林号召全体苏联人民团结起来，全力以赴同希特勒法西斯作殊死斗争，苏德战争全面爆发。这场战争分为三个阶段。

第一阶段（1941年6月~1942年11月）：战争爆发后，德军因准备充分、武器装备占有优势且突然袭击，一举突破了苏军防御。仅3个星期，德军便夺占了立陶宛、拉脱维亚和爱沙尼亚全部、白俄罗斯和乌克兰大部，并侵入俄罗斯西部各州，进抵列宁格勒远接近地，威胁斯摩棱斯克和基辅。苏联仓促应战，节节败退，被迫转入战略防御。

9月底，德军封锁列宁格勒，攻占斯摩棱斯克、基辅等城市。

希特勒等人研究侵苏作战计划

11月，德军北、中、南三路军兵临莫斯科城下，莫斯科岌岌可危。苏军在最高统帅部的指挥和敌后游击队的配合下，改以积极防御疲惫和消耗敌人作战策略，并于12月初转入反攻。

1942年4月，经5个月艰苦奋战，苏军取得了莫斯科保卫战的重大胜利，粉碎了德国的"闪击战"计划，初步稳定了苏德战场的局势。1942年11月，苏军守住了斯大林格勒，并挡住了进攻高加索的德军，为集结兵力转入战略反攻创造了条件。

第二阶段（1942年11月～1943年12月）：1942年11月19日，苏军以斯大林格勒方面军和西南方面军、顿河方面军组成两个突击集团，从斯大林格勒南北两翼实施大规模反攻，合围德军第6集团军全部和第4装甲集团军1部。随后，苏军击退前来援救被围集团的德军2个突击集团，至1943年2月2日，苏军围歼进攻斯大林格勒的德军主力，取得斯大林格勒会战的胜利。从此，苏德战场的战略主动权转到了苏联方面，苏德战争和整个第二次世界大战出现了历史性转折。

与此同时，苏军通过高加索会战、列宁格勒会战、沃罗涅日－哈尔科夫战役、伏罗希洛夫格勒—罗斯托夫战役，向顿河上游、库尔斯克和哈尔科夫方向发展进攻，先后收复库尔斯克、哈尔科夫和顿巴斯北部地区，并突破德军对列宁格勒的封锁。此外，苏军在高加索方向继续发展进攻，至1943年4月初解放北高加索大部地区。

1943年7月，苏军在库尔斯克会战中与德军展开了第二次世界大战中规模最大的坦克交战，歼敌50余万人。此役的胜利，使德军曼施坦因的南方集团军完全丧失战略进攻能力，被迫转入全线防御。至年底，苏军收复近一半左右的失地，解放了布良斯克、斯摩棱斯克和基辅等城市。至此，德军在苏德战场遭

苏军在库尔斯克会战中步坦协同作战

受严重挫败，被迫全线退却并转入仓促防御。

第三阶段（1943年12月~1945年5月）：为尽快歼灭入侵之敌，苏军最高统帅部计划在波罗的海到黑海的整个战线上展开全面进攻，通过一系列战略性进攻战役彻底打败德军，解放全部国土。从1943年底~1944年冬，苏军收复了全部失地，并进军芬兰和挪威，攻入罗马尼亚、保加利亚、波兰、捷克斯洛伐克、匈牙利和南斯拉夫等国领土。

苏联红军攻占德国国会大厦

1945年春，为配合盟军在西线阿登地区击退德军的反扑，600多万苏军在北起波罗的海南至多瑙河的广阔战线上发起进攻，胜利地进行了一系列战略性进攻战役，不断追歼残余德军。5月2日，苏军攻克德国首都柏林。5月8日，德国无条件投降。

· 简 评 ·

苏德战争对第二次世界大战有着极其深远的影响，苏联以重大代价换来的胜利，为彻底击败法西斯德国和结束第二次世界大战做出了重大贡献。可以说，没有苏联政府及苏联人民的顽强抵抗，二战的胜负很难判断。

主要事件

库尔斯克会战

时间：1943年7月

地点：库尔斯克

人物：曼施坦因

结果：德军完全丧失战略进攻能力，转入全线防御

> 读一读
>
> ●●●● 太平洋战争（1941年～1945年），是指二战期间，日本法西斯为了争夺远东殖民地、独霸亚洲，在亚洲、太平洋地区发动的侵略战争。这场战争参战国家有37个，涉及人口超过15亿。

太平洋战争

1940年，德国侵占西欧。此时，在远东，英、法、荷的力量薄弱，美国正忙于支援抗德战争，无力东顾。日本军国主义认为，这是推行"南进"战略（侵占东南亚，独霸西南太平洋）的好机会。于是，1941年12月8日凌晨（日本时间8日3时20分，夏威夷时间7日7时50分），日军在联合舰队司令山本五十六指挥下，偷袭美国在太平洋最大的海空军基地夏威夷群岛的珍珠港，轰炸菲律宾，登陆马来半岛。同日，美、英对日宣战，11日，德、意对美宣战，太平洋战争爆发。

战争开始后，美军缺乏准备，只是进行防御和牵制性作战，遭受严重损

中途岛战役

失；英、荷力量薄弱，更是不堪一击。不到半年时间，日军便侵占了香港、马来西亚、菲律宾、关岛、新加坡、缅甸、印度尼西亚等地，处于暂时的军事优势。面对日本帝国主义的野蛮侵略，被占领国家和地区的人民，纷纷拿起武器，打击日本侵略者。

1942年春，美国建立太平洋和西南太平洋两个战区司令部，开始增加兵力，加强对日作战。5月～6月，美军尼米兹将军率领的太平洋舰队在珊瑚海首挫日军后，又在中途岛海战中取得击沉日航空母舰4艘、重创日本联合舰队的重大胜利，使战局出现了有利于盟军的转折。同年8月至次年2月，美军在瓜达尔卡纳尔岛登陆，经过反复激烈争夺，最终击败日军，使太平洋战场的战略态势出现根本转折，盟军开始由守势转为攻势。

1943年11月22日至26日，中、英、美三国签订《开罗宣言》，确认联合对日作战，直到日本无条件投降。由此，盟军转入全面反攻。

1944年10月，美军尼米兹指挥的太平洋战区部队和麦克阿瑟指挥的西南太平洋战区部队分别占领中太平洋的马绍尔群岛、马里亚纳群岛与西南太平洋的新几内亚及帕劳群岛。1945年春，美军先后取得莱特湾大海战和莱特岛争夺战、吕宋岛登陆战的巨大胜利，控制了整个菲律宾群岛。1945年上半年，盟军乘胜发动新攻势，相继攻占缅甸，夺取硫黄岛和冲绳岛，同时加强对日本本土的战略轰炸。5月8日，德国投降，日本完全陷入孤立。

8月6日和9日，美国先后在广岛和长崎投掷原子弹。8月9日，苏联出兵中国东北，并进军萨哈林岛南部和千岛群岛。与此同时，中国军民迅速转入全国规模的战略反攻。在各国抗日军民的共同打击下，亚太地区的日本侵略军迅速土崩瓦解。8月15日，日本天皇宣布日本无条件投降。9月2日，日本投降签字仪式在驻泊东京湾的美国"密苏里"号战列舰上举行。至此，太平洋战争和第二次世界大战宣告结束。

● 简 评

太平洋战争的胜利标志着历时整整6年（1939~1945）的世界反法西斯

战争的结束，第二次世界大战走向历史。

主要事件

中途岛战役

时间：1942年6月

地点：中途岛附近海域

人物：尼米兹

结果：美军取得决定性胜利

> **读一读**
>
> ●●●●● 缅甸抗英战争（1946年~1948年），是指缅甸人民为争取国家独立，同英国殖民主义者进行的不屈不挠的斗争。

缅甸抗英战争

1942年5月，日本侵占英属殖民地缅甸。1944年8月，在缅甸共产党倡导下，缅甸成立了统一战线组织"反法西斯人民自由同盟"，随后制定了举行全国抗日武装起义的计划。1945年3月27日，在英国的支持下，昂山将军率领国民军首先起义，各地抗日武装迅速响应。随后，起义军解放了仰光等地。在日本投降后，英军以盟军的身份重新占领了缅甸。同年9月7日，缅甸反法西斯人民自由同盟主席昂山由于与英军达成的战前协议，同意将抗日武装由2万人缩减为5000人，并编入由英国控制的缅甸政府军内。此后不久，英国又要求昂山将分散各地的抗日游击队统一编成人民志愿军。迫于英国的强势，昂山暂时与英国妥协。

1946年1月，缅甸反法西斯人民自由同盟第一次全国代表大会做出决议，坚决要求缅甸完全独立，建立民主联合政府。会后，缅甸全国掀起了争取民族独立的新浪潮。9月，缅甸各地不顾英国殖民当局的镇压，再度爆发全国工人大罢工和农民武装反抗殖民者的斗争。

1947年1月，英国政府被迫作出让步，在伦敦签订了《昂山—艾德礼协定》。协定规定：英同意缅甸完全独立；在4月以前选举制宪会议，但通过的宪法须经英国国会批准；缅甸独立以前，仍由英国总督管理。缅甸共产党及其领导的群众组织坚决反对这一协定。同年4月，在共产党参加下选举了制宪议会，成立了以昂山为总理的自由同盟临时政府。6月，缅甸第一次制宪会议通过了要求脱离英联邦完全独立的决议。

7月19日,在英国指使下,昂山等7名反法西斯人民自由同盟领袖被暗杀。20日,自由同盟副主席吴努组成新的临时政府。8月29日,英缅签订《英缅防御协定》,英国意在移交政权后,尽快撤出英军,但必要时还可进入并使用军事基地和设施,同时派出常驻军事代表团,协助训练军队等。英国的卑劣行径激起了缅甸人民更强烈的反对,各地共产党领导的武装及广大人民纷纷起义。

10月17日,英国被迫在伦敦与缅甸正式签署了《关于承认缅甸独立及有关事项条约》。12月10日和1948年1月1日,英国议会和缅甸国会先后批准了这个条约。1948年1月4日,缅甸正式宣布脱离英联邦独立。

· 简 评·

在妥协与反抗交织的斗争,缅甸抗英战争终于取得胜利,缅甸人民从此不再受殖民国家的剥削和制压。虽然独立后的缅甸在国际和国内的地位都还很不牢固,但是毕竟已成功走出一步,以后会越来越好。

主要事件

缅甸全国工人大罢工

时间:1946年9月

地点:缅甸境内

人物:昂山

结果:英国妥协

> 读一读
>
> ●●●●● 第一次印度支那战争（1946年~1954年），是指越南、老挝、柬埔寨人民（主要是越南人民）反对法国恢复殖民统治、争取和维护民族独立的解放战争。

第一次印度支那战争

1945年8月，日本投降后，法国戴高乐将军提出对印度支那的拥有权，并派出远征部队。此时，东南亚所有地区都希望摆脱19世纪欧洲殖民主义的重负，而印度支那人（主要是越南人）的独立运动主要集中在北部，因此越南党政领袖胡志明决定在河内成立严格意义上的越共联盟政府，宣称要废黜法国的傀儡保大国王。以此为借口，法国首先在越南北部第二主要城市海防港口附近与越南人民军开战。接着，法国于1946年11月23日重炮轰击了海防，造成6000人死亡。于是，越盟开始采取报复行动，武元甲将军率领人民军包围了河内，于12月19日与法军发生大规模的流血冲突，伤亡惨重。次日，胡志明发表《告越南人民书》，号召全国抗战，第一次印度支那战争爆发。

战争初期，法军凭借兵力优势采取速战速决方针，进行南北分割，先后侵占了河内、海防、广治、顺化等城市。越军主力撤往农村和山区建立根据地，开展游击战，以部分兵力在河内等大城市牵制法军。1947年10月7日，法军分三路进犯越北根据地，企图消灭越军主力。12月22日，越军以诱敌深

胡志明

入、分割围歼战法歼敌 6000 余人，取得越北战役的胜利，粉碎了法军的速战速决计划，战争进入相持阶段。

进入相持阶段，法军改变战略，实行"以越制越、以战养战"方针，对占领区实行安抚政策，对解放区加紧"蚕食"和"扫荡"，并扶植西贡政权，扩充其军队。1949 年 6 月，前国王保大在西贡建立"越南国"，组建"国民军"。7 月和 11 月，法国分别与老挝和柬埔寨签订条约，企图使对柬、老的占领合法化。

在相持阶段，越南建立正规军、地方军、民兵游击队三结合武装力量体制，实行普遍义务兵役制，进一步扩充军事力量，采取以游击战为主、运动战为辅的方针，以营、连为单位深入敌后开展游击战，并组建机动部队实施运动战。此外，从 1950 年 1 月起，越南与中国、苏联等社会主义国家相继建立外交关系，得到国际援助，抗战力量加强。随之，越军取得边界战役等一系列战役的胜利，巩固并扩大了越北根据地，掌握了北部战场主动权。同年，柬埔寨高棉抗战政府和老挝寮国抗战政府先后成立，积极开展抗法武装斗争。

1950 年 12 月，法、美签订军事援助协定。美国开始插手印度支那战争，把大量武器装备运进越南，并派遣军事顾问团帮助组建西贡军队。1951 年 3 月，越、老、柬组成联合阵线，在战争中互相支持、密切协同作战，随后取得一系列作战的胜利。

1953 年春，越军协同寮国战斗部队发动上寮战役，解放桑怒。1953 年～1954 年，越军开展整军运动，随后在越西北和西原地区发起战略反攻。与此同时，寮国战斗部队在越军配合下解放北部丰沙里省、中部甘蒙省和南部阿速坡等地；柬埔寨抗法武装解放东北地区。1953 年 11 月 9 日，法国承认柬埔寨独立，把权力移交给王国政府。

1954 年 3 月 13 日～5 月 7 日，武元甲率军对驻奠边府法军发起进攻，经 55 天激战歼灭法军 1.6 万余人，俘法军司令卡斯特里准将及其指挥部全体人员。这次战役的胜利，是第一次印度支那战争的决定性胜利的一战，促进了日内瓦会议的召开。

1954 年 5 月 8 日，日内瓦会议召开。会议承认了老挝和柬埔寨的独立，保持越南现状（沿北纬17度线分为两部分），要求法国和北越军队在30天内分别撤出北越和南越。印度、加拿大和波兰成员组成国际监督委员会，负责监督这些条款的执行。至此，第一次印度支那战争结束。

· 简 评 ·

第一次印度支那战争是第二次世界大战后亚洲人民反对殖民统治、争取民族独立的重要组成部分。战后，越南（越南17度线以北地区完全解放）、老挝、柬埔寨三国独立，结束了法国长期的殖民统治，其统一与领土完整获得国际承认，这为亚、非、拉人民民族解放斗争提供了有力的榜样。

主要事件

奠边府战役

时间：1954年3月13日
地点：越南的西北部奠边府
人物：武元甲、卡斯特里
结果：法军惨败

> 读一读
>
> ●●●● 印巴战争（1947年～1971年），是印度和巴基斯坦之间因领土归属问题发生的战争。

印巴战争

第二次世界大战后，随着世界许多国家民族解放运动的蓬勃发展和印度人民反帝反殖斗争的日益高涨，英国政府不得不同意向印度移交政权。但是，为了达到撤走后仍能控制印度的目的，英国利用印度教和伊斯兰教两大教派政党的对立，继续推行"分而治之"的政策，极力制造印度各民族、各教派、各党派之间的矛盾，扩大分裂。1947年6月3日，印度总督蒙巴顿提出了"蒙巴顿方案"，即将印度一分为三——印度教徒的印度、伊斯兰教徒的巴基斯坦和王公土邦，规定各王公土邦有权按自愿原则选择加入上述两个国家，或保持同英国的旧有关系。如此一来，印度两大教派政党，即国大党和穆斯林联盟围绕国家统一还是分治，以及争夺各王公土邦，展开了激烈斗争。

1947年8月印度和巴基斯坦正式分治后，分治矛盾以及民族、宗教、领土等各种矛盾愈益加深，双方围绕克什米尔邦的归属问题发生了三次战争。

第一次印巴战争（1947年～1949年）：英国从印度撤军后，印度和巴基斯坦都要求克什米尔加入它们，但克什米尔土邦主哈里·辛希望保持其独立地位，因此推迟对这个问题的决定。

为争夺克什米尔，1947年10月22日，一支由亲巴基斯坦的部落和巴基斯坦士兵组成的军队（巴基斯坦称"克什米尔解放军"）从巴基斯坦西北边省入侵克什米尔，目标直指克什米尔首都斯利那加。克什米尔军队由于较为分散，很快被击溃。哈里·辛逃往印度，向印度政府求援。印度借此机会也进军克什米尔，克什米尔战争即第一次印巴战争由此爆发。

随着印度军队的介入，克什米尔解放军入侵受到很大的阻碍。到1947年底，除喜马拉雅山脉高地地区外，未能继续进军。1948年6月，喜马拉雅山地区的克什米尔解放军也在列城外郊被击退。此后，双方未能取得更多的战略优势，进入僵持状态。12月31日，双方达成停火协议，于1949年1月5日生效。协议规定，巴基斯坦占据克什米尔的2/5，印度占据3/5。克什米尔丧失了在英属殖民时期享有的独立国家地位。

第二次印巴战争（1965年~1966年）：1965年2月，印度陆军在航空兵的支援下突然占领了巴基斯坦控制的库奇兰恩北部地区。3月起，印度以进行"箭头"演习的名义向库奇兰恩地区持续增兵，使地区的兵力达到3个旅，并夺取了巴基斯坦的几个哨所。

起初，巴基斯坦认为库奇兰恩是不毛之地，因此对印军的侵入只是提出了抗议而未采取实质性的行动。但不久传出库奇兰恩地区可能蕴藏石油及其矿产资源的消息，于是巴基斯坦遂向库奇兰恩地区派出了第8师的两个旅。在对峙中，双方发生了对射，冲突进一步升级，战争爆发。

为了从印军手中夺回失去的地方，在强大火力支援下，巴基斯坦军向印军发起了猛烈进攻，并从印军手中夺回了一些哨所。印军伤亡了大量士兵，被迫向东撤退了30多千米。战斗至7月，由于库奇兰恩地区地势狭小、水网遍布，不适合大规模的作战行动，双方在英国首相道格拉斯·霍姆的调停下，于7月1日签订停火协议。

印巴双方刚宣布签订停火协议，没想到，印度内政部长当天即发表谈话，宣称，克什米尔是印度的一部分，是"不容辩论和谈判的既定事实"。这番言论大大激怒了巴基斯坦。8月5日，大批号称"自由战士"的穆斯林武装人员进入印控克什米尔地区，对印军的哨所、补给仓库、车队进行袭击。穆斯林武装人员很快被印军所镇压。为进一步打击穆斯林武装，印军至8月下旬在停火线一带集结了6个师的兵力，并越过停火线向巴控区发起了进攻，战火燃到了巴基斯坦。

面对印军咄咄逼人的进攻，巴基斯坦感到克什米尔局势的严重性。8月

F-86"佩刀"式飞机

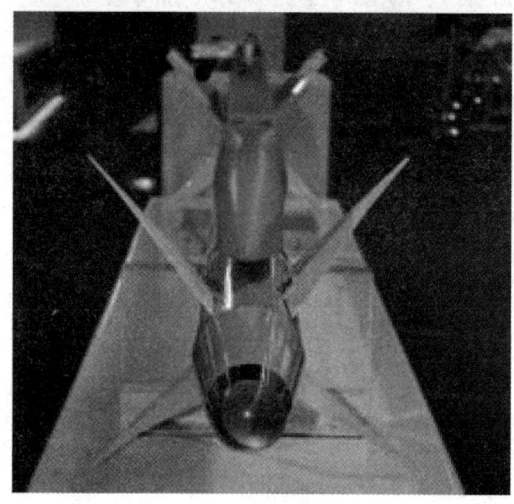

响尾蛇导弹

31日晚,巴总统阿尤布·汗紧急召开有陆军司令穆萨、空军司令努尔·汗等高级军官参加的作战会议,会议决定出动正规部队对克什米尔西部的查木布和乔里安地区的印军实施反击。此次反攻计划代号为"大满贯行动"。

经过激烈交战,在巴军具有相对空中优势(巴基斯坦的主力战机为当时较为先进的美制F-86"佩刀"式飞机和F-104"明星"式飞机,其中"佩刀"式飞机上装备有AIM-9"响尾蛇"红外制导空空导弹,而印空军没有装备空空导弹。AIM-9"响尾蛇"导弹能够在3000米外发射,是巴空军的撒手锏。在空中格斗中,4架印军战机被击落,致使印军飞机不敢轻易升空)的情况下,印军连连败退。战至9月,"大满贯行动"告一段落,巴军不但解了"自由战士"之围,还乘势夺取印控克什米尔约500平方千米的土地,使克什米尔首府斯利那加门户洞开。

印军在克什米尔兵败消息传到国内后,引起了印度朝野的极大震动。印内阁连夜召开会议,决定实施一项更为大胆的计划,开辟新的战场,即越过印巴边境线,直接对巴本土发动攻击。9月6日凌晨,印军不宣而战,突然向巴基斯坦发起大规模进攻。

巴基斯坦对印军的突然袭击毫无准备,节节败退,很快就退到了亚克尔运河边。亚克尔运河是拉合尔的最后一道天然屏障,如果此地失守,印军将直捣拉合尔,尔后向巴基斯坦腹地进攻,后果不堪设想。巴军决心坚守亚克尔运河，不再后退半步。9月6日，巴总统阿尤布·汗宣布全国进入紧急状态，并向军队下达了总动员令。然而此时巴军的主力尚在克什米尔战场，国内的陆军预备队寥寥无几，如果单靠现有的陆军肯定支撑不住，于是巴政府将扭转战局的希望全都寄托在空军身上。

9月6日，巴空军司令努尔·汗下令对印本土纵深的5个机场和3个雷达站发动突袭。突袭非常成功，仅在帕坦科特基地一处就击毁了未来得及起飞的7架米格–21和5架"神秘"式飞机。在空战中，F–86战斗机击落了近10架印军战机。经过近两天的激战，巴空军在空中击落印机19架，在地面击毁35架，而自己仅损失6架F–86飞机、1架F–104飞机和1架B–57轰炸机，印空军战机从此再也不敢轻易上天，巴空军夺取制空权。巴空军为地面部队提供了火力支援，初步扭转了战局。

利用绝对的空中优势，巴军不断取得战争的主动权。战到16日，印巴双方沿亚克尔运河形成对峙。23日，在联合国的调停下，印度和巴基斯同意全线停火。1966年1月4日至9日，在苏联政府的斡旋下，印巴两国同意撤退到1965年8月5日前所在地区。第二次印巴战争就此结束。

第三次印巴战争（1971年）：1971年3月，巴基斯坦东部人民联盟领袖拉赫曼进行分裂活动，宣布独立。随后，巴基斯坦叶海亚军政府对分裂活动进行镇压。巴基斯坦陷入内乱。趁此机会，印度决定出兵支持东巴独立。

1971年11月21日，印军对东巴发动大规模进攻。印军的作战企图是：东攻西守，速战速决，一举夺占东巴。12月3日，印军也开始向西巴采取军事行动，印巴战争全面爆发。12月16日，印军占领东巴首府达卡。在西巴方面，双方都没取得决定性胜利。在东巴胜利后，印度总理宣布进攻西巴的印军于17日22时30分单方面停火。巴基斯坦接受了印度的停火建议，西巴战场的作战行动也宣告结束。印巴战争结束后，东巴脱离巴基斯坦，成立了孟加拉共和国。

· 简 评 ·

　　印巴战争的祸根，从根本上来说是由英国殖民主义者种下的。可见，对于殖民地问题的解决，从开始阶段就应该尽可能彻底地解决，以免以后发生国家分裂等情况。不然，最后不仅是国家，更重要是人民又会因战乱陷入苦难。

主要事件

空袭印度

时间：1965年9月6日

地点：印度本土5个机场和3个雷达站

人物：努尔·汗

结果：空袭成功

> **读一读**
>
> 中东战争（1948年~1949年、1956年~1957年、1967年、1973年、1982年），也称阿以战争、以阿战争，是指以色列与埃及、叙利亚等周围阿拉伯国家之间因为中东巴勒斯坦地区土地划分等问题进行的5次大规模战争。

中东战争

1947年11月29日，联合国第181号决议规定：英国于1948年8月1日之前结束在巴勒斯坦的委任统治，并撤出军队；两个月后，在巴勒斯坦的土地上建立两个国家，即阿拉伯国和犹太国（以色列）。根据分治决议的蓝图，阿拉伯国国土可达11203平方公里，约占当时巴勒斯坦总面积的43%，人口中阿拉伯人为72.5万人，犹太人为1万人；犹太国国土为14942平方公里，约占巴勒斯坦总面积的57%，人口中阿拉伯人为49.7万人，犹太人为59.8万人。

对于分治决议，阿拉伯人非常不满，因为在巴勒斯坦地区的阿拉伯人有120多万，占总人口的三分之二强，但分到的领土只占巴勒斯坦总面积的43%。更令他们难以容忍的是，阿拉伯国的领土支离破碎，互不相连，大部分是丘陵和贫瘠地区。犹太国则不然，犹太人虽仅有60万，不到总人口的三分之一，而其领土却占巴勒斯坦总面积的57%，大部分又位处沿海地带，土地肥沃。于是双方的早已有的矛盾进一步变得尖锐，以致发生冲突和斗争，终于爆发了大规模的战争，史称中东战争。至今，双方之间发生的大规模战争一共有五次。

第一次中东战争（1948年~1949年），也称巴勒斯坦战争，以色列称独立战争。1948年5月14日，以色列国正式成立，并趁英军撤出之机，抢占划给阿拉伯人的地区。阿拉伯人反对不公正的决议，15日，6个阿拉伯国家向以色列宣战。在美国的干涉下，到1949年3月止，阿拉伯国家先后同以色列签订停战协定。通过这次战争，以色列占有了巴勒斯坦五分之四的土地。

第二次中东战争（1956年~1957年），也称苏伊士运河战争。1956年7月，埃及总统纳赛尔宣布将受英、法控制的苏伊士运河收归国有。英法为了夺回对运河的控制权，于10月29日伙同以色列进攻西奈半岛和加沙地区，发动了第二次中东战争。在埃及人民的抗击下，以色列5日宣布停火，英、法6日停火。英、法和以色列军队在12月和次年3月，先后撤出埃及。

第三次中东战争（1967年），也称六日战争。1964年5月28日至6月4日，巴勒斯坦各界代表在阿拉伯联盟的支持下，在耶路撒冷东城区举行了第一次巴勒斯坦国民大会，确定组成巴勒斯坦解放组织执行委员会（简称巴解），建立了巴勒斯坦武装力量"法塔赫"。法塔赫以消灭以色列、建立独立的巴勒斯坦国为目标，这对以色列构成了威胁，双方之间又一次战争不可避免。1967年6月5日，以色列在美国的支持下，对阿拉伯国家发动了第三次中东战争。经过6天闪电式袭击，埃及、约旦、叙利亚三国分别于8日到11日同意与以停火。在这场战争中，以军使三个阿拉伯国家遭受了巨大的损失，占领的土地是它战前的4倍。

第四次中东战争（1973年），也称十月战争、赎罪日战争。第三次中东战争后，埃及、叙利亚为收复失地，积极扩军备战。1973年10月6日，埃、叙两军乘以军过赎罪日，从西、北两线同时向以军发动突然袭击。战至24日，以军基本上粉碎了埃、叙两军的作战企图，并完成了对苏伊士城、埃军第三军团的包围。阿拉伯国家在战局不利的形势下，与以色列达成停火。

第五次中东战争（1982年），也称以色列入侵黎巴嫩战争。1982年6月4日，以色列趁阿拉伯国家之间关系处于分裂不和之机，在美国的支持下，以摧毁巴解武

中东战争空战

装力量为战略目标，发动了对黎巴嫩大规模入侵的第五次中东战争。6月4日，以色列出动飞机空袭贝鲁特和黎南部巴解游击队基地。9日，90架以军飞机空袭贝卡谷地，叙军的地空导弹基地连被摧毁。经一系列战斗后，叙军被迫撤至距以色列北部边界炮火射程之外的地区，叙以双方宣布停火，但巴解仍在战斗。12日在贝鲁特遭到猛烈轰炸一天后，以色列和巴解组织同意停火。可是，以军与叙军、巴解游击队仍发生大规模战斗。8月21日，在联合国部队监护下，巴解部队从贝鲁特分散撤往8个阿拉伯国家。到此，中东战争暂时告一段落。

· 简 评 ·

通过5次大规模中东战争，以色列几乎占有了巴勒斯坦的全部领土和其他阿拉伯国家的部分领土，却无力使阿拉伯邻国承认它在中东的永久合法地位，反而使中东的局势进一步恶化。不过，世界各国人民都希望阿以冲突能够早日和平解决。

主要事件

苏伊士运河保卫战

时间：1956年10月29日

地点：西奈半岛和加沙地区

人物：纳赛尔

结果：埃及胜利

> 读一读
>
> 朝鲜战争（1950年~1953年），是朝鲜人民为争取国家统一和反对美国侵略，在中国人民志愿军的援助下进行的战争。

朝鲜战争

在第二次世界大战中，美、苏、英等国曾多次讨论过战后恢复朝鲜统一与独立的问题。1945年8月，美国提议以北纬38°线为界，由美、苏分别在朝鲜南、北部接受日本投降，得到苏联同意。8月，苏军和朝鲜人民军解放了"三八线"以北地区。9月，美军在仁川登陆，控制了"三八线"以南地区。12月，苏、美、英莫斯科外长会议达成一项关于在朝鲜建立临时政府的协议。由于苏、美意见对立，会后两国围绕建立什么样的临时政府展开了尖锐斗争。

1948年8月15日，美国扶持朝鲜南部李承晚集团建立了大韩民国。9月9日，朝鲜北方成立了以金日成为主席的朝鲜民主主义人民共和国。双方都宣称对整个朝鲜半岛拥有主权。于是，朝鲜从此形成南北分裂的局面，南北边境武装冲突频繁。

1950年6月25日，朝鲜民主主义人民共和国声称，李承晚在美国操纵下突然向三八线以北地区进行了全面的武装侵犯，于是下令军队越过三八线，发动了对大韩民国的突然进攻，朝鲜南北之间终于爆发大规模内战。

美国总统杜鲁门在朝鲜内战爆发第三天即决定公开插手战争，命令麦克阿瑟将军使用海、空军全力支持南朝鲜军队作战。并且，美国还

金日成号召全民反抗美国侵略

操纵联合国安理会通过决议，组成以美国为首、由16个国家参加的"联合国军"，对朝鲜内战进行武装干涉。面对强敌，朝鲜人民军表现出了很强的战斗力。6月28日，夺取汉城；7月20日，占领大田；7月24日，占领木浦；7月31日，占领晋州。大韩民国国防军和美军被一直逼退到釜山。此时，朝鲜人民军已占领朝鲜半岛90%的土地，92%的人口。

9月15日，麦克阿瑟登上旗舰麦金利山号亲自督战，在美英两国三百多艘军舰和五百多架飞机掩护下，美军第十军团成功登陆仁川，从朝鲜军队后方突袭，切断朝鲜半岛的蜂腰部一线，迅速夺回了仁川港和附近岛屿。9月22日，撤退到釜山环形防御圈的联合国军乘势反击，9月

美军越过三八线

27日仁川登陆部队与釜山部队水原附近会合，一日之后重夺汉城。

因战事进展极其顺利，麦克阿瑟将军要求乘势追击，将共产主义逐出整个朝鲜半岛。10月1日，联合国军越过三八线北犯，19日占领平壤。此时，战火已燃烧到中国边境，中国安全受到严重威胁。

面对来犯的联合国军，中国多次警告都被拒绝，于是中国组成以彭德怀为司令员的中国人民志愿军赴朝参战。从1950年10月25日起，中国人民志愿军以"运动战"为主，发挥近战、夜战特长，连续进行了5次战役，把联合国军从鸭绿江边赶回到三八线以南地区。12月6日，中、朝军队收复平壤。1951年1月4日，中、朝军队占领汉城。战至6月10日，战线稳定在三八线南北地区，双方转入战略防御，展开阵地战与政治谈判交织进行的斗争。

1952年，中朝军队依托以坑道为骨干同野战工事相结合的坚固防御阵地，击退了联合国军的多次攻势，并进行了著名的上甘岭战役和多次全线战术反击，粉碎了对方的"绞杀战"和细菌战。

由于在军事上和政治上的失败并受到国内外的压力，美国政府被迫于1953年7月27日在《朝鲜停战协定》上签字。

• 简 评 •

  中朝人民军队在朝鲜战争中的胜利，粉碎了美国的战争计划，保卫了朝鲜民主主义人民共和国，也捍卫了新中国的安全。同时，这场胜战极大地鼓舞了世界殖民地、半殖民地国家人民争取独立、和平、民主的正义斗争，使世界形势继续朝着有利于人民的方向发展。

主要事件

上甘岭战役

时间：1952年

地点：朝鲜中部金化郡五圣山南麓村庄上甘岭及其附近地区

人物：彭德怀

结果：中国人民志愿军胜利

> 读一读
>
> ●●●●● 古巴革命战争（1953年~1959年），是古巴人民为反对亲美独裁政权的而进行的民族民主革命战争。战后，古巴在美洲大陆建立了第一个摆脱帝国主义统治的社会主义国家。

古巴革命战争

1898年12月10日，美西两国在巴黎签订和约，西班牙放弃对古巴的主权，立即撤军，由美国占领古巴。随后，美国在古巴实行新殖民主义政策，扶植亲美势力，强迫古巴接受"普拉特修正案"，规定美国有权干涉古巴内政和在古巴建立海军基地。1902年，古巴宣布成立共和国，但至50年代，历届政府均受美国控制。1952年3月，巴蒂斯塔在美国政府支持下，夺取政权。

上台后，巴蒂斯塔便开始实行独裁统治，立即解散议会，废除1940年以来带有资产阶级进步性质的宪法。为巩固和加强统治，巴蒂斯塔政府宣布古巴人民社会党为非法组织，禁止各种罢工和群众集会，对反对力量强行镇压。短短几年内，古巴有数万人被杀或遭监禁、流放，10万多人流亡他国，上百万人失业。与此同时，美国进一步控制了古巴经济，双方还签署了《军事互助条约》。巴蒂斯塔的独裁统治激化了古巴国内矛盾，引起了人民的强烈反抗。

1953年7月26日，青年律师菲德尔·卡斯特罗发动武装起义，攻打奥连特省首府圣地亚哥市郊的蒙卡达兵营等目标，拉开了古巴革命战争的序幕。但由于力量悬殊，起义失败。菲德尔·卡斯特罗被捕，被判15年徒刑。

卡斯特罗被捕后，古巴全国爆发了要求特赦政治犯的人民运动。鉴于此，巴蒂斯塔于1954年11月总统选举前夕释放了攻打蒙卡达的参加者，卡斯特

劳尔·卡斯特罗（左）与切·格瓦拉（右）

罗获大赦。此后，卡斯特罗迁居墨西哥，他们在那里组织了一支革命部队，伺机打回古巴。在墨西哥，卡斯特罗还结织了后来成为拉美游击战理论创始人之一的格瓦拉。

1956年12月2日，卡斯特罗率领82名起义军在奥连特省登陆，欲与国内革命者派斯协同作战。不料，遭到巴蒂斯塔军队的围剿。结果，只有12人突围进入马埃斯特腊山区。此后，卡斯特罗在该地建立革命根据地，开展游击战。

1957年1月，起义军夜袭普拉塔兵营，歼敌12人，首战告捷。同年5月，起义军进攻乌贝罗，歼敌53人。此后，起义军明确宣布要推翻巴蒂斯塔反动统治，建立人民革命政权，并提出进行土地改革，释放政治犯，恢复公民的政治权利等口号，赢得各阶层人民的广泛支持，队伍不断发展壮大。

1958年年初，卡斯特罗的胞弟劳尔·卡斯特罗带领几十人开赴克里斯塔尔山区，开辟了继马埃斯特腊之后的第二战线。同年2月，胡安·阿尔梅达又率军在圣地亚哥地区开辟了第三战线。同时，主要由青年学生组成的"三·一三革命指导委员会"的一个武装小组进入了达埃斯坎布赖山区，开展游击活动。至1958年上半年，反政府军的活动已经遍及奥连特省大部地区。

为了遏制全国各地武装斗争迅猛发展的势头，巴蒂斯塔政府开始对马埃斯特腊山区实行"总进攻"。政府军共出动1万多人，配备有飞机、坦克和大炮，驻关塔那摩基地的美军也出动了飞机，对起义军基地进行突袭和轰炸。面对优势敌军，起义军与之展开了艰苦的游击战，充分利用山区险峻的地理条件，疲惫和袭击敌军，给进攻的敌军一系列打击。经过1个多月的战斗，起义军歼灭政府军队1000多人，并肃清了马埃斯特腊地区的政府军，巴蒂斯塔发动的"总进攻"以失败告终。

1958年7月，古巴革命战争进入一个新的阶段。8月底，起义军的两个纵队在卡米洛·西恩富戈斯少校和格瓦拉少校指挥下开出马埃斯特腊山区，在其他武装力量的配合下，开始向古巴西部地区进攻。在拉斯维利亚斯省，"三·一三革命指导委员会"、人民社会党和其他反美反独裁团体的武装部队建立联合反政府统一战线。1959年1月1日，起义军攻克拉斯维利亚斯省省会圣克拉拉，歼灭和瓦解敌军3000余人。同日，菲德尔·卡斯特罗和劳尔·卡斯特罗指挥的军队占领了奥连特省省会圣地亚哥。巴蒂斯塔见大势已去，逃往国外。1月2日，起义军开进哈瓦那，政府军投降，古巴革命战争以起义军的胜利结束。

1959年1月3日，古巴临时政府在圣地亚哥成立，乌鲁亚蒂任临时总统，菲德尔·卡斯特罗任武装部队总司令。2月，卡斯特罗出任政府总理，7月，多尔蒂科斯取代乌鲁亚蒂任总统。新政权实行土改和发展民族工业的政策，宣布美国公司和当地大、中资产阶级的财产为国有，执行反对帝国主义干涉、维护国家独立的政策。1961年，菲德尔·卡斯特罗宣布古巴革命是社会主义性质的革命。

· 简 评 ·

古巴革命战争的胜利，使古巴的历史翻开了新的一页。这场战争，得到了古巴人民的广泛支持，与人民的民族民主革命运动结合在一起，这是革命战争取得胜利的力量源泉。

主要事件

哈瓦那战役

时间：1959年1月2日
地点：哈瓦那
人物：菲德尔·卡斯特罗
结果：起义军取得最终胜利

> 读一读
>
> 阿曼民族解放战争（1955年~1968年），是指阿曼人民为了反对英国殖民主义者的奴役和压迫进行的民族解放战争。

阿曼民族解放战争

1949年，阿曼（包括马斯哈特苏丹国和阿曼伊斯兰教长国两个部分，教长国相对独立）同沙特阿拉伯、阿拉伯联合酋长国接壤地区——布赖米绿洲发现石油。英国强迫"奴役国"马斯哈特苏丹签订保证英国勘探和开采石油的租让合同，合同范围扩大到了阿曼伊斯兰教长国。阿曼人民对此表示强烈反对，教长国拒绝这一要求。

1955年12月15日，由英国军官契斯曼上校指挥的马斯喀特军队向阿曼教长国发动进攻，阿曼民族解放战争爆发。面对殖民主义奴役的威胁，阿曼人民克服部族之间的矛盾，团结起来，奋起反抗侵略者。阿曼武装以山地为依托，广泛开展阵地战和游击战。

1957年7月19日，阿曼人民武装在塔里布·本·阿里的领导下向首都尼兹瓦发起进攻。21日，击溃了马军，收复首都。随后，人民武装斗争席卷整个阿曼。为尽快镇压阿曼人民反抗，英国从塞浦路斯、肯尼亚、亚丁和新加坡等地调来陆、海、空军，对阿曼人的据点进行狂轰滥炸，轮番攻击。在敌军强大攻势下，阿曼人民武装主动撤离首都尼兹瓦，退至阿达耳山中心区，与进攻之敌激战3个多月。

1959年初，英军司令部集中1万余名士兵，在空军和坦克兵支援下，再次进攻阿达耳山，企图围歼人民武装。但是，英军又被挫败。此时，占国土四分之三的腹地山区，仍控制在游击队手中。

1960年，在英军的疯狂进攻和镇压下，阿利卜·本·阿里教长（对主持伊斯兰教清真寺教务的阿訇的称呼）丧失了国内根据地，被迫流亡国外。

1961年以后，在英国政治诱降下，阿里教长几次同英国会谈，并达成妥协，阿曼教长国被并入马斯喀特苏丹国。至此，阿曼的民族解放战争暂告平息。

从1963年开始，一些新的民族主义组织纷纷宣告成立，教长在政治上已不起作用。1968年，英国军队被迫从阿曼撤出。

· 简 评 ·

从阿曼民族解放战争中可以看出，帝国主义列强英国为了掠夺殖民地资源，不惜动用一切尽可能的残忍手段。这种侵略行径也促使受殖民者控压国家暂时忘记内部仇恨，一致对外。

主要事件

尼兹瓦战役

时间：1957年7月19日

地点：尼兹瓦

人物：塔里布·本·阿里

结果：人民武装收复首都尼兹瓦

> 读一读
>
> 越南抗美战争（1961年~1975年），简称越战，也称第二次印度支那战争，是指越南人民反对美国侵略、谋求国家统一的民族解放战争。

越南抗美战争

日内瓦协议签署后，美国取代法国干涉越南事务，支持南越吴廷琰集团镇压越南南方人民的反独裁斗争。1960年12月30日，越南南方民族解放阵线宣告成立，武装斗争蓬勃发展。虽然有美国的军事援助，但政治上的腐败导致越南共和国总统吴廷琰的政府民心丧尽，无力阻止越南反政府武装。1961年5月，为了进一步帮助越南共和国政府，美国总统肯尼迪派遣一支美国国防军特种部队进驻越南共和国，开启了美国国防军战斗部队进入越南的先河。从此，越南人民抗美战争开始。这场战争分为三个阶段。

第一阶段（1961年~1964年）：为"特种战争"阶段。战争主要在南方进行。1961年，美国国防军特种部队根据斯特利—泰勒计划，在南方大量建立"战略村"，发动所谓特种战争，企图在18个月内平定南方人民的革命斗争。1962年4月，美驻越援军司令部成立，指挥南越伪军作战。南方人民在北方人民的支援下，积极开展游击战，变"战略村"为打击美、伪军的"战斗村"。1963年1月，在北村战斗中，南方人民给敌以沉重打击，粉碎了美国的战争计划。1964年，美国开始执行两年内平定南越的约翰逊—麦克纳马拉计划。12月，南方军民在平也战役中取得胜利，致使美国的特种战争计划全面宣告破产。

第二阶段（1964年~1968年）：为局部战争阶段。约翰逊继任美国总统后，把特种战争逐步升级为以美军为主、南越伪军为辅的局部战争。侵越美军迅速增至54.3万人。1965年3月，美国开始执行"南打北炸"的战略方针，一方面派空军对北方实施全面轰炸；一方面派地面部队在岘港登陆，在南方直接承担作战任务。

1968年初，越南南方军民发动"春季攻势"，向西贡、顺化、岘港等64个大中城市、省会及军事基地展开猛烈进攻。同年3月，约翰逊政府被迫宣布部分停止对北越的轰炸。5月，越美巴黎谈判开始。11月，美国宣布完全停止对越南北方的轰炸。至此，"局部战争"失败。

第三阶段（1969年~1975年）：为战争"越南化"阶段。1969年1月，尼克松就任美国总统。7月，尼克松政府提出"越南化"，采用"用越南人打越南人"的手段，同时宣布美军将逐步撤出越南。为挽回败局、体面撤军，美伪军加紧对解放区实行"扫荡"，但在越南人民的顽强抵抗下，美伪军的几次进攻均遭惨败，美军的讹诈政策被粉碎。1973年1月27日，美国被迫在结束越南战争的协定上签字。

3月，美国地面部队撤离越南，但在南方仍留下2万多名军事顾问，继续推行战争"越南化"政策，支援拥有110万人的阮文绍伪军，蚕食解放区。1975年3月~4月，越南军民发动总进攻，打垮南越傀儡政权，解放了西贡，完成了南北统一，越南抗美战争结束。

• 简　评 •

越南抗美战争使越南人民特别是南方军民，为争取战争的胜利遭受了巨大的牺牲，付出了惨重的代价。这次战争造成了越南800万平民的死亡。战争结束时，给越南留下了满目疮痍的土地和100万孤儿、200万寡妇、50万残疾人、70万妓女。但这还不是苦难的终结，越南又先后与中国和柬埔寨发生战争。长期的战争以及与世界的隔绝导致越南经济崩溃、通货膨胀,可见,越南的重建是多么艰难。

> **主要事件**
>
> **平也战役**
>
> 时间:1964 年 12 月
>
> 地点:越南南部平也地区
>
> 人物:约翰逊
>
> 结果:特种战争计划全面宣告破产

> 读一读
>
> 阿尔及利亚民族解放战争（1954年~1962年），是指阿尔及利亚为争取民族独立、摆脱法国殖民统治而进行的战争。

阿尔及利亚民族解放战争

阿尔及利亚是北非国家，位于地中海西部，紧靠海上交通要道。由于它战略地位重要，资源丰富，且与法国本土较近，因此早为法国统治者所垂涎。从1830年开始，法国便不断对阿尔及利亚发动侵略战争，力图使其成为法国的殖民地。1905年，法军攻占撒哈拉地区，阿尔及利亚全境沦为法国殖民地。为实现民族独立，阿尔及利亚人民进行了无数次各种形式的抗法斗争，削弱了法国的殖民统治。

第二次世界大战期间，阿尔及利亚人民积极参加反法西斯斗争。美、英、法等曾许诺，战后将满足阿尔及利亚人民的独立要求。但是，法国殖民当局没有实现诺言，反而对要求独立的群众实施严厉镇压。二战后，在亚、非、拉民族解放运动高涨的形势下，阿尔及利亚革命者于1954年8月建立了"团结与行动革命委员会"，同年10月改组为民族解放阵线，其纲领为争取民族独立，实现社会民主，建立一个以伊斯兰教为基础的主权国家，并决定成立民族解放军，开展武装斗争。

1954年11月1日，民族解放军分别在全国30多个地方发动武装起义，阿尔及利亚民族解放战争开始。此后，广大农民、工人、知识分子、小资产阶级、民族资产阶级及一部分官吏和封建地主都参加起义队伍，"拥护阿尔及利亚宣言民主联盟""争取民主自由胜利党""伊斯兰教贤哲会"等组织也加入民族解放阵线，武装斗争发展成为民族大起义。至1956年初，民族解放军已发展到 1.5 万余人，加上民兵共有 11.5 万人，武装斗争遍布阿整个北部地区。

1957 年 3 月，起义扩大到南部撒哈拉地区。民族解放军不断挫败法军的"围剿"和"扫荡"，扩大和巩固根据地，建立民主政权。至 1958 年，民族解放军发展到 13 万人，武装斗争席卷全国四分之三的地区。驻阿法军 1954 年为 5 万，1958 年猛增至 80 万，加上警察等达百万之众，但法军不仅没有扑灭起义火焰，反而死伤达 50 万人，并耗资 80 多亿美元。

1958 年 9 月 19 日，以费尔哈特·阿巴斯为首的阿尔及利亚临时政府在埃及开罗成立。1960 年 6 月，法、阿谈判开始。阿尔及利亚民族解放阵线一面谈判，一面领导解放军多次攻破法军长 3000 公里、宽约 1 公里的"莫里斯防线"，粉碎了法国的"固守要点，全面封锁"的战略方针。

1962 年 3 月 18 日，法被迫回到谈判桌边，签订了法、阿《埃维昂协议》，承认阿尔及利亚人民的自决权和阿尔及利亚国家的独立和主权。次日，阿全境实现停火，持续了七年半的阿尔及利亚民族解放战争终于结束。7 月 3 日，阿尔及利亚正式宣告独立，7 月 29 日，定名为阿尔及利亚民主人民共和国。

· 简 评 ·

阿尔及利亚民族解放战争的胜利，使阿尔及利亚成为非洲第一个通过武装斗争取得独立的国家，为北非及其他法属殖民地人民争取民族独立的斗争提供了有益经验，创造了有利条件。

主要事件

攻克莫里斯防线

时间：1960 年

地点：阿尔及利亚边境

人物：费尔哈特·阿巴斯

结果：粉碎法国的"固守要点，全面封锁"的战略方针

> **读一读**
> 越柬战争（1978年~1990年），是指越南为实现其拼凑"印支联邦"、称霸东南亚的野心，对邻国柬埔寨发动的全面武装入侵战争。

越柬战争

拼凑一个以越南为盟主的"印度支那联邦（包括越南、老挝、柬埔寨三国）"，是越南蓄谋已久的地区霸权主义目标。早在20世纪60年代，越南就借口抗美战争的需要，在柬国内建立了越军"庇护所"和运输线。1975年，越南抗美战争胜利后，越当局又在"特殊关系"的幌子下，加紧对柬、老的侵略扩张，遭到柬埔寨人民的强烈反对。1977年越南曾大举进犯柬埔寨，被挫败。但它没有罢休，反而变本加厉蚕食柬领土，不断进行军事挑衅，并在越柬边境集结军队，准备更大规模的入侵。1978年12月25日，越军集中兵力，采取突然袭击的方式，对柬埔寨全面入侵，越柬战争爆发。

战争起初，越军以20万地面部队、600辆坦克和数百门火炮，在空、海军支援下，向柬埔寨发动全面军事进攻。至1979年1月中旬，越军攻占了柬埔寨首都金边及全境主要城市、沿海岛屿和交通线。柬埔寨国民军寡不敌众，部队从8万人减少到2万人，被迫采取"人民战争和以游击战为主"的战略方针，主动转移至西部边境地区，开展抗越游击战争。

越军在占领金边及柬埔寨

金边市独立纪念碑

大片国土后，大肆进行"清剿"和"扫荡"，同时扶植亲越政权，向柬大批移民，封锁柬泰边境，采用各种手段削弱柬抵抗力量。为了抗越救国，柬埔寨三支爱国抗越武装量（政府总理乔森潘领导的国民军、前国家元首西哈努克亲王组建并领导的西哈努克民族主义军，前首相宋双领导的高棉人民民族解放军）摒弃分歧，于1982年6月组成民主柬埔寨联合政府，实现了三方抗越力量的联合。此后，抗越武装以西部边境解放区为依托，采取"三层作战"（山地丛林战、平原游击战、重要城镇周围袭扰战）交错进行的战法，使抗越游击战争逐步从边境向内地发展，打破了越军一次又一次的旱季攻势和"扫荡"。

由于柬埔寨爱国武装力量的壮大和游击战争的发展，越南侵略军在各个战场连遭沉重打击，损失巨大。仅在第8个旱季作战中，抗越武装就毙伤越军2.6万人，拔除据点336个，其中营以上据点57个。到1986年，越军已无力组织大规模作战行动，进退维艰。与此同时，国际社会要求越南撤军的呼声越来越高，加之苏联对越南的援助又大量削减。越南被迫于1990年从柬埔寨撤出了侵略军，拼凑"印度支那联邦"的计划遂告破产。

简 评

越柬战争战火停止，柬埔寨国土上出现了新的曙光。虽然当时柬埔寨国内的爱国武装力量还未统一，但是柬埔寨已向独立、自主的大路上迈出了一大步。

主要事件

金边战役

时间：1979年1月

地点：金边

人物：乔森潘

结果：柬埔寨国民军战败，金边被攻陷

> 读一读
> ●●●● 苏联入侵阿富汗战争（1979年~1989年），是苏联武装入侵阿富汗而与阿抵抗力量之间展开的一场侵略与反侵略战争。

苏联入侵阿富汗战争

20世纪70年代，苏联推行勃列日涅夫的全球战略，加紧与美国争夺世界霸权。为实现南下印度洋、控制中亚枢纽地区的战略企图，苏联从1973年起对阿富汗进行政治、经济、文化和军事渗透，并扶植亲苏政权。但到1979年，阿富汗总理阿明发动政变，处死了总统塔拉基，自己兼任总统。苏联认识到，阿明政权不能实现苏联在阿富汗的利益，决定实施南下战略，除掉阿明。

1979年12月27日，苏联派遣8万多人的现代化军队，大举侵入阿富汗，占领了阿富汗首都喀布尔及其他大城市，处死了阿明。随后，苏联扶植卡尔迈勒组成亲苏政权，卡尔迈勒担任阿富汗人民民主党总书记、阿富汗革命委员会主席和政府总理等职。

苏军占领阿富汗，遭到了阿富汗各族各阶层人民的强烈谴责和广泛的反抗。十几支穆斯林爱国武装在喀布尔市郊、坎大哈、赫拉特和全国的山区要塞展开了抗苏斗争。1981年，其中的几个抵抗组织联合成立了阿富汗圣战者伊斯兰联盟，并开始接受美国、巴基斯坦、沙特阿拉伯和埃及等国的军事援助，在全国开展抵抗苏军入侵的斗争。鉴于苏军强大的战斗力优势，阿富汗人民主要采用的是游击战术，以疲惫和消耗苏军为主要目的。经几年发展，阿富汗人民武装已经扩大至10万人，致使苏联从根本上粉碎阿富汗抵抗力量的计划失败，陷入了反游击战争的泥潭之中。

随着苏军伤亡的逐渐增加，苏联国内人民的不满情绪不断增大。旷日持久的反游击战给苏联国民经济背上了沉重包袱，苏联在阿富汗投入的军事费用占整个国民生产总值的12%。另外，由于苏联入侵阿富汗战争是非正义战争，所以受到国际社会的强烈反对。

面对国际、国内各种不利形势，苏联领导人戈尔巴乔夫认为，在阿富汗继续没完没了地进行这场战争是得不偿失的，决心尽快结束这场战争。1988年2月，戈尔巴乔夫公开发表了从阿富汗撤军的声明。1989年2月15日苏联撤出最后一批侵阿苏军。至此，这场战争以双方军事力量斗争处于僵持状态告终。

·简 评·

苏联入侵阿富汗是苏联第一次在其东欧盟国之外大规模地直接使用本国的军事力量进行的非正义战争，表明苏联的扩张主义又开始兴起，因此遭到国际舆论的普遍谴责，苏联的国际声誉也开始日益下降。

主要事件

卡尔迈勒武装政变

时间：1979年12月27日

地点：阿富汗首都喀布尔

人物：阿明、卡尔迈勒

结果：阿明被处死，卡尔迈勒建立亲苏政权

> 读一读
>
> ●●●● 两伊战争（1980年～1988年），又称第一次波斯战争，是指伊拉克与伊朗两个穆斯林国家之间为了争夺领土和海湾霸权而进行的一场拉锯式的消耗战争。

两伊战争

伊朗和伊拉克虽然两国同是伊斯兰教国家，但素来不和。一是因为，位于波斯湾西北部的长约100公里的阿拉伯河，是伊朗和伊拉克南部的自然边界，也是两个国家重要石油出口通道。为争夺阿拉伯河的控制权，双方的矛盾日益尖锐化。二是因为，两国的穆斯林虽多数属于激进的什叶派，但两国什叶派穆斯林在国家政治生活中的地位迥然不同。在伊朗，建立了以什叶派高级教士集团为核心的、政教合一的伊斯兰共和国；在伊拉克，则建立了以萨达姆·侯赛因为首的伊拉克复兴党政府，虽然什叶派穆斯林占国内人口的多数，却处于被统治地位，激进的什叶派对此十分不满，长期与政府进行对抗。由于这两个主要问题一直未得到较好解决，双方经常发生各种各样的冲突，以致发生了大规模的战争。

1980年9月22日晨，伊拉克总统萨达姆趁伊朗在霍梅尼上台后政局动荡、经济恶化、军心不稳、伊美断交的时机，下达了对伊朗的军事目标发动"威慑性打击"的命令。接着，伊拉克出动大批作战飞机，袭击了伊朗首都德黑兰、大不里士、阿瓦士、

萨达姆·侯赛因

克尔曼沙赫、提斯孚尔等共 15 个城市和 7 个空军基地。两伊战争爆发。

23 日凌晨 3 时，伊拉克出动地面部队 5 个师，又 2 个旅、1200 余辆坦克，分北、中、南三路向伊朗发起进攻。至 29 日，伊拉克军队深入伊朗境内 15 千米～30 千米，占领了近 400 平方千米领土，控制了阿拉伯河东岸地区。

面对初战不利的形势，伊朗一面命令前线部队作殊死抵抗，一面征召预备役人员，向前线增兵，并动员全民参战。到 10 月底，伊朗军队终于挡住了伊拉克军队的全面进攻。此后，伊拉克军队尽管占领了伊朗的库尔德省和舒什、马里万等一些城市，但进展不大，伊朗逐步稳住了战局。

从 1982 年 3 月起，伊朗军队转入反攻，先后集中主力发动了代号为"胜利行动"和"圣城行动"的两次进攻战役。至 5 月 24 日，伊朗军队重创伊拉克军队，迫使其纷纷撤回国内，伊朗领土还在伊拉克手中的只有西部的席林堡和梅赫兰两个较为重要的边界城镇及其周围的狭长地带。6 月 29 日，伊拉克宣布已将其军队撤出所占伊朗领土，两国边界又恢复战前状态。

为了不给伊拉克喘息之机，1982 年 7 月 13 日晚，伊朗军队突破伊拉克防线，深入到伊拉克境内 20 余公里。伊拉克利用本土作战的有利条件，动用 10 万兵力进行反击，对进攻的伊朗军队进行围歼，挫败了伊朗军队的攻势。此后，伊朗的攻势基本停止，战争进入双方消耗的僵持状态。

从 1984 年 4 月起，伊拉克采取"以战迫和"方针，在地面和海上连续向伊朗发起主动出击。在局部地区，伊拉克对伊朗军队发动一系列的小规模袭击，并在战斗中多次使用化学武器。与此同时，伊拉克还利用其空中优势，发动了举世震惊的"袭船战"。

面对伊拉克的进攻，伊朗力争速战速决。从 1986 年 2 月起，伊朗先后进行了代号为"曙光"8、9 号攻势和"卡尔巴拉"1、2、3、4、5、6 号攻势，但是收效不大。至 1988 年 7 月，伊朗所占伊拉克领土几乎全部丧失。

为使两伊战争尽快结束，联合国安理会于 1987 年 7 月 20 日通过了要求两伊立即停火的第 598 号决议。从 8 月 25 日开始，在联合国秘书长主持下，两伊外长举行了多次会谈。由于双方在边界划分、战争责任、赔偿、交换战俘等问题上分歧很大，致使谈判毫无结果。

1988年，是两伊战争出现重大转折的一年。2月~4月，双方使用了数百枚导弹袭击对方的城镇，掀起了一场空前规模的"袭城战"。此后，在相持中，伊拉克渐渐占了上风。4月17日，伊拉克军队对法奥地区的伊朗守军发动了代号为"斋月"的攻势，经过两天激战，于18日下午全部收复被伊朗占领两年之久的法奥地区。伊朗在欲战不能、欲罢不忍的境况下，被迫于1988年7月18日宣布同意接受联合国安理会598号决议。8月20日，两伊双方实现停火，两伊战争结束。

· 简　评 ·

两伊战争历时8年，是20世纪最长的战争之一。它是一场名副其实的、"马拉松"式的消耗战，是一场对双方来说都得不偿失、没有胜利者的战争。在战争中，双方经济损失惨重，发展停滞，石油出口骤降，战争中的军费支出和战争导致的经济破坏共计到达6000多亿美元，战争使两国经济发展计划至少推迟20到30年。

主要事件

"斋月"攻势

时间：1988年4月17日

地点：法奥地区

人物：萨达姆

结果：伊拉克获胜利

> 读一读
>
> ●●●● 美国空袭利比亚战争（1981年~1986年），是指美国以反恐为名对利比亚发动的战争。

美国空袭利比亚战争

利比亚位于非洲北部，北临地中海，是世界较大的石油输出国之一。利比亚原是一个亲美国家，美与利签署过多项经济技术和军事协定，使美国在利比亚有巨大的经济利益，并建有军事基地。1969年8月1日，上尉军官奥马尔·穆阿迈尔·卡扎菲发动武装政变，推翻了持亲美立场的"联合王国"，建立了阿拉伯利比亚共和国并担任国家元首。

卡扎菲执政后，他先后收回了美国在利比亚的空军基地，废除了同美签订的军事和经济技术协定，限制美国舰船在利比亚领海的行动，最终在1982年与美断交。与此同时，利比亚又从苏联购买了多达100亿美元的军火，向苏联提供了5个海空军基地的使用权，成为苏在中东地区的重要盟友。从此，美国视利比亚为苏联"支持恐怖分子"活动的基地。

1981年8月19日，两架利比亚飞机用导弹攻击正在锡得拉湾水域演习的美海军飞机，被美机悉数击落，两国矛盾进一步激化，美国遂决定对利实行作战行动。从1981年8月~1986年3、4月，美国对利比亚实施了三次大规模的空袭作战。

卡扎菲

第一次空袭（1973年~1982年）：1973年，利比亚根据国家安全需要，宣布地中海南部的锡德拉湾为其领海。1981年8月18日，美第6舰队不顾利比亚的多次警告，派出舰艇20

苏-22

余艘、飞机200多架进入锡德拉湾进行演习。8月19日晨7时许，利2架苏-22型战斗机飞临美演习区，美2架F-14型战斗机立即起飞，进行高速拦阻。当双方相距约6千米时，利机向美机发射了1枚AA-3型"环礁"空对空导弹，未能命中目标。美机立即还击，将利机击落1架。随后，美机又发射导弹，将另一架利机击落。1982年，两国断交。

第二次空袭（1986年3月）：1985年12月，罗马、维也纳相继发生恐怖事件，其中有3名美国人遇害死亡。美国认为利比亚是支持恐怖活动的一个基地，决心对其实行军事报复。1986年3月23日，美海军3支航空母舰编队，集中近50艘各型舰艇、240架飞机，进入锡德拉湾进行挑衅性军事演习。23日深夜，美派出飞机和水面舰只越过利宣布为不可逾越的"死亡线"，深入到距利海岸仅60千米的海面、空中活动。24日下午，利比亚发射6枚防空导弹，并出动飞机。随后，美国以利比亚首先开火为借口进行报复。24日夜晚，美军以A-6攻击机"鱼叉"导弹击沉利"战士"号导弹快艇后，又用"哈姆"反辐射高速导弹击毁利比亚"萨姆-5"雷达制导站二处。24日夜11时，三艘准备反击美军的利导弹巡逻艇遭到美机攻击沉没。至25日，美军共击沉利导弹快艇四艘，摧毁利导弹基地两处，利军死亡150人，美军无一损失。27日16时，美军宣布结束演习，撤出美舰。

第三次空袭（1986年4月）：1986年4月6日，西柏林一舞厅发生爆炸，造成数十名美国军人伤亡。美国认为此举为利比亚报复所致。4月9日，美国总统里根批准袭击利比亚的"黄金峡谷"计划。4月14日，美军FB-111型歼击轰炸机24架、KC-10和KC-13型加油机30架、EF-111型电子干扰机5架，分别从伦敦附近机场起飞。同日，地中海第 6 舰队的各型攻击机 26 架、电子干扰机 14 架和预警机 2 架，从航空母舰先后升空。至 15 日 1 时，两队飞机会合，于凌晨 2 时对利比亚五处军事目标（的黎波里 3 个、班加西 2 个）实施空袭。整个攻击持续 12 分钟，投掷炸弹 100 吨，利比亚军用设施遭严重破坏，4 架米格 -23 和伊 -16 飞机被炸毁，100 余人被炸死，600 余人受伤，利总统住所被击中，卡扎菲本人幸免于难。

·简 评·

美国空袭利比亚战争是美苏争霸和美、利矛盾尖锐化的结果。纵观这三次突袭，美军尽管使用兵力和持续时间都很有限，但行动突然、组织严密，令世人瞩目，体现了局部战争在现代技术条件下"高技术、低强度"的特点。

主要事件

第三次空袭利比亚战争

时间：1986 年 4 月

地点：的黎波里、班加西

人物：里根、卡扎菲

结果：美国胜利

> **读一读**
> 马岛战争（1982年），也称马尔维纳斯群岛战争、福克兰群岛战争或福岛战争，是指英国和阿根廷为争夺马尔维纳斯群岛（简称马岛）的主权而进行的战争。

马岛战争

马尔维纳斯群岛，也称福克兰群岛，位于靠近南美洲大陆的大西洋洋面上，是南大西洋通往太平洋的战略要地。1833年，英国以马岛最先由英国人发现为由，用武力从阿根廷手中夺取了马岛，1943年向岛上派出了第一位总督。此后，阿根廷保留了对马岛的主权要求，两国纷争一直延续下来。

1981年，阿根廷通货膨胀率高达600%以上，国内生产总值（GDP）下降11.4%，制造业产量下降为22.9%，薪资成长只达到19.2%；国内的受到越来越多支持的工联决定发动长期性大罢工，民众对政府的满意度降低。为了应对严重的国内经济形势和社会矛盾，以总统加尔铁里为首的阿根廷政府选择通过发动马岛战役，以其胜利的结果来转移公众的焦点。

1981年3月26日，阿根廷不顾英国警告，出动3支海军特混舰队，分别于4月2日和3日实施登陆突击行动，一举夺取了马岛、南乔治亚群岛和南桑德韦奇群岛等3个群岛。

对阿根廷的行动，英国作出了迅速反应。马岛被占当日下午，英国政府立即召开内阁会议，作出了同阿根廷断交，并派出特混舰队收复失地的决定。4月3日，英国成立了以撒切尔夫人为主席的战时内

撒切尔夫人亲自铸造马岛战争纪念币

第四部分 现代战争

阁。战时内阁决定成立联合作战司令部，并在其下建立第三一七特混舰队司令部、登陆部队司令部和第三二四潜艇特混部队司令部，具体负责收复马岛的作战行动。50岁的海军少将伍德沃德和54岁的海军陆战队少将穆尔，分别被任命为特混舰队司令官和登陆部队司令官。随后，英国进行紧急出征准备。

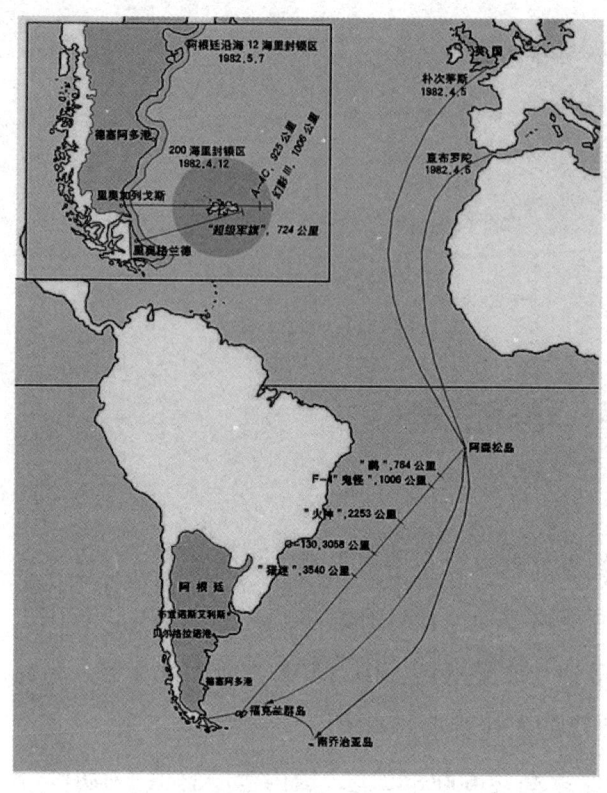

马岛战争路线图

4月5日，英特混舰队第一梯队由英本土各港口和直布罗陀出航。同日，国防部发布了经英国女王签署的征用商船的命令。被征用各类商船达67艘，100余万吨。4月7日，英国宣布，自4月12日格林威治时间4时起对马岛周围200海里海域实行海上封锁。

针对英国的反应，阿根廷完善了岛上的行政和作战指挥机构，成立了南大西洋战区司令部。从4月2日到12日，阿根廷从海上和空中向马岛紧急空运人员和物资，使岛上兵力达到1.3万人。

4月12日，英军开始对马岛周围200海里海域实施封锁，经阿森松岛向马岛开进。4月23日，英军夺取了阿军防守薄弱的南乔治亚岛。随后，英军对马岛海域实施严密封锁，将封锁圈从海上扩展到空中。

5月7日，英特混舰队指挥部最后通过了代号为"萨顿"两栖登陆计划。5月12日，作为特混舰队后续部队的第五步兵旅乘"伊丽莎白二世女王"号客轮从南安普敦启程，开赴战区。5月11至14日，英军特种部队"特别舟艇中队"的突击队员摧毁了英选定登陆点附近的贝卜尔岛上的机场等目标。5月20日，英国登陆突击编队完成集结。21日凌晨，登陆行动全面展开。

在查明英军登陆情况后，阿根廷军队立即组织了大规模空中反击。但由于实力的限制和英军的抗击，阿军并没能起到完全破坏英军登陆计划的作用。在猛烈的空袭下，至5月25日晚，英军第一梯队5000多人连同3.2万多吨作战物资全部上陆完毕，登陆场面积达到150平方公里。从这时起，激烈的战斗就从海上移到了陆地。

6月11日黄昏，英军两个旅共8个营向阿军主阵地发起总攻。经3天激战，于14日晨突破了阿军的最后一道防线。当日下午，英军穆尔少将同阿根廷守岛部队司令官梅嫩德斯少将举行会晤，同意自格林威治时间当日19时起实行正式停火。6月19日，英特混舰队的一支特混小队又夺取了南桑德韦奇岛。至此，马岛战争宣告结束。

简 评

在马岛战争中，英国以惊人的速度做出反击决定，最终恢复了对马岛的实际控制。可以说，英国人胜在一个"快"字。这样，既有效减少对方预警和反应的时间，为后续军事作战行动提供便利，又对国内外显示出坚定意志和立场，凝聚了军心和民心。如果英国拖延出兵，阿根廷很可能作好更完善的准备，如此一来，最终战争胜负很有可能将会改写。

主要事件

"萨顿"两栖登陆行动

时间：1982年5月7日

地点：马岛

人物：穆尔、梅嫩德斯

结果：英军获胜

> **读一读**
>
> ●●●● 美国入侵巴拿马战争（1989年~1990年），是美国为维护在巴拿马运河区的殖民利益而对巴拿马发动的侵略战争。

美国入侵巴拿马战争

1903年，在美国的支持下，巴拿马脱离哥伦比亚的统治，获得独立。同年，美、巴签订了修建巴拿马运河，以将太平洋和大西洋连接起来的不平等条约，美取得修建和经营运河的永久垄断权和运河区的永久使用、占领和控制权。1914年巴拿马运河建成，美国完全控制运河区，把运河西岸16.1公里范围划为运河区，设立美军南方司令部，不许巴拿马人入内，运河区成了"国中之国"，严重侵犯了巴主权和领土完整。此后，美国一直是运河的主要用户和受益者，每年运河总收入约3亿多美元，绝大部分为美国所得，巴拿马只能得到很少的零头。

为收复巴拿马运河的主权，巴拿马人民长期不断斗争。经过努力，两国终于在1977年签订了新的运河条约，新条约规定：1999年12月31日午时之后，运河完全交由巴拿马管理；从1990年起，运河区管理委员会的主任由巴拿马人担任，美国的南方司令部必须同时撤离运河区。条约已经签订，但是失掉巴拿马运河的管理权势必会给美国带来严重的政治、经济和战略后果，因此美国便千方百计地保留它在运河和运河区的利益。

为了保持在巴拿马运河区的利益，美国企图扶植一个听命于美国的巴拿马政权，去取代坚决主张收回运河主权的以诺列加为首的巴拿马政权。为迫使诺列加下台，美国政府使用了种种手段，对巴拿马采取经济制裁、外交诱逼、军事威胁，支持巴拿马国内反对派掀起"倒诺浪潮"。1989年10月3日，巴拿马部分中下级军官发动军事政变失败后，美国总统乔治·赫伯特·沃克·布什批准一项300万美元的拨款，专供中央情报局策动第二次军事政变。与此同时，美国秘密向巴拿马增兵4500人，空运了大量坦克、装甲车、武装直升机。

F-117隐形轰炸机

1989年12月16日晚9时，4名美国军官乘车经过巴拿马国防军司令部所在的大街时，与巴拿马国防军的士兵发生冲突，双方拔枪射击，美海军陆战队的一名军官被打死。美国随即以此为借口入侵巴拿马，战争爆发。

1989年12月20日凌晨1时，美F-117隐形轰炸机从内华达州托诺帕基地起飞侵入巴领空，轰炸里奥阿托巴军高炮阵地。与此同时，美海军"海豹"小队一部袭击诺列加私人机场，炸毁其座机；另一部袭击诺列加专用船只卫兵并炸沉该船，切断诺列加从空中和海上转移的退路。

接着，美军5支特遣队同时向巴军27个重要目标发动进攻。"红色特遣队"兵分两路，以空降和地面攻击占领巴拿马城附近托里霍斯国际机场，控制帕科拉河大桥；"尖刀特遣队"在炮火、坦克和直升机掩护下，攻占并烧毁巴国防军司令部大楼；"太平洋特遣队"乘20架C-141运输机分两批机降托里霍斯机场，支援"红色特遣队"扼守帕科拉河大桥，以阻止驻西马隆堡基地的巴军驰援巴拿马城；"永远忠实特遣队"抢占巴拿马运河上的泛美公路大桥，守卫运河区内的霍华德空军基地；"大西洋特遣队"攻打巴拿马第二大城市科隆，占领麦登大坝、供电中心、水电站等重要运河设施。

战斗打响后，巴拿马政府通过电台呼吁全国军民拿起枪，坚决抵抗美军。但是，仅8个小时，美军便击溃巴军的抵抗。15个小时后，美军摧毁巴军主要军事设施，控制巴军大部分兵营，并推翻了诺列加政府，反对党总统候选人恩达拉，在美国监护下就任巴拿马总统。诺列加躲进梵蒂冈大使馆避难。

1月3日，在美、巴、梵三方的种种压力下，诺列加被迫作出了"自愿投降"的选择。晚8点48分,诺列加被带上"黑鹰"直升机。1990年2月,美国撤走了大部入侵巴拿马美军。

· 简 评 ·

在入侵巴拿马战争中,美国虽然在军事上取得了胜利,但在政治上却陷入了被动。美国的侵略行径遭到了世界上许多爱好和平和主持正义的国家的强烈谴责。美国入侵巴拿马使全世界人民更清楚地认识到,美国虽然极力把自己装扮成主持正义和维护世界和平的世界警察,但实际上却在推行强权政治,肆意践踏联合国宪章和国际法,成为世界不稳定的主要因素。

主要事件

突袭巴拿马

时间:1989年12月20日

地点:巴拿马境内

人物:诺列加

结果:美军突袭成功

> 读一读
>
> ●●●●● 海湾战争（1991年），是指以美国为首的多国联盟在联合国安理会授权下，为恢复科威特领土完整而对伊拉克进行的战争。

海湾战争

伊拉克对科威特觊觎已久，1961年拒不承认科独立，并企图以武力将其吞并，因遭英国干预和其他阿拉伯国家反对，才于1963年承认其独立。此后，因边界问题与科威特多次发生纠纷和冲突。两伊战争后，伊拉克陷于经济困境，要求科威特减免债务，并指控科威特超产石油和偷采边境石油，导致伊石油收入锐减，要求科赔款和道歉；同时还向科提出重划边界和租用布比延岛与沃尔拜岛99年的要求。对此，科威特严厉拒绝。于是，伊拉克准备以武力吞并科威特。

1990年8月2日凌晨1时（科威特时间），在经过周密准备之后，伊拉克三个师越过伊科边界，向科威特发起突然进攻。与此同时，一支特种作战部队从海上对科威特市实施直升机突击。拂晓时分，东西对进的两支部队开始攻打科威特市内目标。上午9时，伊军基本控制科威特市。下午4时，伊军占领了科威特全境。

伊拉克入侵科威特事件引起了全世界极大震惊。美国对伊拉克的入侵行动迅速作出反应，这固然是出于维护美国在整个中东的利益，控制那里的石油资源的需要，但更重要的是企图通过海湾战争，确立美国在"建立冷战后世界新秩序"中的主导地位。8月7日，美国总统乔治·赫伯特·沃克·布什签署了针对伊拉克的"沙漠盾牌"行动计划，下令美军进驻沙特阿拉伯，同时着手组建多国部队。

8月8日，美国首批调往中东的部队，有第82空降师1个旅和F-15型战斗机2个中队以及海军陆战队一部。到11月10日，到达海湾的美陆、海、空军已达23万人。同时，美国还把最新式的武器也运到了海湾。8月13日以后，英国、比利时、澳大利亚、加拿大、法国、荷兰、意大利、苏联、孟加拉等国，以及埃及、摩洛哥、叙利亚等阿拉伯国家，也相继加入了以美国为首的多国部队。强大的多国部队大军压境，联合国的经济制裁和美国等国的海上封锁，使伊拉克成了与世隔绝的孤岛。

为对付美国的"沙漠盾牌"和联合国布置的经济制裁，伊拉克树起了"人质盾牌"。8月18日，伊拉克宣布将美、法、英、日、澳、德等国数千名外交人员、侨民、旅游者集中起来，转移到空军基地、炼油厂、饮水净化厂等军事设施和经济目标区之内，宣告：如果美国和多国部队发动进攻，那么这数千人质将成为第一批牺牲品。

为了避免战争爆发，联合国安理会从各方面努力进行调解，企图迫使伊拉克作出让步，但都遭拒绝。11月29日，联合国安理会通过第678号决议。决议规定，伊拉克在1991年1月15日前从科威特撤军，否则授权联合国成员国使用一切必要手段维护、执行安理会有关决议。此后，国际社会各方一直为和平解决海湾危机积极奔走着。

1991年1月13日，联合国秘书长德奎利亚尔飞抵伊拉克，进行了最后的和平努力，仍告失败。1月16日美国东部时间上午10时30分，布什总统签署了给美军中央总部司令施瓦茨科普夫的国家安全指令文件，命令美军向伊拉克开战。海湾战争由此爆发。这场战争分为两个阶段。

第一代爱国者导弹

空中战役阶段（1991年1月17日~2月23日）：1月17日，多国部队航空兵空袭伊拉克，发起"沙漠风暴"行动。战争的第一天，多国部队出动飞机一千多架次。为尽量减少人员伤亡,以美国为首的多国部队利用高技术优势,实行"先炸后攻"的战略方针。第一步轰炸伊后方战略目标,第二步轰炸伊军前沿阵地。经过两个多星期的狂轰滥炸,多国部队基本掌握了制空权。

燃烧中的油田

持续至第 38 天,在近 10 万架次飞机的狂轰滥炸下,伊拉克军事力量遭到严重削弱,第一线部队损失 50%,第二、三线部队损失 25%,并有 1400 辆坦克、1200 门火炮、800 余辆装甲车和所有防空雷达被击毁。伊拉克所发射的"飞毛腿"导弹,90% 为美军"爱国者"地对空导弹摧毁。此时,多国部队认为,伊军已失去整体作战能力,准备发起地面进攻。

地面战役阶段(1991年2月24日~2月28日):1991年2月24日凌晨4时,多国部队利用空袭阶段的作战效果,向伊军发动了第二次世界大战以来最大的海、陆、空立体式的地面进攻。多国部队兵分四路,第1路从海上向科威特东部实施两栖登陆;第2、第3路从陆上越过科、沙边境进入科境内;第4路从沙特越过边境进入伊拉克,向幼发拉底河包抄,切断伊军退路。此外,多国部队还在伊后方进行伞降。在多国部队的凌厉攻势下,伊拉克的"萨达姆防线"很快就被突破。

26日,伊拉克正式通知联合国安理会,表示无条件从科威特撤军。27日,伊拉克军全部撤出科威特。28日,美国总统布什宣布中止战斗。至此,空袭38天之后的海湾战争最后经100小时的地面较量之后,以伊拉克军队的惨败而告结束。

· 简 评 ·

海湾战争是到目前为止现代化程度最高的一次战争。由于广泛使用现代最先进的高技术武器装备，因而给战争带来了节奏快、烈度高、立体性强等特点。它对国际形势和现代世界军事学术的发展，将产生重要的影响。

> **主要事件**
>
> **"沙漠风暴"行动**
>
> 时间：1991年1月17日
>
> 地点：伊拉克和科威特境内
>
> 人物：乔治·赫伯特·沃克·布什、施瓦茨科普夫
>
> 结果：伊军失去整体作战能力

> **读一读**
>
> 南斯拉夫内战（1991年~1999年）指的是前南斯拉夫联邦解体而引发的民族对立和内战。

南斯拉夫内战

南斯拉夫位于巴尔干半岛，战略位置十分重要，历来是列强必争之地。第二次世界大战结束后，南斯拉夫在约瑟普·布罗兹·铁托带领下宣布独立，建立了社会主义性质的南斯拉夫联邦人民共和国（简称南联邦），首都定在塞尔维亚首府贝尔格莱德。

不过，南斯拉夫联邦人民共和国成立后，国内情况和周边情况极为复杂。长期以来人们常用1至8来表达这种复杂性，即1个党（南共联盟）和1个领袖（铁托）；2套文字（拉丁文和希里尔文）；3种语言（塞尔维亚克罗地亚语或克罗地亚塞尔维亚语、斯洛文尼亚语、马其顿语）；4种宗教（东正教、天主教、新教和伊斯兰教）；5个民族（塞尔维亚族、克罗地亚族、斯洛文尼亚族、马其顿族、黑山族）；6个共和国（塞尔维亚共和国、克罗地亚共和国、斯洛文尼亚共和国、马其顿共和国、波黑共和国、黑山共和国）；7个邻国（罗马尼亚、保加

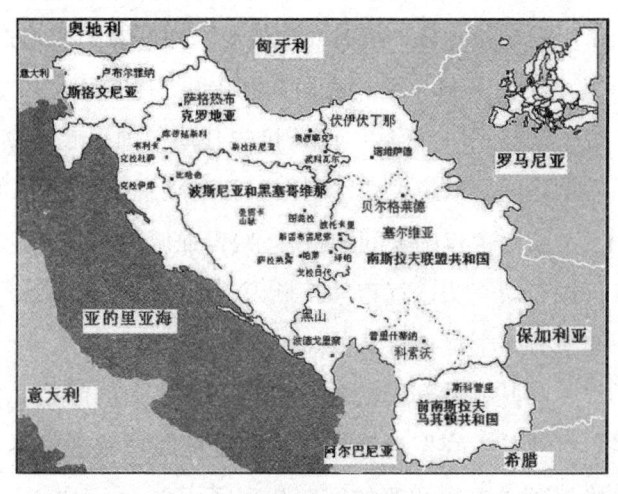

前南斯拉夫地图

利亚、希腊、阿尔巴尼亚、意大利、奥地利和匈牙利）；8个联邦单位（6个共和国及塞尔维亚共和国境内的伏伊伏丁那和科索沃自治省）。正因为此，南斯拉夫联邦人民共和国自建国起就存在着复杂的民族矛盾，尽管铁托一直致力于在社会主义制度下解决复杂的民族问题，承认各民族不分大小一律平等，享有同等的自主权，也确实在一定程度上维持了南斯拉夫国家的稳定和民族关系的相对缓和，但是民族关系紧张的问题还是没有得到根本解决。

1980年，铁托在没有指定继承人的情况下死去。此后，组成南斯拉夫的各共和国之间的联系日趋松懈，民族矛盾也有所抬头。一些共和国，如靠近德国和奥地利的斯洛文尼亚和克罗地亚，在各共和国中算比较富有的国家，他们不愿意再为其他共和国承担义务和债务，开始酝酿脱离南联邦。

1991年6月25日，斯洛文尼亚和克罗地亚新政权先后宣布脱离南联盟而独立。这一举措遭到了其他共和国的反对。于是，南联盟决定出兵进攻这两个国家，南斯拉夫内战由此开始。

在斯洛文尼亚境内，经过几个星期激战，双方僵持不下，经欧共体调停，冲突双方于7月7日达成停火协议，南联盟军撤出斯领土，斯境内武装冲突暂告平息。

在克罗地亚境内，南联盟军占领了克境内重镇武科瓦尔，它的占领意味着克境内的抵抗组织的补给线被掐断了，克军将面临着不战而降的局面。这个时候，德国从中作梗，他承认克罗地亚独立并与其有了外交关系，其他国家于是纷纷承认，接着介入战争，南联盟军被迫撤退。

10月8日，斯、克两共和国正式宣告独立，并表示与南斯拉夫联邦"断绝一切联系"。随后，南斯拉夫其他各国引起连锁反应，也相继宣布独立，战后重建的南斯拉夫联邦制国家已逐渐解体。10月15日，波黑共和国议会通过了《波黑主权国家问题备忘录》，强调波黑是"主权国家"。11月20日，马其顿颁布新宪法，宣布马其顿为"独立的主权国家"。这样，南斯拉夫6个共和国就有4个宣布独立了。

马其顿共和国的独立没有受到多大的阻拦。但波黑境内有穆斯林族、塞尔维亚族、克罗地亚族，特别是穆斯林族和塞尔维亚族之间的怨恨很深，塞族想独立出去和塞尔维亚共和国成立一个国家。于是，双方之间的冲突接连不断发生，致使波黑内战爆发，引起了国际社会的极大关注。后经美国等国的调解，双方在 1995 年签订《代顿协定》，暂时停止内战。

在波黑战火逐渐熄灭的同时，科索沃的战火却越燃越旺。1996 年，科索沃自治省为脱离塞尔维亚控制，科索沃解放军向塞尔维亚官员发动攻击。随后，以米洛舍维奇为首的南联盟和塞尔维亚当局采取强硬镇压措施，派遣大批塞族军队和警察部队进驻科索沃，试图消灭科索沃解放军。科索沃战争爆发。科索沃战争愈演愈烈，到 1997 年以后不断发生武装冲突事件，伤亡人员日趋增多，约 30 万人流离失所，沦为难民。从 1998 年底起，以美国为首的北约开始介入科索沃战争，北约与南联盟的矛盾逐渐成为主要矛盾。1999 年 3 月 24 日，在向南斯拉夫提出警告并在科索沃塞尔维亚人进行进攻的情况下，北约对南斯拉夫实行空袭轰炸。在北约连续轰炸的巨大压力下，经过俄罗斯、芬兰等国的斡旋调停，南联盟签下和平协议，于 6 月 9 日撤军。10 日，北约正式宣布暂停对南联盟的空袭。

随着科索沃战争的结束，南斯拉夫内战也暂时结束。

· 简 评 ·

南斯拉夫内战造成大量人员伤亡和巨大物质损失，迫使大批难民离乡背井，给南斯拉夫人民带来灾难性的影响。这场战争也直接导致了南斯拉夫的分裂和瓦解。

主要事件

北约突袭南联盟

时间：1996 年 3 月 24 日
地点：塞尔维亚境内
人物：米洛舍维奇
结果：南联盟战败

> **读一读** 车臣战争（1994年~2000年），是俄罗斯联邦为消灭其下属的车臣共和国分离分子发动的战争。

车臣战争

车臣共和国是俄罗斯联邦的自治共和国之一，位于高加索山脉北侧，面积约15000平方公里，人口约100万，其中绝大多数是信奉伊斯兰教的穆斯林族。车臣虽然只是处于里海与黑海之间的弹丸之地，但地理位置非常重要，是进出高加索的咽喉要道。它的地下蕴藏着丰富的石油资源，从中亚向欧洲输送石油的管道也必须经过这里，一旦阻塞，俄罗斯的经济损失将相当严重。因此，长期以来，俄罗斯一直把牢牢地控制住车臣作为它的重要国策。

1991年，苏联解体。车臣境内的民族分离主义势力趁着苏维埃政局动荡、中央政府顾不到边远地区之际，开始逐渐谋求独立。10月，焦哈尔·杜达耶夫当上车臣共和国的首位总统。一上台，他就公开宣布车臣独立，并建立了车臣的第一支正规部队国民卫队，人数近6万人。车臣公然与俄罗斯联邦对立，于是俄军于1994年12月兵分三路开进车臣境内，讨伐车臣分裂势力。车臣战争由此开始。这场战争分为两个阶段。

第一次车臣战争（1994年~1996年）：1994年12月29日，俄军在火箭炮和空军的掩护下，抵至车臣首府格罗兹尼，并实行围城行动。车臣武装部队则匿藏在民居之中，进行顽强抵抗，使俄军的突袭战遭到国内人民和国际社会的强烈谴责。1995年1月19日，经过一个多礼拜的激烈巷战后，俄军终于攻占格罗兹尼。此后，俄军继续以空袭方法进占车臣南部其他乡镇。车臣武装在不断撤退的同时，将策略转移到绑架和恐怖袭击，谋求引起民众压力逼使俄军撤离。1996年8月31日，在国内压力和大选逼近下，俄罗斯总统鲍里斯·叶利钦和车臣签署停火协定。

第二次车臣战争（1999年~2000年）：1999年，有"高加索狼"之称的巴萨耶夫不满足车臣事实上独立的现状，要求实现北高加索地区更大的自由。为此，他公开叫嚷已经组建了敢死队，要"解放达吉斯坦""解放整个高加索"，并在7月4日率领200多名车独武装分子潜入达吉斯坦进行恐怖活动，偷袭了俄内务部队哨所，从而点燃了第二次车臣战争的导火索。

面对巴萨耶夫的进攻，8月10日，刚刚成为总理的普京与总统叶利钦及有关部门领导人讨论了车臣形势，决定根除车独分子，彻底解决车臣问题。随后，俄军采用北约打击南联盟的模式，即利用空中优势和高科技武器对攻击目标进行远距离、高精度、无地面人员接触、尽量避免人员伤亡的军事打击，对车独活动基地和通讯、交通、经济设施等进行昼夜轰炸，使其瘫痪，又调集大量军队于车臣边境对车独武装展开激战。到9月14日，俄空军出动战机达1700架次，消灭了2000多名武装人员、250多个活动点和150个训练基地。

车独分子遭到沉重打击后，巴萨耶夫派出大批恐怖分子潜入俄内地，实行把战火引向俄内部的恐怖"掏肚战"。在1999年8月31日和9月4日、9日、13日、16日，车独分子连续在莫斯科、布伊纳克斯克和伏尔加顿斯克等城市制造了一系列恶性恐怖爆炸事件。巴萨耶夫的恐怖行动彻底激怒了俄罗斯民众。普京趁热打铁，开始寻求议会的支持，拟定计划对付被指控策划了炸弹袭击事件的车臣恐怖分子。

1999年10月8日，俄军的一支特种小分队秘密潜入敌人营地，一举擒获

普京

通缉了一年的恐怖分子头目哈奇拉耶夫。2000年1月18日，俄军对格罗兹尼的总攻打响。在警察部队和车臣民兵的配合下，俄军从三个方向攻进了市中心的广场。2月4日，俄军占领车臣总统府。到2月28日，俄军收复了车臣大部分土地，基本稳住了车臣的局势。至此，第二次车臣战争基本结束。

• 简 评 •

车臣战争虽然已经结束，但是要彻底铲除车臣叛军与恐怖主义势力，俄罗斯还要进行艰苦的努力。另外，从车臣战争与石油占有有关来看，要使车臣民族和俄罗斯走出死循环，必须依赖俄民族政策的改善。未来势必需要通过移民、教育以及经济手段，才能最终使车臣人真正融入俄罗斯。

主要事件

格罗兹尼战役

时间：1994年12月29日

地点：格罗兹尼

人物：焦哈尔·杜达耶夫、鲍里斯·叶利钦

结果：俄军胜利

> 读一读
>
> 美阿战争（2001年~），是以美国为首的联军以打击庇护恐怖分子的阿富汗塔利班政权为名进行的战争。

美阿战争

2001年，美国"911事件"发生后，美国总统乔治·沃克·布什立刻宣布将会对发动袭击的恐怖分子以及保护他们的国家发动军事报复。随后，美国要求庇护"911事件"策划者（嫌疑）奥萨玛·本·拉登的阿富汗塔利班政权领导人毛拉·穆罕默德·奥马尔交人，但遭拒绝。为逮捕本·拉登等阿富汗盖达组织成员并惩罚塔利班政权，以美国为首的联军（包括美国、英国、德国、法国等国军队）和当地抵抗塔利班的北方联盟于2001年10月7日实施军事行动。美阿战争爆发。

针对盖达组织和阿富汗塔利班的军事、通讯设施以及可能的恐怖分子训练营，联军精确地投掷了50枚导弹、25枚炸弹。同时，联军还在空袭时投下大量救援物资，据美国声称这是为了赈济空袭中受伤的平民。

在这一期间，本·拉登通过半岛电视台的卫星节目指责美国的袭击行为，并宣称美国将会在这次阿富汗战争中失利，并会像苏联一样崩解。同时，他号召伊斯兰世界发起反抗非伊斯兰世界之战。

11月9日，联军攻下马扎里沙里夫南部和西部，并且控制了城市的主要军事基地和机场，塔利班残余部队向南部和东部撤退。接着，联军迅速拿下了北方地区的5个省份，塔利班在北方地区的势力开始瓦解。13日，联军攻克首都喀布尔市。喀布尔的陷落，标志着塔利班在阿富汗全国的瓦解。在24小时内，所有的阿富汗沿伊朗边境各省，包括关键的城市赫拉特，都被联军攻下。16日，塔利班在阿富汗北部最后一个据点被联军围困，塔利班主力被迫撤回到东南部坎大哈周围地区。此后，联军没有再采取大规模的行动，转入搜索进攻；塔利班武装抵抗则转入零星进攻，以袭击为主。

时间到了2009年12月1日，新就任的美国总统贝拉克·奥巴马宣布在6个月内向阿富汗增兵3万。2011年7月开始逐步从阿富汗战场撤出，将于2014年12月31日前完全撤出。到2010年为止，阿富汗驻军人数最多的为10万美军、1万英军、4300德军和3750法军。

2011年5月1日，在获知本·拉登所藏院落（巴基斯坦首都伊斯兰堡郊外）的确切情报后，奥巴马立即下令实施突袭行动。5月1日清晨，美国中央情报局准军事部队与美国海军精锐部队第六海豹突击队乘坐直升机联手执行了此次突袭任务。除了本·拉登头部中弹当场死亡外，另有3名成年男子丧生，其中一人为本·拉登的儿子。

至此，美国的作战目的已接近完成。现在，美阿战争已近尾声。

• 简　评

美阿战争以打击庇护恐怖分子的阿富汗塔利班政权为名，其真实目的是要实现美国进入中亚的企图。阿富汗位于欧亚大陆的腹心地带，不仅是连接欧亚大陆和中东的要冲，还是大国势力东进西出、南下北上的必经之地。如此战略重地，美国扩张主义岂有不觊觎之理？

喀布尔战役

主要事件

时间：2001年11月13日
地点：喀布尔
人物：本·拉登
结果：喀布尔失陷

> **读一读**
> 伊拉克战争（2003年~2011年），又称美伊战争，是美国因伊拉克拥有大规模杀伤性武器（疑似）而对伊拉克发动的战争。

伊拉克战争

"9·11事件（2001年9月11日发生在美国本土的一系列自杀式恐怖袭击事件）"后，乔治·沃克·布什政府将维护国内安全放在突出位置上，打击恐怖主义成了第一要务，向恐怖主义宣战，并将伊拉克等多个国家列入"邪恶轴心国"。

2002年下半年，美国以伊拉克支持恐怖主义、研发大规模杀伤性武器为理由（实质上是美在中东的利益受到了"潜在威胁"），并称掌握了伊拉克拥有大规模杀伤性武器的确凿证据，对伊政权一再隐瞒事实、欺骗国际社会的行为已经失去了耐心，公开表示将以武力推翻萨达姆政权，建立自由民主的伊拉克，并随之大量陈兵海湾。

2003年3月20日，以美国和英国为主的联合部队正式宣布对伊拉克开战。澳大利亚和波兰的军队也参与了此次联合军事行动。

战争开始，美英联军向伊拉克发动了代号为"斩首"行动和"震慑"行动的大规模空袭和地面攻势，力图"速战速决"。美英联军先后向巴格达、巴士拉、纳杰夫、摩苏尔、基尔库克、乌姆盖斯尔等十余座城市和港口投掷了各类精确制导炸弹2000多枚，其中战斧巡航导弹500枚。

面对美英联军的疯狂攻势，萨达姆号召伊拉克人民抗击美国侵略，击败联军。伊军在伊中部的卡尔巴拉、希拉、欣迪耶等地与美英联军展开激战。与此同时，每天都有数百名伊拉克人从约旦等国家返回伊拉克，加入与美英联军作战的行列。由于供给线太长和伊拉克方面的抵抗，美英联军"速战速决"的目标未能实现，地面进攻曾一度受阻。

久攻不下，美英联军凭借空中优势和机械化部队，兵分几路发起强大攻势，先后攻陷伊南部巴士拉等重要城市和战略要地，并对巴格达形成合围，从而使战事呈现"一边倒"的态势。2003年4月8日，美军从北部和南部两个方向推进到巴格达，并夺取了巴格达东南的拉希德军用机场。随后，美军坦克开进巴格达，占领了萨达姆城。4月15日，美军宣布伊拉克战争的主要军事行动已结束，联军"已控制了伊拉克全境"。成功占领伊拉克后，联军建立了联盟驻伊拉克临时管理当局。

但是，萨达姆仍然在持续抵抗。在2003年夏天，联军专注于捕获剩余的前政府领导人。7月22日，萨达姆的儿子（乌代和库赛）在袭击中丧生，300多名前政府高层领导人被打死或被俘。12月13日，联军发动了"红色黎明"行动，在提克里特附近一个农场发现萨达姆，萨达姆本人被抓获。即便如此，萨达姆的残余部队和各地武装分子袭击美军的事件仍不断发生，美国被拖入了一场旷日持久的游击战中。

2010年8月3日，美国总统贝拉克·奥巴马表示，8月底美国部队在伊拉克的作战行动将如约结束并撤军。2011年12月15日，美国驻伊拉克部队在巴格达附近的军事基地举行了降旗仪式。这标志着伊拉克战争正式画上句号。

• 简 评 •

伊拉克战争，彻头彻尾是一场侵略战争。美国不是反恐，而是在制造恐怖。它是美国为了控制伊拉克石油而发动的战争，也是美国为了控制整个中东而发动的战争。无论布什政府如何辩解，都无法否认这些铁的事实。

主要事件

红色黎明行动

时间：2003年12月13日

地点：提克里特附近

人物：萨达姆

结果：萨达姆被抓